零基础学
期货投资
从入门到精通

刘振清 / 编著

中国宇航出版社
· 北京 ·

图书在版编目（CIP）数据

零基础学期货投资从入门到精通 / 刘振清编著. -- 北京 : 中国宇航出版社, 2019.10（2025.5 重印）
ISBN 978-7-5159-1700-9

Ⅰ. ①零… Ⅱ. ①刘… Ⅲ. ①期货交易－基本知识 Ⅳ. ①F713.35

中国版本图书馆CIP数据核字(2019)第203050号

策划编辑　田芳卿
责任编辑　吴媛媛　　**装帧设计**　宇星文化

出版发行　**中国宇航出版社**
社　址　北京市阜成路8号　　**邮　编**　100830
(010)68768548
网　址　www.caphbook.com
经　销　新华书店
发行部　(010)68767386　　(010)68371900
(010)68767382　　(010)88100613(传真)
零售店　读者服务部
(010)68371105
承　印　三河市君旺印务有限公司
版　次　2019年10月第1版　　2025年 5 月第12次印刷
规　格　787×960　　**开　本**　1/16
印　张　18.5　　**字　数**　265千字
书　号　ISBN 978-7-5159-1700-9
定　价　59.00元

本书如有印装质量问题，可与发行部联系调换

期货投资：需要勇气，更需要智慧

（代序）

“我的人生就是一场失败。”这是《股票大作手回忆录》中，杰西·利弗莫尔对自己的一生所作的总结。杰西·利弗莫尔被业界称为最伟大的操盘手，其一生纵横期货市场，创造了一个又一个交易纪录。不过，无论他曾经多么辉煌，最终还是以自杀的方式结束了自己的一生。其实，很多期货交易者都面临着和利弗莫尔一样的困境，无论自己多么成功，只要还在市场上交易，都有可能一夜之间让所有的财富化为乌有。

相较于股票，期货合约因为存在杠杆作用，资金盈亏波动非常剧烈，很多投资者可能一夜之间暴富，也可能一夜之间破产。正因如此，进入期货市场的投资者，首先要面对的问题不是如何获利，而是如何生存下来。

在投资期货之前，首先必须了解所要面对的风险，同时还要制订好撤出计划。比如，当你投入的保证金亏掉之后，是否还要追加保证金；当你盈利的时候，是马上撤出适当比例的资金，还是资金积累到一定数量时再撤出。总之，进入之前，就一定要想好退出之路。同时，在加大仓位之前，要多利用小仓位来磨炼自己的交易纪律性，看看自己能不能坚决执行自己制订的交易纪律。

大家一定要清楚一点，在期货市场上，交易纪律就是生命。错误的盈利交易，比正确的亏损交易更危险。

在期货市场进行交易需要勇气，能从期货市场撤出需要的则是智慧。期货交易归根结底只是一种交易，只是生活的一部分，并非生活的全部。投资者需要时时平衡交易与生活的关系，不能因为交易影响到自己的正常生活。

为了保护交易者，防止期货市场异常波动，各大期货交易所针对不同的期货合约都设置了相应的涨跌停板。但是，期货市场仍然是具有风险与挑战的地方，同时也可能是收益最大的市场。

这是一个需要勇者、更能锤炼智者的地方。

目 录 CONTENTS

第三章　期货交易入门

第四章　期货交易开仓与平仓技法

第五章　盘面分析

第六章　K 线及其组合形态

第一章

期货与期货的获利

期货交易是在现货交易基础上发展出来的一种交易形式。期货交易在我国起步较晚，目前仍处于快速发展阶段。未来，随着期货监管制度的逐渐完善，期货品种不断丰富，期货交易将在资本市场扮演越来越重要的角色。

第一节　期货、现货与期权

在市场上，期货、现货与期权既有千丝万缕的联系，又存在着一定的区别。

一、期货的基本定义

期货交易买卖的不是货物，而是由交易所统一制定的、规定在未来某一特定时间和地点交割一定数量标的物的标准化合约。

从期货的定义可以看出以下几点。

第一，期货的本质是一种合约。投资者通过买入或卖出合约来赚取利润或承担亏损。从理论上来说，尽管期货合约到期时可以用现货或差价冲抵，但在实际交易过程中，很少有交易者会这么操作，毕竟个人投资者交易现货受到的制约因素和中间环节很多。也就是说，交易期货时，投资者大多会在合约到期之前完成平仓操作，这也是期货合约到了交割月份后会出现剧烈波动且成交稀少的原因。不过，还是有少数用现货交割的投资者，因此期货交易与现货交易的联系非常紧密。

第二，期货合约必须是标准化合约。在期货合约中，对于交割的实物是有标准化要求的。交割的实物如果是铜，那么铜的质量必须符合规范要求，各项都要一一列明，如图 1-1 所示。

第三，期货交易由交易所主导。所有的期货交易必须按照交易所的规范与要求执行。国内期货交易主要有郑州商品交易所、大连商品交易所、上海期货交易所等几家交易所。每家交易所交易的品种各不相同，也各有侧重，后面会有详细介绍。

交割品级	标准品：阴极铜，符合国际GB/T467-2010中1号标准铜（Cu-CATH-2）规定，其中主成分铜加银含量不小于99.95%。 替代品：阴极铜，符合国际GB/T467-2010中A级铜（Cu-CATH-1）规定；或符合BS EN 1987：1998中A级铜（Cu-CATH-1）规定。
交割地点	交易所指定交割仓库
交割方式	实物交割

图 1-1　阴极铜期货合约交割要求

二、期货与现货

期货与现货的主要区别如图 1-2 所示。

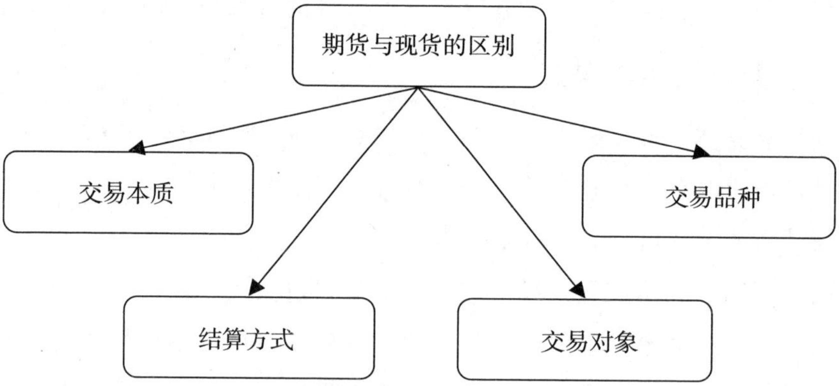

图 1-2　期货与现货的区别

第一，从交易本质来看。

现货交易的标的必须是已经存在的真实货物。买方在向卖方提交现金或开始分期交付现金时，卖方就应该向买方提供真实的货物。即使是现货电子交易，也是通过互联网按照一定的集合竞价规则撮合成交，并最终促成现金与货物交易的。换句话说，现货交易的本质是一种贸易活动。

期货交易则不然，大部分期货交易是一种投机或套期保值行为，期货交易的目的不是为了最终的货物，而是为了获利或货物保值。也就是说，期货交易的金融属性更明显。

第二，从结算方式来看。

期货的结算方式以保证金为基础，每日根据保证金变动情况计算盈亏。

若投资者亏损较多，则会要求追加保证金。现货交易则不同，现货交易执行的是钱货两清制度，即一手交钱一手交货（必须全额款项），卖方最多只允许买方分期付款。

第三，从交易对象来看。

期货的交易对象是关于货物的合约，现货的交易对象则是真实的货物。

第四，从交易品种来看。

尽管期货交易品种日渐丰富，但相对现货来说品种仍然很少。现货交易涉及的商品非常丰富，涵盖了日常生活的方方面面。

三、期货与期权

期权是在期货基础上衍生出来的一种金融工具，是相对特殊的合约，是一种约定了合约持有人在某一特定日期或该日期之前的任何时间以某一固定价格（即行权价格）购入某种资产的权利。

1. 期权的价值

其一，期权的真实价值，即行权价格与资产价格差距。

只有行权价格低于资产价格，期权持有人才会去行权，期权才是有价值的，否则就如同废纸一张。例如，甲因看好乙手中持有的某类资产的价格还会继续上升，于是购入 1000 份在三个月后的某天以 102 元的价格买入乙持有的某种资产的期权（甲获得期权的价格为 5 元），而乙手中该种资产的当前价格为每份 104 元。此时，甲手中期权的真实价值就是 1000×（104–102）=2000 元。

其二，时间价值。

随着行权时间临近，期权价格将会趋向于真实价值。一般情况下，距离行权的时间越长，期权的价格就越容易高于期权的真实价值，且这种差距会随着行权期的临近而逐渐缩小。还是上面的案例，按照甲在还有三个月行权期的时候获得的这部分期权的价格为 5 元，则甲为了获得这份 2000 元的期权价值支付了 1000×5=5000 元。其中 5000–2000=3000 元就是这部分期权的时间价值。

到了还有 1 天行权时，若该类资产的价格不涨反跌，跌至 103 元，则甲持有的该资产的真实价值就变成 1000 ×（103–102）=1000 元。而期权的价格也不可能继续维持在 5 元位置，很可能会下降至 1 元，甚至低于 1 元（毕竟交割过程还会有很多手续费）。此时，时间价值就可能变为 1000 ×（103–102）–1000 × 1=0 元。

2. 期权的特点

期权具有如下几个特点。

第一，期权是一种权利。持有期权的人有到期行权的权利。当然，如果期权没有价值或为负值时，持有期权的人可以拒绝行权。

第二，有特定标的物。期权从设计初期就指向了特定标的物。在期货市场上，目前交易的期权产品主要包括棉花期权、白糖期权、玉米期权、豆粕期权、铜期权、天然橡胶期权等。

第三，行权价格固定。行权价格在期权合约中已经事先规定且固定不变，期权持有人可以选择是否行权。

3. 期权与期货的联系与区别

期权与期货存在着天然的联系。其一，期权与期货同以远期标准化合约为交易标的。其二，期权的价格总是受到期货的影响，特别是相同月份合约的报价，换句话说，期权的价格总是会根据期货价格的波动而波动。其三，期货交易是期权交易的基础。只有期货交易发展到一定程度后，才会产生期权交易，这也是目前商品交易所中期权品类远远少于期货品类的原因。未来，期权品类有进一步增加的可能和潜力。

第二节　期货的基本功能：套期保值

从某种意义上来说，期货就是为了套期保值而产生的。在期货产生之前，现货市场总是存在这样的情况：某一生产型企业需要大量的某种原材料，而这种原材料的价格总是处于波动之中，企业又不可能总是囤积那么多原材料。原材料的价格波动对企业的生产经营活动会造成巨大的影响，一旦原材料价格大幅上涨，企业就会损失很多利润，甚至出现亏损。于是，具有套期保值功能的期货产品就诞生了。

套期保值，又称对冲交易，是指投资者在现货市场买入或卖出某种现货的同时，在期货市场同步卖出或买入同种同量期货合约以作保值之用。拿上面讲的案例来说，假如这家生产型企业害怕三个月后原材料价格大幅上涨，那么，他们可以先买入等量的三个月后交割的该种原材料的期货合约。三个月后，如果原材料价格大涨，企业可以卖出期货合约，同时买入现货，这样，企业在现货市场多花的钱就可以通过期货市场的盈利来弥补。同样，如果原材料价格下跌了，企业即使在期货市场出现了亏损，但在现货市场购入原材料毕竟少花了钱，可以实现盈亏平衡，这样就锁定了生产成本。

综上所述，套期保值交易的本质就是让实施套期保值的企业不因物资价格的变动而产生损失。

一、套期保值的两种方式：买入与卖出

买入与卖出期货合约，是套期保值的两种基本形式。两种套期保值形式的背后，是企业自身需求的差异。

1. 套期保值买入

套期保值买入，即为了应对原材料价格上涨，生产商提前买入该类原材料的期货合约，以锁定原材料价格。

由于期货合约买入时只需要支付合约总价格 5% 左右的保证金，这就使得企业可以用 5% 的资金锁定 100% 的原材料价格。未来，若原材料价格上涨，企业通过卖出期货合约就可以将原材料价格上涨的成本抵消。

这种套期保值方式是很多对原材料有较大需求的企业经常使用的。通过套期保值，企业可以提前锁定原材料价格，避免原材料价格波动影响企业产

品价格和营业利润。这与前面讲述的案例是一致的。

2. 套期保值卖出

套期保值卖出，是指一些原材料或某类商品的供应商，为了应对持有商品价格下跌带来的利润减少的风险而采取的做空行为。这些供应商可以预先在市场上卖出同类商品的期货合约，待到交付原材料时，若其现货价格下跌，则可通过在期货市场买入同类期货合约平仓的方式来冲抵利润损失。

例如，某一铁矿石供应商预期五个月后铁矿石价格可能会下跌，那么，该企业可以先在市场上做空铁矿石，即卖出自己销量相同的铁矿石合约。五个月后，若铁矿石价格下跌，该供应商可以通过在期货市场上买入平仓期货合约，以其利润来弥补铁矿石价格下跌造成的损失。当然，若市场价格朝着预期相反的方向波动，即使企业在期货市场出现了亏损，也能因为现货市场价格上扬获得一定的弥补。

总之，套期保值是一种保值手段，并不是盈利方法。毕竟，现货与期货的运作方向是相反的，最终无论现货或期货哪一方向出现亏损，另一方的盈利都能补足。反之亦然。

二、套期保值的操作方法

1. 套期保值与投机交易的差别

套期保值业务与普通的期货投机交易一样，也包括开仓与平仓交易，不过又与普通的期货交易有明显的不同。

第一，持仓量不同。市场对普通投资者期货合约的开仓量是有严格限制的，而通过申请套期保值，交易所会给予一定的持仓量指标，通常情况下，这个指标会远远超过规定的个人期货合约持仓限额。

第二，交易动机不同。套期保值的出发点是锁定价格，防止成本或利润出现大幅波动。普通的投机交易则是以获得利润为前提。

第三，承担的风险不同。套期保值需要承担的风险相对较小，无论期货还是现货出现亏损，都可以从另一方获得补偿。投机交易则不然，投机交易出现了亏损是无法弥补的，因而需要承担较高的风险，这也是期货交易设置各类门槛的原因所在。

第四，交易频次不同。由于期货市场执行 T+0 交易规则，理论上投机交易者可以在一个交易日内进行多次交易。套期保值则不同，套期保值者的交易频次是有限制的，而且申请套期保值前，需要将相关的交易方案与计划上报交易所并按此计划执行。

2. 套期保值的条件

并不是每个企业都具备申请套期保值的资格，通常情况下，申请套期保值的企业应提供以下材料。

第一，申请套期保值的企业必须是上市交易品种相关的生产商、加工商、终端使用商以及相关贸易企业等。这些企业必须提供营业执照副本复印件。

第二，提供当年和上一年现货经营业绩材料，以作为测算套期保值限额的依据。

第三，提供企业套期保值的方案，包括风险来源分析、确定保值目标、明确交割或平仓数量等。

若申请套期保值的期货合约属于临近交割月份的，还需要出具一些特别的材料。生产企业需要提供上一年度生产计划书、保值头寸所对应的现货仓单或购销计划、行业准入条件的证明材料。加工商需要提供上一年度生产计划书、卖出套期保值对应的现货仓单、买入套期保值提供头寸的购销计划。

3. 套期保值的申请

拟进行套期保值业务的企业，可以在相关资料准备完成后，向期货经纪公司申请并填写《套期保值申请表》。

三、套期保值的基本原则

套期保值操作主要基于一个原理：现货和期货市场的价格走势是趋于一致的（正常情况下如此），当现货价格上升时，期货价格也会同步上升；反之亦然。由于期货与现货存在同涨同跌的关系，而套期保值业务与现货操作方向相反，这就使得未来无论期货与现货上升还是下跌，企业都可以通过现货与期货市场找到平衡。

企业在做套期保值时，还应该遵守以下几项基本原则。

第一，交易方向相反原则。套期保值的方向与企业对商品的交易方向应该是相反的，即未来将要卖出商品的供应商，可以先卖出期货合约，然后在未来买入平仓。也就是说，在未来的某一时间，现货市场的卖出操作与期货市场的买入平仓操作正好相反。

第二，商品品类相同或相似原则。企业进行套期保值的标的合约应该与企业生产所需的产品或生产的产成品相同或相似。只有这样才能保证期货与现货价格同向运作，企业的套期保值才有意义。当然，有些企业的产品在期货市场没有对应的期货合约，这时企业可以用相关或相似产品替代。不过这需要企业做好风险防控工作，以免企业遭受重大的损失。

第三，商品数量相等原则。假如未来第三个月需要购入 5000 吨玉米，那么现在可以买入 5000 吨未来第三个月的玉米期货合约。只有数量相等，价格对冲才会平衡，套期保值才有意义。

第四，月份相同或相近原则。在实施套期保值时，应尽量开仓与现货需求或供给时间相近的月份。假如企业在 2019 年 2 月确切知道需要在 2019 年 10 月购买多少吨小麦，则应该在 2019 年 2 月开仓卖出 2019 年 10 月交割的相同数量的小麦期货合约。

四、基差变化与套期保值

说起套期保值，就不得不谈一谈基差的问题。可以这样说，基差的正负、大小在某种程度上决定了套期保值能否成功。

1. 基差

基差是指某一特定商品在某一特定时间和地点的现货价格与该商品在期货市场的期货价格之差。期货市场上交易的商品期货合约，都有现货与之对应，而期货合约的价格与现货价格有着紧密的关系（很多时候，现货市场的价格往往受到期货市场价格的影响），但现货价格与期货价格又存在一定的差距，这种差距就是基差。基差的计算公式如下：

基差 = 现货价格 − 期货价格

基差，从本质上来说，反映了两个市场之间的时间与空间的差别。期货合约都是要在未来兑现的，而非现货所要求的当下交割，这就使得期货合约的交割时间越长，基差越大。同时，随着时间的延长，利息、储藏费用、运输成本等因素都可能对现货价格造成影响，这也使得期货价格与现货价格出现一定程度的偏离。

由于交割时间不同，基差的大小也不尽相同。对套期保值而言，这种变化可能对盈利产生重要的影响。

2. 基差变小与套期保值

基差变小，即现货价格与期货价格之间的差距变小。对于套期保值客户而言，基差的变化可能会对盈利产生较大的影响。因此，企业在进行套期保值之前，需要仔细分析、预判基差的变化。当然，对于买入开仓和卖出开仓进行套期保值操作的投资者而言，基差变小的影响肯定也是不一样的。

（1）买入开仓与基差变小。

例如，通过买入开仓进行套期保值的面粉厂，2018 年 8 月决定在 2018 年 12 月购入 1000 吨小麦，2018 年 8 月的小麦现货价格为 2300 元 / 吨，期货价格为 2450 元 / 吨，基差为 −150 元 / 吨。到了 12 月，小麦现货价格为 2500 元 / 吨，期货价格为 2600 元 / 吨，基差为 −100 元 / 吨。

12 月，现货与期货的基差由 −150 元变为了 −100 元。对于在 12 月购入现货而卖出期货合约的企业而言，基差变小，现货市场的价格增长了 200 元 / 吨，期货市场的价格只上升了 150 元 / 吨。这说明由于基差变小，买入开仓者每吨多损失了 50 元。

其实，随着交割期的临近，期货合约价格与现货价格必然要趋近，也就是说，基差缩小是一种正常现象。

（2）卖出开仓与基差变小。

例如，通过卖出开仓进行套期保值的铁矿石开采企业，2019 年 2 月决定在 2019 年 5 月售出 100 万吨铁矿石，2019 年 2 月的铁矿石现货价格为 500 元 / 吨，期货价格为 550 元 / 吨，基差为 –50 元 / 吨。到了 5 月，铁矿石现货价格为 550 元 / 吨，期货价格为 580 元 / 吨，基差为 –30 元 / 吨。

5 月，期货与现货的基差由 –50 元变为了 –30 元。对于在 5 月卖出现货而买入期货的企业而言，基差变小，现货市场增长了 50 元 / 吨，期货市场的价格只上升了 30 元 / 吨。说明由于基差变小，卖出开仓者每吨收益多了 20 元。

3. 基差变大与套期保值

基差变大，即现货价格与期货价格之间的落差变大。对于套期保值客户而言，开仓方向决定了基差变化对企业盈利的影响。

（1）买入开仓与基差变大。

例如，通过买入开仓进行套期保值的面粉厂，2018 年 8 月决定在 2018 年 12 月购入 1000 吨小麦，2018 年 8 月的小麦现货价格为 2300 元 / 吨，期货价格为 2450 元 / 吨，基差为 –150 元 / 吨。到了 12 月，小麦现货价格为 2500 元 / 吨，期货价格为 2700 元 / 吨，基差为 –200 元 / 吨。

12 月，期货与现货的基差由 –150 元变为了 –200 元。对于在 12 月购入现货而卖出期货的企业而言，基差变大，现货市场增长了 200 元 / 吨，而期货市场的价格上升了 250 元 / 吨。说明由于基差变大，买入开仓者每吨多盈利 50 元。

（2）卖出开仓与基差变小。

例如，通过卖出开仓进行套期保值的铁矿石开采企业，2019 年 2 月决定在 2019 年 5 月售出 100 万吨铁矿，2019 年 2 月的铁矿石现货价格为 500 元 / 吨，期货价格为 550 元 / 吨，基差为 –50 元 / 吨。到了 5 月，铁矿石现货价格为 550 元 / 吨，而期货价格为 620 元 / 吨，基差为 –70 元 / 吨。

5 月，期货与现货的基差由 –50 元变为了 –70 元。对于在 5 月份卖出现货而买入期货的企业而言，基差变大，现货市场增长了 50 元 / 吨，期货市场的价格却上升了 70 元 / 吨。说明由于基差变大，卖出开仓者每吨多损失了 20 元。

第三节　新期民交易获利模式

对于新期民来说，套期保值似乎过于遥远，能够通过期货投机获利才是更为现实的选择。一般来说，新期民可以通过以下三类策略实现交易获利。

一、趋势交易模式

尽管期货交易实行的是 T+0 交易模式，但这并不意味着投资者每天都要交易。期货交易毕竟属于一种投资活动，能够盈利的方式仍然是预判趋势、找准入场点与离场点。投资者在入场前，首先需要认清期货合约价格的运行趋势，即上行趋势、下行趋势或横向震荡趋势。由于期货交易既可以看多，也可以看空，因此，只要投资者能准确识别出市场的运行趋势，就可以入场交易。

在进行趋势交易时，投资者一般需要注意两点。

第一，通过多周期切换，从长期、中期、短期三个维度判断市场当前的运行趋势。长期趋势重于中期趋势，中期趋势重于短期趋势。当然，投资者也不应在短期趋势不利于交易时入场，毕竟中长期趋势也是从短期趋势发展而来的。只有长期趋势、中期趋势和短期趋势都有利于自己的交易时，才是入场的最佳时机。

下面以豆粕期货的价格走势进行简单介绍。豆粕 1905 合约 5 分钟 K 线走势如图 1-3 所示。

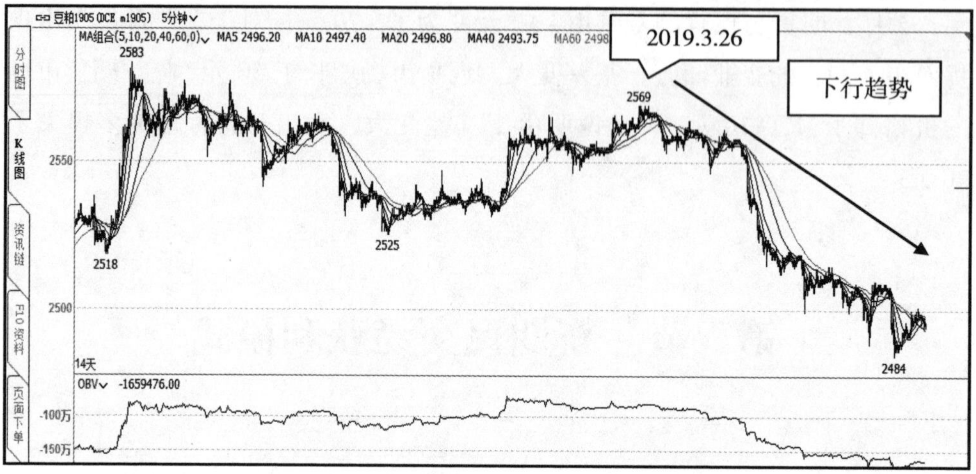

图 1–3　豆粕 1905 合约 5 分钟 K 线走势图

从图 1-3 可以看出，豆粕 1905 合约自 2019 年 3 月 26 日启动了一波快速下跌走势，并显示出明显的下行趋势。不过，对于趋势交易者而言，5 分钟 K 线显然不能满足其对趋势判断的需求，因此，投资者可考虑将分析周期调整至日 K 线，如图 1-4 所示。

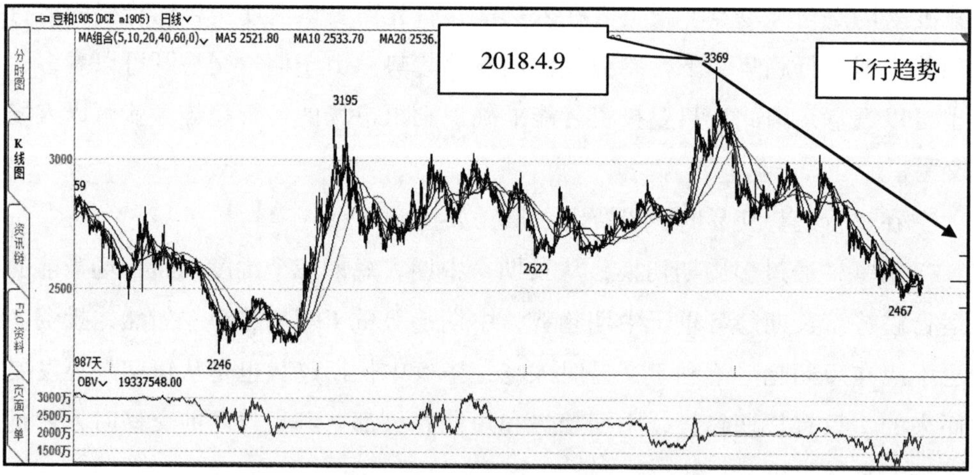

图 1–4　豆粕 1905 合约日 K 线走势图

从图 1-4 可以看出，豆粕 1905 合约自 2018 年 4 月 9 日就已经启动了一波震荡下跌走势，说明 5 分钟 K 线呈现的只是整个下行趋势中一个小波段快速下跌走势。也就是说，从趋势判断来看，豆粕 1905 合约在 2019 年 3 月底到 4 月初这段时间里，整体处于下行趋势，有利于看空开仓操作。

当然，稳健型或长期持仓的投资者也可以将分析周期调整至周 K 线甚至月 K 线，进一步研判市场的长期运行趋势。

第二，由于期货市场与现货市场联系密切，因此，现货市场呈现出的运行趋势也会在期货市场得以显现，现货市场的运行往往又有着自身的特点，如品种、市场供求关系、外界环境变化等。也就是说，投资者在研判期货市场运行趋势时，不仅要从技术角度分析，还要立足于商品基本面。有些期货品种可能会呈现出明显的季节性波动，一些农产品价格与天气情况还有密切的关系，这些都是趋势交易者需要仔细分析的。

二、套利交易模式

套利交易模式是期货交易中风险相对较低的一种模式。投资者利用相同商品不同合约月份、不同市场以及相关商品相同月份合约价差变动来获利。例如，投资者可以卖出某一商品的近期合约，同时买入该商品的远期合约。当近期合约与远期合约价差变小时，买入近期合约的同时卖出远期合约平仓。

目前，在期货市场上，大连商品交易所和郑州商品交易所都专门设置了套利交易品种，投资者在进行套利操作时，只需点击交易软件中的【账户】|【期货账户】|【套利下单】，在弹出的对话框中选择相应的套利合约即可。

具体的套利交易方法，后面还会详细介绍。

三、日内交易模式

日内交易模式是很多期货投机者常用的交易模式。期货交易实行 T+0 交易制度，当天开仓当天即可执行平仓操作，而且可以多次重复进行，这就为超短线投机者提供了非常好的机会。

投资者在进行日内交易时，必须借助各类技术分析工具和方法，确保市场短线运行趋势符合预判。还以上面所说的豆粕 1905 合约为例。由于超短线交易留给投资者反应的时间非常短，因而最好选择较短的分析周期，如 1 分钟 K 线，如图 1-5 所示。

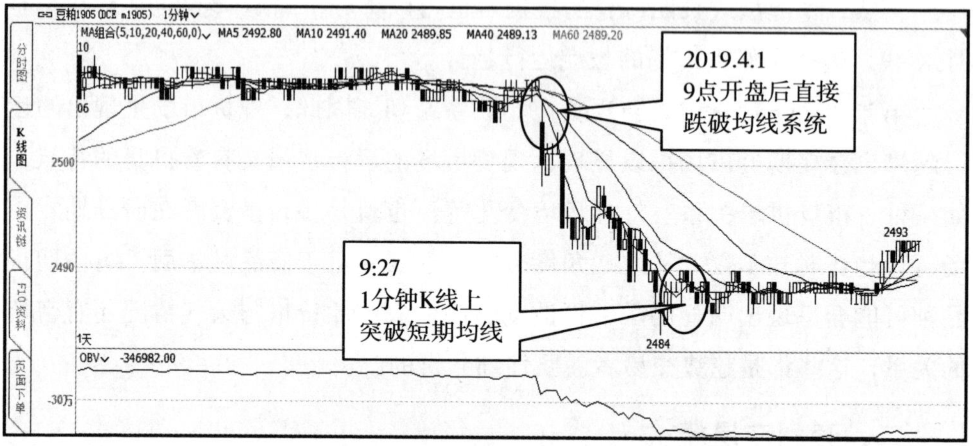

图 1–5　豆粕 1905 合约 1 分钟 K 线走势图

图 1-5 中，豆粕 1905 合约的价格在 2019 年 4 月 1 日之前一直沿均线运行，多条均线呈现明显的黏合状态，说明市场正在选择突破方向，投资者可持币观望。

2019 年 4 月 1 日早上 9 点，豆粕 1905 合约直接跳空低开，且均线系统开始呈空头发散排列，说明市场已经由空方主导，投资者可在第一时间卖空开仓。

9 点 27 分，该合约的 1 分钟 K 线向上突破短期均线，说明该合约短线有企稳反弹的可能。对于超短线的日内投资者而言，此时平仓是一个最佳的选择。

第二章

认识期货与期货交易

期货交易与股票投资相似，但因其具有杠杆交易的属性，风险与收益均高于股票。

第一节　期货基本术语

为了让投资者快速熟悉和了解期货知识，先来看一些期货交易中常用的术语。

一、开仓、多开、空开、双开、多换、空换

1. 开仓

开仓即建仓，指投资者新成交了一笔交易，可以买入或卖出。只要是新建了头寸，都可以称之为开仓。例如，某投资者看多买入了5手豆粕1905合约，这就是开仓，即该投资者有了5手多头持仓。

2. 多开

多开即多头开仓，指在某一时间点，投资者看多买入开仓量大于卖出开仓量。例如，在某一时间点，甲投资者看多开仓买入100手沪铜1907合约，同时乙投资者开仓卖出80手沪铜1907合约，而丙投资者平仓卖出20手沪铜1907合约。此时，买入开仓量大于卖出开仓量，即多头开仓。

3. 空开

与多开相反，即空头开仓，指在某一时间点，投资者看空卖出开仓量大于买入开仓量。例如，在某一时间点，甲投资者看空开仓卖出100手沪铜1907合约，同时乙投资者开仓买入80手沪铜1907合约，而丙投资者平仓买入20手沪铜1907合约。此时，卖出开仓量大于买入开仓量，即空头开仓。

4. 双开

双开，指看多买入开仓与看空卖出开仓同时进行。例如，在同一时间点，甲投资者看多买入开仓 10 手沪铜 1907 合约，乙投资者看空卖出开仓 10 手沪铜 1907 合约。此时，买入开仓量与卖出开仓量相同，即为双开。

5. 多换

多换，指某一看多买入的平仓单与另一看多买入的开仓单成交。也就是说，两个看多单子出现了换手，市场上的持仓量并未发生变化。例如，甲投资者在 2019 年 3 月 8 日看多买入开仓 5 手黄金 1908 合约，2019 年 3 月 19 日，甲投资者进行了平仓操作，与此同时，乙投资者看多买入开仓 5 手黄金 1908 合约。此时，看多平仓单与买入开仓单同步出现，即为多换。

6. 空换

空换，指某一看空卖出的平仓单与另一看空卖出的开仓单成交。也就是说，两个看空单子出现了换手，市场上的持仓量并未发生变化。例如，甲投资者在 2019 年 3 月 21 日看空卖出开仓 5 手沪镍 1908 合约。2019 年 3 月 22 日，甲投资者进行了平仓操作，与此同时，乙投资者看空卖出开仓 5 手沪镍 1908 合约。此时，看空平仓单与卖出开仓单同步出现，即为空换。

二、平仓、多平、空平、双平

1. 平仓

平仓，指投资者为了了结持仓而采取的与开仓方向相反的交易行为。如果投资者是以卖出方式开仓的，那么，他想要平仓则必须以买入方式平仓。原则上，每个投资者在交割日到来之前都应该平仓，否则就要进行实物交割了。例如，某投资者在 2019 年 3 月 21 日以 286.11 元的价格买入开仓黄金 1906 合约，次日（即 3 月 22 日）又以 287.01 元平仓卖出该合约，其 3 月 22 日的操作就是一次典型的平仓操作。

2. 多平

多平，指多头买入开仓，持有一段时间后再卖出平仓的行为。不过，整个交易行为被定义为多平，还需满足一个条件，即卖盘为主动盘，且卖出平仓盘要大于买入开仓盘。例如，甲投资者卖出平仓 10 手沪铜 1907 合约，与此同时，乙投资者买入开仓 8 手沪铜 1907 合约，丙投资者买入平仓 2 手沪铜 1907 合约，多头卖出平仓量大于买入开仓量为则多平。

3. 空平

空平，指空头卖出开仓，持有一段时间后再买入平仓的行为。不过，整个交易行为被定义为空平，还需满足一个条件，即买盘为主动盘，且买入平仓盘要大于卖出开仓盘。例如，甲投资者买入平仓 10 手沪铜 1907 合约，与此同时，乙投资者卖出开仓 8 手沪铜 1907 合约，丙投资者卖出平仓 2 手沪铜 1907 合约。空头买入平仓量大于卖出开仓量则为空平。

4. 双平

双平，指多头与空头同时平仓的行为。即多头买入持仓一段时间后执行卖出平仓操作，与此同时，空头卖出持仓一段时间后也在此时执行买入平仓操作。例如，甲投资者先前看多买入 10 手豆粕 1906 合约，乙投资者先前看空卖出 10 手豆粕 1906 合约。2019 年 3 月 18 日，两者同时采取平仓行为，即甲卖出平仓，乙买入平仓，即为双平。

三、头寸、多头、空头、净头寸

1. 头寸

头寸，在金融界指的是款项的意思，指投资者拥有或借用资金的数量。在期货交易中，头寸指的是投资者持仓的合约量。例如，投资者看多买入开仓 5 份沪铜 1907 合约，则该投资者拥有沪铜 1907 合约的头寸数量为 5。

2. 多头

多头，指认为某一期货合约的价格会上涨于是执行买入头寸开仓并等待合约价格继续上涨的投资者。投资者看多买入某一期货合约，就建立了多头头寸。例如，投资者在 2019 年 3 月 21 日认为沪铜 1907 合约价格会走高，于是开仓买入该合约。

3. 空头

空头，指认为某一期货合约的价格会下跌于是执行卖出头寸开仓并等待合约价格继续下跌的投资者。投资者看空卖出某一期货合约，就建立了空头头寸。例如，投资者在 2019 年 3 月 21 日认为沪铜 1907 合约价格会走低，于是开仓卖出该合约。

4. 净头寸

净头寸，指期货未平仓的多头头寸与未平仓的空头头寸之间的净差额。假如，某一时间点，市场上豆粕 1907 合约的未平仓多头头寸为 10000 手，未平仓空头头寸为 8000 手，则市场上此时净多头头寸为 2000 手。其实，这 2000 手也是推动合约价格走高的原因；反之，若市场上的未平仓多头头寸为 10000 手，而未平仓空头头寸为 15000 手，则期货合约价格走低的概率极大，这 5000 手就是净空头头寸，也是推动合约价格走低的原因。

四、持仓、空仓、满仓、斩仓、爆仓

1. 持仓

持仓，指投资者买入或卖出开仓后手中持有的头寸。也就是说，投资者买入或卖出合约后，并未平仓或进行实物交割前，都属于持仓。

2. 空仓

空仓，指投资者将手中持有的期货合约全部抛出平仓，手中仅持有现金的状态。在期货领域，投资者无法看清未来走势时，会暂时处于观望状态。投资者不可能每天都处于交易或持仓过程中，应该适当休息。只有会休息的人，才是真正能够在交易市场获得盈利的人。

3. 满仓

满仓，指投资者将全部现金投资于期货合约。通常情况下，只有行情明显有利于自己的操作时，投资者才会进行满仓操作。一般情况下，笔者不建议投资者满仓。

4. 斩仓

斩仓，即割肉或止损，指投资者开仓后，期货合约的价格并未如预期一般运行，而是反向运行，亏损不断放大，为了避免亏损继续放大而采取的平仓行为。通常情况下，斩仓意味着自己要承受相当比重的损失。很多投资者在投资过程中，不愿意承认自己判断错误，也不愿意斩仓，结果亏损不断放大，最后甚至出现了爆仓或强制平仓的情况。

5. 爆仓

爆仓，指在某些特定条件下，投资者的保证金账户的客户权益为负值的情况。也就是说，当投资者开仓后，市场并未向预期方向运行，而是向相反方向运行，投资者不愿意斩仓或因某些特殊情况没有及时斩仓，导致亏损放大到超过了保证金，此时交易所或经纪公司就会强行平仓。当然，平仓并不意味着结束，投资者还需弥补保证金不足的部分，否则可能被期货经纪公司追偿。

五、主力合约、主连合约、期货品种指数

1. 主力合约

主力合约，指同一期货品种中成交量和持仓量最大的合约。在期货市场上，每一份期货合约都有固定的交割月份，这就决定了期货合约都有其固有的生命周期。通常情况下，在一段时间内，交易某一期货品种的投资者会主要围绕某一个期货合约进行交易，这个合约是市场上同类商品期货合约中交易最活跃、成交量最大的合约，也就是主力合约。

大家知道，同一期货品种会因交割期限的不同划分成不同的期货合约。各个合约因交割期长短，交易量与持仓量会出现很大的波动，特别是临近交割期时，持仓量与交易量都会同步减少。正因如此，期货交易所为了让投资者更加准确地获得期货价格的运行趋势数据，设计了两种反映某一期货品种整体走势的报价走势，即主连合约与期货品种指数。

2. 主连合约

主连合约，由某一期货品种的所有期货合约中成交量和持仓量最大的合约连接而成。每种期货品种只能选出唯一一种主连合约。在某一期货品种的各个期货合约中，当日某一合约成交量和持仓量为最大时，下一交易日主连合约就会自动切换为该合约。当主连合约的成交量和持仓量不再为当日最大时，下一交易日就要让出主连合约的位置给其他合约。也就是说，主连合约是由多个主力合约拼接而成。

主连合约相对普通的期货合约有更好的连续性。通过主连合约，投资者可以查看期货品种长期的价格走势，图 2-1 所示为豆粕主连合约日 K 线走势图。

图 2-1　豆粕主连合约日 K 线走势图

3. 期货品种指数

主连合约是由同一期货品种的多个月份合约拼接而成。也正因为拼接，有时可能会出现不连续的问题，这时投资者可以选择期货品种指数来对照。

期货品种指数，是由同一期货品种中所有月份的合约根据持仓量占比进行价格加权而获得的一个加权价格。期货品种指数能够从整体上反映期货品种的价格走势情况。也就是说，投资者若想从整体上了解期货品种的价格走势，期货指数肯定是一个最佳选择。还是以豆粕为例，下面来看一下豆粕指数的走势，如图 2-2 所示。

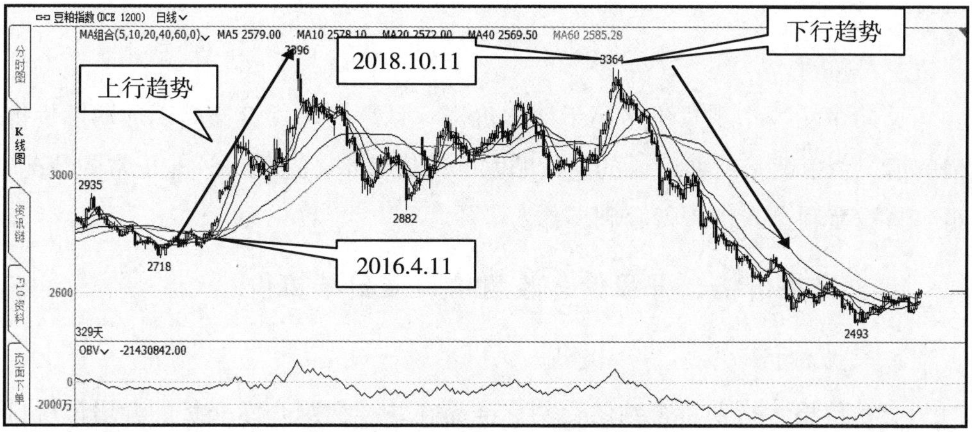

图 2-2　豆粕指数日 K 线走势图

六、期货升水、期货贴水、正向市场、反向市场

1. 期货升水

期货升水，指当期货价格高于现货价格时，则基差就会变成负数，同时，远期期货价格也会高于近期期货价格，这就是期货升水，也称现货贴水。换句话说，现货价格是当前的实物价格，近期的期货价格是未来短期内的实物价格，远期期货价格则是未来较长时间的实物价格。这三个价格若一个比一个高，则属于期货升水。

2. 期货贴水

期货贴水，指当期货价格低于现货价格时，则基差就会变成正数，同时，远期期货价格也会低于近期期货价格，这就是期货贴水，也称现货升水。换句话说，现货价格是当前的实物价格，近期的期货价格是未来短期内的实物价格，远期期货价格则是未来较长时间的实物价格。这三个价格若一个比一个低，则属于期货贴水。

3. 正向市场

正向市场，指现货价格低于期货价格，且近期期货价格低于远期期货价格的情况。也就是前面所说的期货升水、现货贴水。这是一种比较正常的情况，也就是正向市场。

4. 反向市场

反向市场，指现货价格高于期货价格，且近期期货价格高于远期期货价格的情况。也就是前面所说的期货贴水、现货升水。这是一种非正常的情况，很容易被套利盘入市进行套利操作。

七、交易价格、开盘价、收盘价、当日结算价

1. 交易价格

交易价格，指期货合约的交割标准品在基准交割仓库交货的含增值税价格。该价格是交易成立后买卖双方约定的在一定时期交割的价格。

2. 开盘价

开盘价，又称开市价，通常指某一证券产品在证券交易所每一交易日开市后的第一笔成交价格。在期货领域，开盘价通常为开市前 5 分钟内经集合竞价产生的成交价格。若集合竞价阶段未产生任何成交价格，则以开市后第一笔成交价格作为开盘价。

3. 收盘价

收盘价，通常指某一证券产品在证券交易所每一交易日收盘前的最后一笔成交价格。

4. 当日结算价

当日结算价，指当日收盘后，对未平仓合约进行当日保证金及单日盈亏结算的基础价。一般情况下，商品交易所以某一期货合约当日成交价按照成交量加权平均来计算结算价。当日若无成交，则可将上一交易日的结算价作为当日结算价。中国金融期货交易所规定，以某一交易日最后一小时的加权平均价作为当日结算价。若该交易日为交收日，则按照最后两小时的加权平均价作为当日结算价。

八、最高价、最低价、最新价、最高买价、最低卖价

1. 最高价

最高价，指在某一交易日期货合约成交价中的最高成交价格。

2. 最低价

最低价，指在某一交易日期货合约成交价中的最低成交价格。

3. 最新价

最新价，指在某一交易日期货合约中最近一笔成交价格。

4. 最高买价

最高买价，指某一交易日某期货合约中买方申请买入的最高成交价格。最高买价决定了期货合约当日价格的上限。

5. 最低卖价

最低卖价，指某一交易日某期货合约中卖方申请卖出的最低成交价格。最低卖价决定了期货合约当日价格的下限。

九、交易保证金、初始保证金、追加保证金、维持保证金、结算准备金

1. 交易保证金

交易保证金，指会员在交易所专用的结算账户中确保合约履行的资金，是已被合约占用的保证金。当投资者增加一笔持仓后，交易所就会按照持仓价值的一定比率收取交易保证金。商品期货合约不同，交易保证金的比例也有所不同。即使是同一商品，交易所也会根据实际情况调整保证金的比例。

2. 初始保证金

初始保证金，指投资者在交易期货合约之前需要预先存入保证金账户的最低履约保证金。这个保证金的比例可能是期货经纪公司根据客户情况在最低交易保证金基础上调整后的额度，也可能就是最低交易保证金的额度。

3. 追加保证金

当期货合约的价格朝着投资者预期的相反方向运行时，其保证金余额就会逐渐减少。每日收盘后，当保证金余额少于规定的标准时，经纪公司会要求投资者追加保证金。通常情况下，每日收盘后，经纪公司会根据客户的盈亏情况调整其保证金账户的余额，若保证金余额低于原保证金金额的50%时，经纪公司就会要求客户追加保证金。

4. 维持保证金

维持保证金，指投资者保证金账户中的权益在总市场价值中的最小比例。投资者开仓前，需要为交易提供一定的交易保证金，这就是初始保证金。当期货价格朝着投资者预期的相反方向运行时，初始保证金将会被蚕食，此时保证金账户的余额还能维持交易的最低限度，就是维持保证金。通常情况下，维持保证金的比例大约为初始保证金的 50% ~ 75%。

5. 结算准备金

结算准备金，指交易所会员为了交易结算在交易所专用结算账户中预先准备的资金，是未被合约占用的保证金（已经被合约占用的称为交易保证金）。结算准备金的最低余额由交易所规定。结算准备金与交易保证金是完全不同的概念，对于普通投资者来说，大家投资期货主要是为了交易，而非最终的结算，因而也不需要结算准备金。另外，普通投资者也没有结算的资格，只有会员单位才可以结算。

第二节　期货合约及其构成

期货交易实质上是投资者之间进行的期货合约交易。也就是说，整个交易过程，期货合约起着交易的核心作用。下面来看一份阴极铜的期货合约，如表 2-1 所示。

表 2-1　阴极铜期货合约

交易品种	阴极铜
交易单位	5 吨 / 手
报价单位	元（人民币）/ 吨
最小变动价位	10 元 / 吨
涨跌停板幅度	上一交易日结算价 ±5%
合约月份	1 ~ 12 月
交易时间	每周一至周五上午：9:00 - 10:15，10:30 - 11:30，下午：1:30 - 3:00。连续交易时间为周一到周五的晚上 21:00—1:00（次日），法定节假日（不含双休）前一个交易日的有色金属连续交易不再交易
最后交易日	合约月份的 15 日（遇国家法定节假日顺延，春节月份等最后交易日交易所可另行调整并通知）
交割日期	最后交易日后第五个交易日
交割品级	标准品：阴极铜，符合国标 GB/T467-2010 中 1 号标准铜（Cu-CATH-2）规定，其中主成份铜加银含量不小于 99.95% 替代品：阴极铜，符合国标 GB/T467-2010 中 A 级铜（Cu-CATH-1）规定；或符合 BS EN 1978:1998 中 A 级铜（Cu-CATH-1）规定
交割地点	交易所指定交割仓库
最低交易保证金	合约价值的 7%
交割方式	实物交割
交割单位	25 吨
交易代码	CU
上市交易所	上海期货交易所

阴极铜期货合约，就是大家常说的铜期货合约。铜期货是在上海期货交易所上市交易的，各月份合约都以月份标示以作区分。例如，在交易系统中，2019 年 8 月份的铜期货合约为“沪铜 1908”。

因为交割的铜期货标的物必须符合相应标准，即必须为高级纯阴极铜或标准阴极铜，所以其合约被称为“阴极铜期货合约”。

从表 2-1 中可以看到，一份完整的期货合约包含着多个要件，本节将详细说明。

一、交易单位、报价单位、最小变动价位

1. 交易单位

交易单位，指在期货合约交易中，每一手合约所代表的标的物数量。例如，

表 2-1 中的“5 吨 / 手”，表示投资者交易每手期货合约的阴极铜数量为 5 吨。

2. 报价单位

报价单位，指在公开竞价过程中对期货合约报价所使用的单位，即每计量单位所使用的货币价格。如前面所说，阴极铜的交易单位为 5 吨 / 手，那么，吨就是期货合约中阴极铜的重量单位，而报价单位则是针对“吨”所使用的货币价格。表 2-1 中已经列明，报价单位为：元（人民币）/ 吨。通俗来说，就是阴极铜每吨多少元。

3. 最小变动价位

最小变动价位，指投资者在交易期货合约时，每次报价相对之前报价最小的变动幅度。表 2-1 中，阴极铜的最小变动价位为：10 元 / 吨，也就是，投资者在开仓或平仓时，每次出价要么保持原报价不变，要么加上 10 元或减去 10 元的整数倍。例如，沪铜 1905 原报价为 48270 元，投资者要想快速看多买入开仓，可以报价为 48280 元。原则上，投资者的报价增减幅度不能小于 10 元。

二、涨跌停板幅度、最低交易保证金

1. 涨跌停板幅度

涨跌停板幅度，指为了防止期货合约价格暴涨暴跌给市场带来较大冲击，期货交易监管机构对每种期货合约的涨跌幅度做出的限制。当期货合约的价格上涨到最大涨幅时，投资者只能以该价格卖出，很难以该价格买入；同样，当期货合约的价格下跌至最大跌幅时，投资者只能以该价格买入，很难以该价格卖出。目前，各类期货合约的涨跌停板幅度是不同的，一般为 4% ~ 10%。每种期货品种的涨跌停板幅度由所上市的交易所规定，例如，铜期货的涨跌停板幅度为 5%。

2. 最低交易保证金

前面介绍过交易保证金的定义。这里的最低交易保证金也是期货交易保证金中的一种，但又不同于初始保证金。最低交易保证金是由期货交易所对每种期货合约规定的最低限度的保证金，在实际操作过程中，期货经纪公司会根据客户的实际情况适当调整交易保证金的比例。例如，表 2-1 中介绍的阴极铜期货合约中，最低交易保证金为合约价值的 7%，这并不意味着每个投资者的交易保证金比例都是合约价值的 7%，期货经纪公司可能要求个别投资者提供高于 7% 的交易保证金，如 10% 等。也就是说，期货经纪公司可以调高客户的交易保证金比例，但不能低于最低交易保证金。

在实际操作过程中，投资者也可以通过期货公司的客户经理申请调整交易保证金，使自己的交易保证金与交易所要求的最低交易保证金一致。

三、交易时间、最后交易日、交割日期

1. 交易时间

期货的交易时间与股票的交易时间不同。由于国际之间对各个期货品种的联动性不同，各个交易所对期货品种的交易时间也会做出不同的安排。例如，铜期货的交易时间被分成了多个时段，周一至周五的上午 9:00—10.15，10.30—11.30，下午 13.30—15.00；连续交易时间为周一到周五的晚上 21:00—1:00（次日）。法定节假日（不含双休）前一个交易日的有色金属连续交易不再交易。

注：为了更好地与国际接轨，晚上进行的有色金属交易时间是连续的，没有中断。

2. 最后交易日

最后交易日，指某种期货合约在交割月份进行交易的最后一个交易日。若投资者在最后一个交易日仍未进行平仓处理，则需要进行实物交割或者现金交割。通常情况下，最后一个交易日往往交易冷清，持仓的投资者一般会在最后一个交易日之前平仓。

3. 交割日期

交割日期，指投资者必须进行实物交割的日期。通常情况下，在期货领域，个人投资者是不具备实物交割资格的，一般到了最后交易日投资者仍未平仓时，交易所也会强行平仓。只有向交易所申请进行套期保值业务的企业，

才可以将持仓保留至交割日，并按照相关程序进行交割。期货交割日期为最后交易日后的第五个交易日。例如，上海期货交易所执行五日交割法（天然橡胶的交割日期为合约交割月份的 16 ~ 20 日，遇节假日顺延）。当然，由于期货交易所不同，实物交割的时间长短也不尽相同，郑州期货交易所实施三日交割法。表 2-1 中，铜期货的交割日期为最后交易日后的第五个交易日，即五日交割法中的最后一个交易日。

四、交割品级、交割地点、交割方式、交割单位

1. 交割品级

交割品级，指由期货交易所统一规定的准许在交易所上市交易的合约商品的质量等级。很多商品的质量等级不一样，价格自然就有高有低。交易所为了使期货合约标准化，必须为商品规定某一质量等级，表 2-1 中规定了两种可交割的阴极铜的质量等级：其一，标准品，即期货合约标准的阴极铜质量等级（通常采用国内或国际的质量等级标准）；其二，替代品质量等级。也就是说，当投资者在交割时不能提供标准品时，也可以用替代品来替代，但同时必须达到替代品的质量等级。

2. 交割地点

交割地点，一般由交易所指定具体的交割仓库。交割仓库是期货品种进入实物交割环节提供交割服务和生成标准仓单必经的期货服务机构。一般在期货合约中，只会写明“交易所指定交割仓库”。

3. 交割方式

期货交割是指期货合约到期时，交易双方通过该期货合约所载商品所有权的转移，了结到期未平仓合约的过程。交割的方式分为实物交割和现金交割两种。

（1）实物交割：指期货合约到期日，卖方将相应货物按质按量（期货合约中有相应的交收标准）交入交易所指定交割仓库，买方向交易所交付相应货款，履行期货合约。

（2）现金交割：指合约到期日，核算交易双方买卖价格与到期日结算价格相比的差价盈亏，把盈亏部分分别结算到相应交易方，其间不涉及标的实物交割。

通常情况下，金融期货以现金交割为主，而商品期货以实物交割为主。

4. 交割单位

交割单位，指期货合约进入实物交割阶段后的最小单位。也就是说，投资者若想进行实物交割，交割的商品数量不能低于最小交割单位。例如，上海商品交易所规定，铜期货的最小交割单位为 25 吨。

五、交易代码、上市交易所、合约月份

1. 交易代码

交易代码，指的是期货品种的代码。投资者在期货交易软件中，通过属于该品种的交易代码加上合约年份的后两位数字以及合约月份，就可以查看该期货合约的交易信息了。例如，投资者想要查看铜期货 2019 年 6 月交割的期货合约交易信息，输入“CU1906”即可。其中“CU”就是铜期货的交易代码。

2. 上市交易所

上市交易所，指的是某期货合约上市交易的场所。期货合约不同，上市交易所也不同。例如，金属期货一般都在上海期货交易所上市，棉花、小麦等农作物则在郑州商品交易所上市；鸡蛋、黄豆、豆粕则在大连商品交易所上市。表 2-1 所示的铜期货就是在上海期货交易所上市的。

3. 合约月份

合约月份，指期货合约履行交割手续的月份。通常情况下，在合约月份的最后交割日完成商品的交割手续。不同的期货合约，交割月份有所不同，有的合约每月交割一次，有的合约每季度交割一次，铜期货是每月交割一次，所以它的合约月份为 1 ~ 12。

第三节　期货基本品种

总体来说，期货主要包括两大类，商品期货和金融期货，如图 2-3 所示。不过，在具体的期货品种分类中，可能会出现一定的重叠，即有些期货品种从属于两个以上的品类。

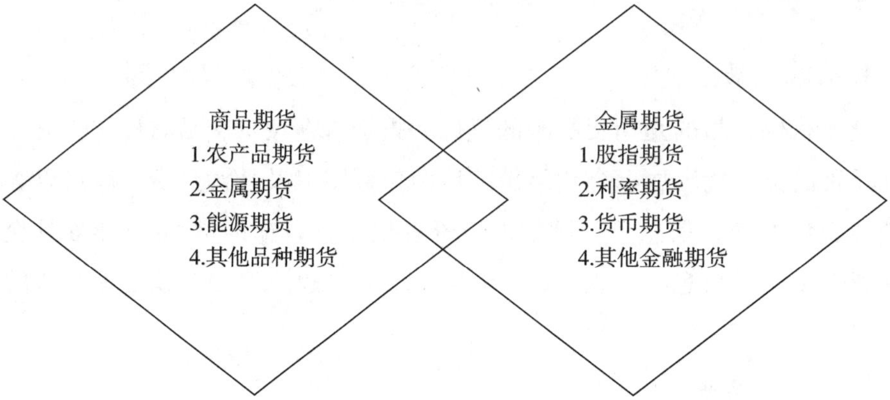

图 2-3　期货的两大品类——商品期货和金融期货

一、农产品期货

农产品期货是世界上最早上市交易的期货品种，也是期货市场的主流品种。作为大宗商品的主流，农产品期货涵盖了日常生活必需的诸多品类，如图 2-4 所示。

1. 粮食期货

粮食期货一般针对的是种植面积较大、分布较广的粮食作物。目前，在商品交易所上市的粮食期货品种包括玉米、小麦、早籼稻、花生、黄豆、绿豆、豆粕、豆油等。未来也不排除会有新的品种上市。

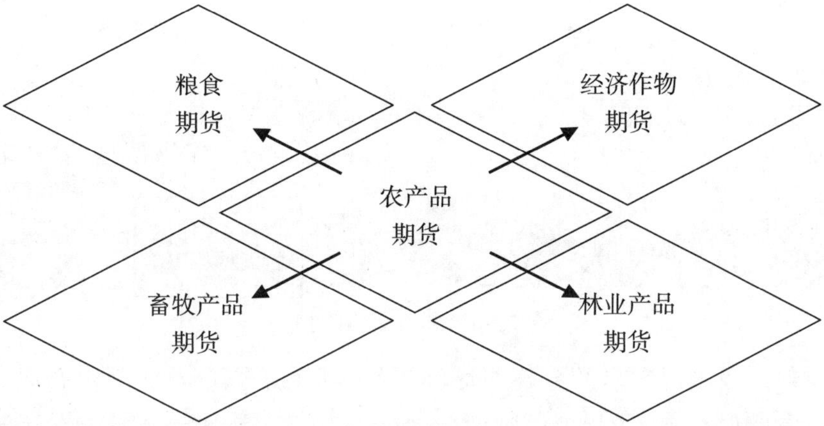

图 2-4 农产品期货的种类

2. 经济作物期货

经济作物期货品种主要包括生产生活需求量较大的经济作物。目前已经上市交易的经济作物品种包括糖类、咖啡、可可、棕榈油、油菜籽、菜粕、菜籽油、棉花、苹果等。

3. 畜牧产品期货

通常情况下，畜牧产品期货包括肉类制品和皮毛制品两大类。在我国期货市场上，以前没有畜牧产品期货品种，一直到 2013 年鸡蛋期货上市，才填补了这一领域的空白。也许未来会有更多的畜牧产品期货合约上市交易，比如澳大利亚期货市场就上市交易了羊毛期货。

4. 林业产品期货

林业产品期货包括木材制品以及橡胶制品等。目前已经上市交易的林业产品期货包括天然橡胶、胶板等品种。林业产品期货未来还有很大的可丰富空间，如美国芝加哥商业交易所上市交易了木材期货。

二、金属期货

金属期货，包括有色金属期货和黑色金属期货两大类，也是期货领域中非常重要的一个品种，如图 2-5 所示。

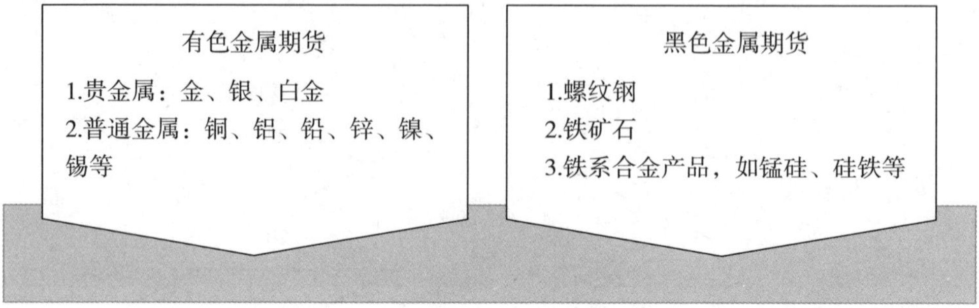

图 2–5 金属期货的种类

目前，我国已上市的金属期货包括各类有色金属、金银等贵金属。金银等贵金属期货合约的价格与国际价格联动性极强。在黑色金属期货方面，已上市的品种包括螺纹钢、热轧卷板、铁矿石、线材、硅铁、锰硅等。

三、能源期货

能源期货主要指原油及其附属产品（如燃油、汽油）、煤炭，以及其他能源（如丙烷、天然气）等期货，如图 2-6 所示。

目前，我国期货市场的能源期货品种以原油和煤炭及其附属制品为主。业内一直有推出天然气期货的呼声，未来有望成行。

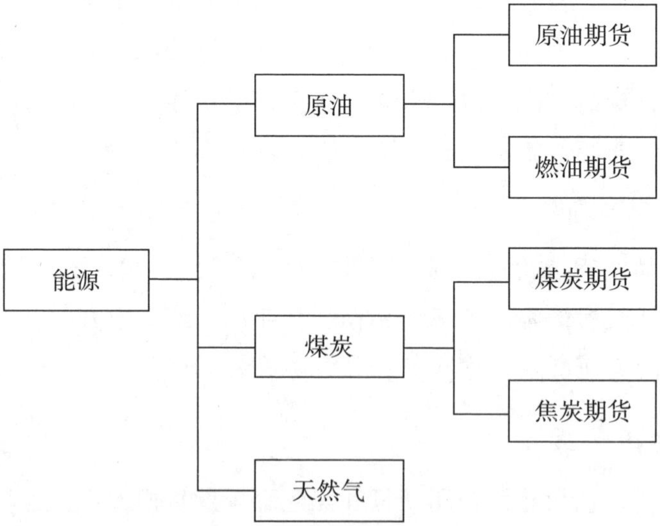

图 2–6 能源期货的种类

四、股指期货

股指期货，指以股票指数为标的物的期货合约，双方约定在未来的某个特定日期可以按照事先确定的价格指数进行标的指数的买卖，到期后通过现金结算差价进行交割。目前，已经上市交易的股指期货合约为沪深 300 指数期货（IF）、上证 50 指数期货（IH）和中证 500 指数期货（IC）。

与其他商品期货不同，股指期货以追踪股票指数的点数为标的物，每个点数对应人民币 300 元。也就是说，股票指数期货每波动一个点，对应有 300 元的资金变动。保证金的比例相对也比较固定，即 10% 的保证金。

不过，由于股指期货对应的是股票指数，而股票指数又与大盘及个股走势密切相关，这也使得股指期货波动的激烈程度大于其他期货品种。

五、利率期货

利率期货交易的对象是中期、长期、短期可交割的金融凭证以及附有利率的有价证券为标的的一种金融期货。也就是说，因为金融凭证的利率是固定的，市场利率是变动的，这就为合约的交易提供了一定的空间。目前已上市的利率期货中，以国债期货为主。

六、货币期货

货币期货又称外汇期货，是在某一交易所内，买卖双方通过公开叫价，以非本国货币买进另一种非本国货币并签订一份在未来某日交割标准数量外汇的合约。目前，国内各大商品交易所并未上市外汇期货品种。

七、其他品种期货

除了前面介绍的几类期货品种外，各大商品交易所还上市了化工产品和轻工产品的期货品种，如沥青、纸浆、淀粉、塑料、PVC、玻璃。未来，国内商品交易所的期货品种还会进一步与国际接轨，还将上市更多品种。

第四节　期货交易场所

目前，国内期货合约交易主要集中在郑州、大连、上海三大商品交易所，金融期货则在中国金融期货交易所上市。

一、郑州商品交易所

郑州地处中原，人口稠密，粮食需求量大，因而成为重要的粮食中转与交易中心。1990 年 10 月 12 日，经国务院批准，郑州商品交易所正式成立。成立伊始，郑州商品交易所交易的对象仅限于现货范畴。1993 年 5 月 28 日，该所正式推出期货合约交易。

目前，郑州商品交易所交易的期货品种较多，以农产品为主，还包括煤炭、黑色金属、工业品以及经济作物等非农产品期货，如图 2-7 所示。

郑州商品交易所除了交易商品期货外，还包括白糖期权和棉花期权等。

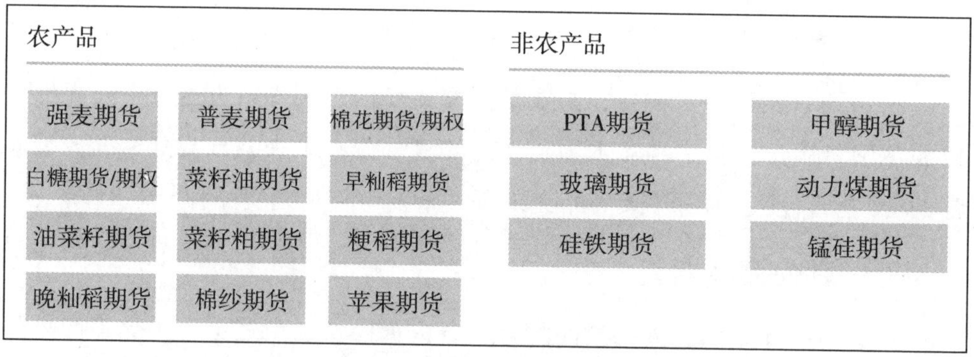

图 2-7　郑州商品交易所上市的期货品种

二、大连商品交易所

大连商品交易所坐落于大连市，1993 年 2 月 28 日经国务院批准成立，是东北地区唯一一家期货交易所。由于地处东北，大豆、玉米种植面积广，工业基础雄厚，因而其交易的品种也以黄豆、玉米为主，还包括各类工业制品等，如图 2-8 所示。

农产品

玉米	玉米淀粉	黄大豆1号	黄大豆2号	豆粕
豆油	棕榈油	纤维板	胶合板	鸡蛋

工业品

聚乙烯	聚氯乙烯	聚丙烯	焦炭	焦煤	铁矿石	乙二醇

图 2-8　大连商品交易所主要交易的期货品种

大连商品交易所除了交易商品期货外，还包括玉米期权和豆粕期权。

三、上海期货交易所

上海期货交易所起步于 1990 年 11 月 26 日，是我国进行期货交易的实验地区。1995 年 1 月 16 日国内进行期货市场整顿，由原上海石油交易所、上海建材交易所、上海化工交易所、上海农资交易所四家联合组成新的上海商品交易所。1999 年 5 月 4 日，由原上海金属交易所、上海粮油交易所、上海商品交易所联合组成新的上海期货交易所。

上海期货交易所交易的品种以金属、能源为主，具体品种如图 2-9 所示。

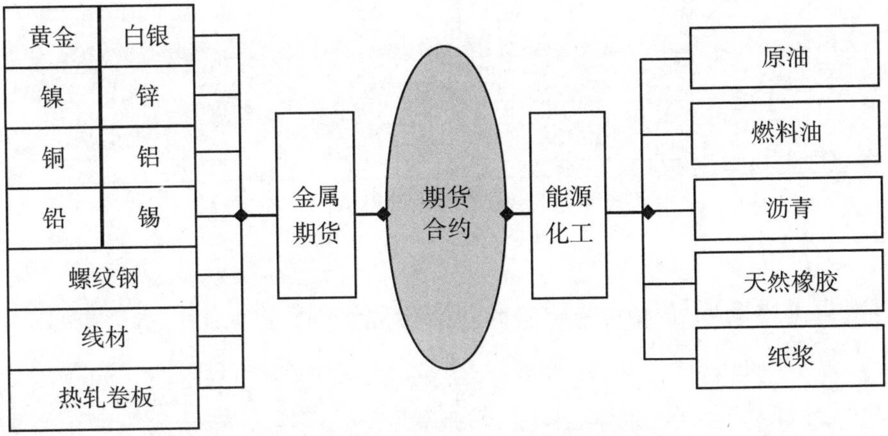

图 2-9　上海期货交易所交易的期货品种

上海期货交易所除了交易商品期货外，还包括铜期权和天然橡胶期权。

四、中国金融期货交易所

中国金融期货交易所由上海期货交易所、郑州商品交易所、大连商品交易所、上海证券交易所和深圳证券交易所共同发起，于 2006 年 9 月 8 日经中国证监会批准在上海正式成立。目前，中国金融期货交易所交易的主要标的产品为股指期货和国债期货两种。

第三章

期货交易入门

对于尚未接触期货交易的投资者而言，期货交易总是很神秘且充满风险与刺激的，本章将逐层为投资者揭开期货交易的面纱。

第一节 开通期货交易

目前，期货开户流程较之前简化了很多，投资者不用亲自前往期货经纪公司开户，可以通过电脑或手机远程完成开户操作。

一、了解期货交易账户

期货账户与股票账户相似。开通股票交易的投资者知道，若想交易股票，需要开通沪深两市的股东卡，想要从事期货交易的投资者，同样需要开通期货账户。

目前，期货交易账户有 5 种，投资者可根据个人需要及条件酌情办理，如图 3-1 所示。

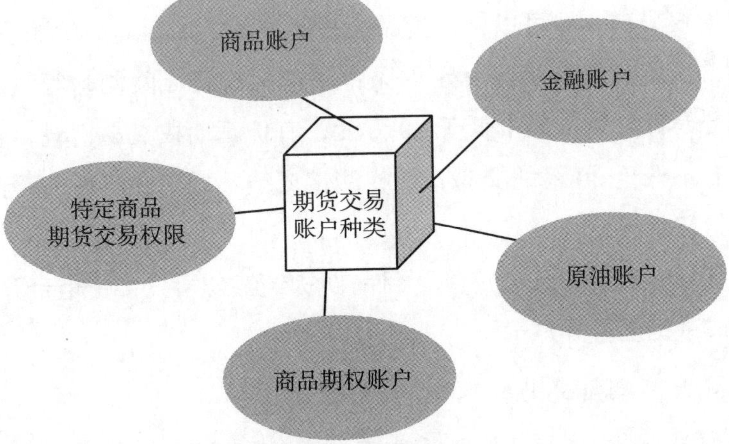

图 3–1 期货交易账户

1. 商品账户

商品账户，即交易在郑州、大连、上海商品交易所上市的普通期货商品的账户。在所有期货账户中，商品账户是最基础的一个，开通该账户限制较少，适合没有期货经验的投资者入门操作。

2. 金融账户

金融账户，即交易在中国金融期货交易所上市的股指期货、国债期货等金融产品的账户。通常情况下，开通金融账户需要满足一定的条件，包括投资风险测评等级达到 C4，连续 5 个交易日可用资金不低于 50 万元，且必须已经开通了商品账户，在 3 年内完成了不少于 10 笔的期货交易。

3. 原油账户

原油账户，即可以用于交易原油及附属品的账户。在开通该账户前，投资者需要满足一定的条件，包括投资风险测评等级达到 C4，连续 5 个交易日可用资金不低于 50 万元，且必须已经开通了商品账户，在 3 年内完成了不少于 10 笔的期货交易。

开户前，还需要接受原油期货投资者适应性测试，并且需要将成绩单邮寄给负责开户的客户经理。

4. 商品期权账户

商品期权账户，即可以交易商品交易所中各类期权商品的账户。在开通该账户前，投资者需要满足一定的条件，包括投资风险测评等级达到 C4，连续 5 个交易日可用资金不低于 10 万元；有仿真期权交易记录，且在 10 个交易日内有不低于 20 笔的交易；期权测试成绩不低于 90 分；有行权记录；无不良诚信记录等。

商品期权账户开户比较麻烦，目前期货经纪公司只接受柜台开户，不能进行网络或手机远程开户。

5. 特定商品期货交易权限

特定商品期货，目前主要指铁矿石期货和 PTA 期货。投资者若是在

2018年3月27日之前开通商品期货账户（2018年11月12日以后新开期货账户，需要符合一定条件才能开通PTA期货交易权限），要想交易这两类期货产品，还需要特殊交易权限。在开通该账户前，投资者需要满足一定的条件，包括投资风险测评等级达到C3，连续5个交易日可用资金不低于10万元，有1笔期货交易记录，在中国期货业协会的考试平台测试成绩得分不低于80分。

不过，投资者若已经持有原油账户，则可免去测试和交易经历等要求。

无论是开通金融账户还是开通原油账户，抑或特定品种账户，都必须先开通商品账户。换句话说，商品期货交易是所有期货品类中风险相对较小、波动也相对较小的类别。期货经纪公司希望开通金融账户或原油账户的投资者能够先具有一定的商品期货交易经验，然后再去开通金融账户和原油账户。

二、选择期货经纪公司

目前，可供投资者选择的期货经纪公司有一百余家，虽说期货经纪机构实力有差距，但提供基本的交易都是没有问题的。投资者在选择经纪机构时，应重点考虑四个因素，如图3-2所示。

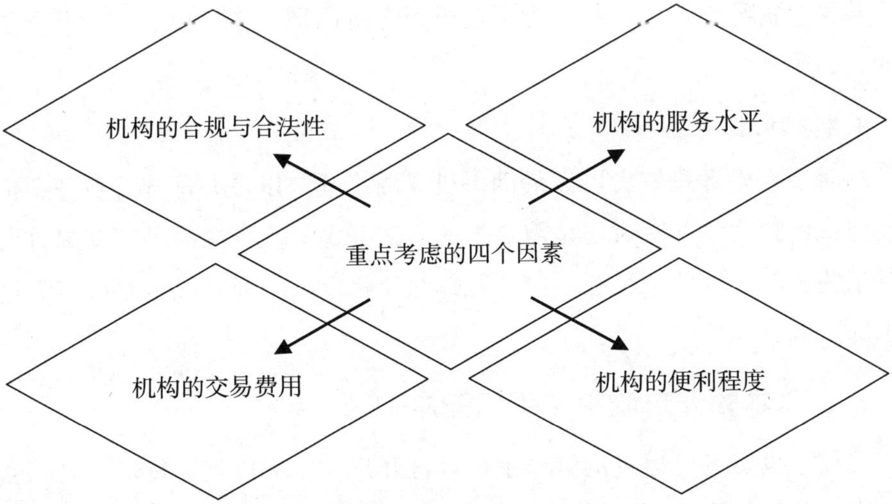

图3-2 选择期货经纪机构需考虑的因素

1. 机构的合规与合法性

期货交易是一种高风险投资活动，当某些经纪机构非法运营或存在某些不合法规的操作时，投资者投资的风险系数将成倍上升。因此，投资者在选择期货经纪机构时，应该将合法与合规性放在第一位。关于期货经纪机构是否合规，投资者可以到各省证监局网站，查询该省合格的期货经纪机构名录。通常情况下，这些机构名录会定期更新。

2. 机构的服务水平

经纪机构的服务水平，尤其是硬件水平，也是一条重要标准。每个经纪机构都有自己的交易系统，投资者也都会下载该机构的交易软件，但软件的速度还是有细微差别的。尤其在繁忙时段，一秒的延迟都可能让自己的买入或卖出价格相差很多。关于服务水平的问题，投资者可以多听听老期民的意见，多看看相关论坛有无负面信息。例如，某期货经纪机构因违规被处罚等信息，都可以为投资者的选择提供参考。

3. 机构的交易费用

收取的交易费用是选择期货经纪机构的一条非常重要的标准。尽管经纪机构的交易佣金有相应规定，各类期货品种都有相应的最低手续费标准，但是，各家期货经纪机构还是会为了竞争而有所区别，作为投资者千万不能忽视佣金的比例。

4. 机构的便利程度

尽管现在多数投资者可以借助手机或网络开户以及办理部分业务，但期货经纪机构的营业部有时还是需要去的，如办理一些特殊品种的交易许可、签订某些协议。因此，经纪机构营业部的位置以及交通状况也是投资者需要考虑的因素。

三、基本的开户流程（手机开户）

目前，投资者可通过网络或手机远程开户，也可以到期货经纪公司营业部开户。无论何种开户方式，首先需要投资者准备的材料有：身份证（远程开户需要身份证正面和反面照片）；银行卡（远程开户需要银行卡照片）；若是远程开户还需要签名照片。

投资者若选择现场开户，带着上述材料到现场，根据客户经理的要求按步骤办理即可；若选择远程手机开户，期货经纪公司不同，开户程序稍有不同，但总体上应该涵盖以下步骤（以华安期货为例进行介绍）。

第一步：扫描二维码，下载并安装期货公司的 APP。投资者可以通过登录期货公司的官方主页，找到供扫描的 APP 软件二维码，然后扫描、下载并安装。

第二步：打开 APP 软件（如华安期货 APP），点击【开户】图标，如图 3-3 所示。

图 3–3　点击【开户】图标

第三步：输入手机号，获取验证码。

第四步：系统会给出一系列协议文本，投资者阅读并同意即可。各个期货经纪公司给出的文件大同小异，一般情况下投资者了解即可。

第五步：按照要求上传相应证件。投资者拍摄的身份证照片不能有反光，否则可能会被客户专员打回，重新上传。

第六步：选择营业部，投资者可以根据实际情况选择需要开户的营业部（如选择“华安期货总部”）。

第七步：系统会要求投资者补充个人基本信息，如学历、财务与收入信息、工作信息。

第八步：绑定银行卡。需要投资者输入绑定银行卡的账号和开户行。不同的期货经纪公司支持的银行卡可能有所不同，不过几家国有大银行的银行卡肯定是通行的。

第九步：适当性调查。系统会给出一系列问题，让投资者根据个人实际情况回答。给出这些问题的目的是检验投资者的投资经验以及风险承受能力。期货投资是一项高风险的交易活动，只有通过调查，投资者才能进入交易环节。

第十步：选择交易所。初次开户的投资者只能选择郑州、大连和上海三个商品交易所。

第十一步：视频验证。期货经纪公司客户专员会与投资者进行视频沟通，并要求投资者手持身份证接受录像，以确保是本人开户。

第十二步：再次签署一系列与期货投资有关的协议，并接受视频回访。

至此，开户才算完成。

投资者完成开户并不意味着能够立即交易。其后，投资者会收到中国期货市场监控中心发来的资金账号，以及期货经纪公司发来的在中国期货市场监控中心的账户和密码。一般在下一个交易日，投资者即可进行期货交易。

这里有一点需要提醒投资者，在绑定银行卡时，有些银行卡能够和期货账户自动关联，投资者无须设置就可以自动关联，但是有些银行卡需要投资者到个人网银系统找到银期关联功能，点击关联后方可关联成功。

以中国农业银行为例，投资者要先进入自己的农业银行网上银行界面，

点击【投资】|【证券期货】|【银期转账】命令，如图 3-4 所示。

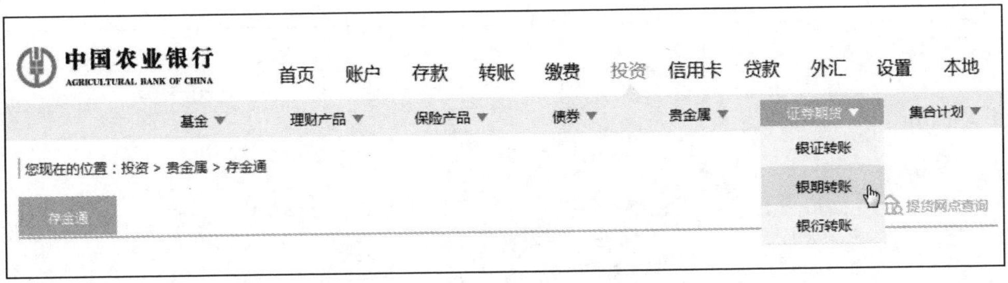

图 3–4　点击【银期转账】命令

投资者进入【银期转账】界面后，点击【签约管理】菜单中的【银期转账自助签约】命令，如图 3-5 所示。

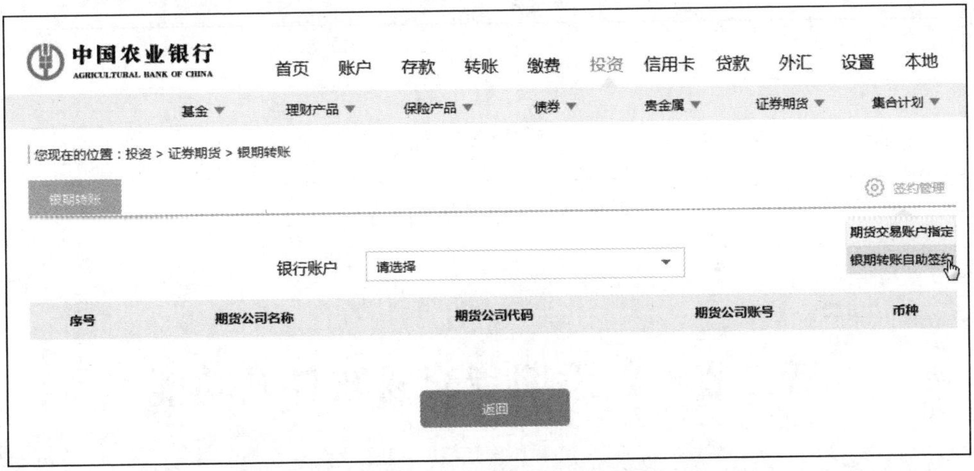

图 3–5　点击【银期转账自助签约】命令

在弹出的“自助签约”界面，填入相应信息，并勾选同意签约复选框，如图 3-6 所示。

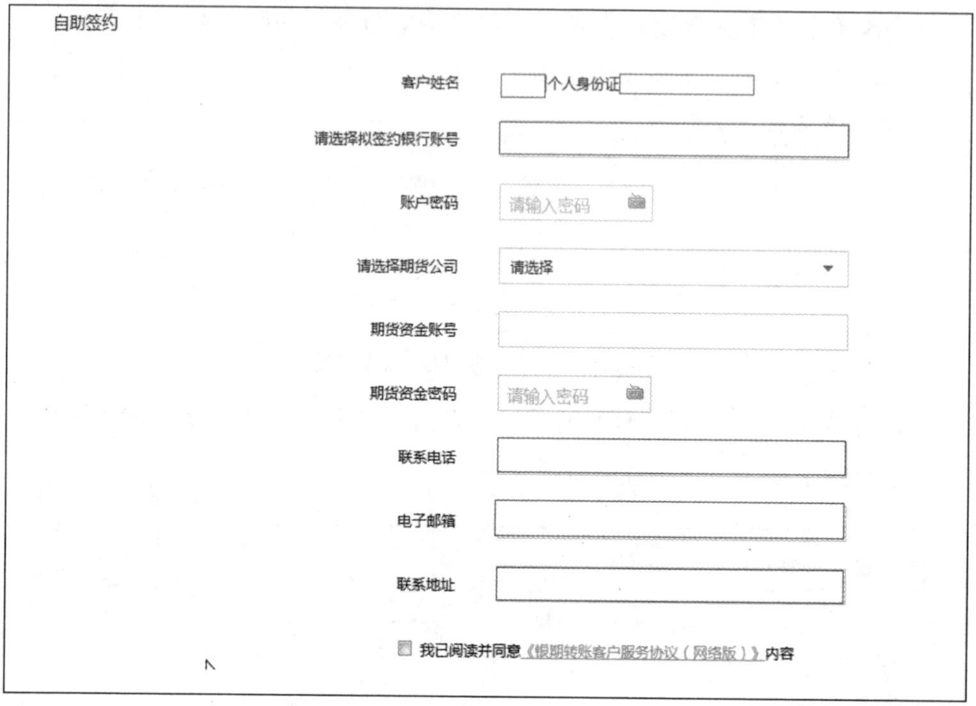

图 3-6 【自助签约】界面

第二节 熟悉期货交易软件及功能

期货交易自然离不开期货交易软件。投资者可以通过电脑下载期货交易软件来完成交易，也可以用手机交易期货。如果用手机交易，之前开户时下载的 APP 软件就能满足需求，若要借助电脑交易期货，则需下载网上交易系统，网上交易系统的功能比 APP 更完善。

一、交易软件的下载、安装

一般情况下，投资者完成开户后，期货经纪公司都会提供一个下载地址，让投资者去下载交易软件。投资者也可以通过网络搜索经纪公司的官网，进入【软件下载】界面完成交易软件的下载。下面以华安期货为例进行说明。

1. 下载期货软件

进入华安期货官网后，点击【软件下载】菜单，出现如图 3-7 所示的界面。选择要下载的软件后，点击【软件下载】按钮即可。

图 3–7　期货软件下载界面

下载期货软件时，需要注意以下两点。

第一，软件类型。期货经纪机构提供的期货交易系统有两种：一是单纯的交易软件，即只提供买卖期货和简单的期货走势信息的软件；二是“交易+行情”软件，这类软件融合了网上行情信息、期货和股票走势分析以及网上交易等功能。投资者可查看软件功能介绍，选择适合自己的软件。

第二，软件品牌。目前，期货经纪公司与各家交易软件公司合作都非常密切。投资者进入下载界面后，会发现券商提供的交易软件中既有博易大师的，又有文华财经版的。这几类软件是不同的软件公司研发的，基本功能大致相同，都能满足投资者日常交易与期货走势分析的需求，但在一些特色功能上，各家软件略有不同。

2. 期货软件安装

期货软件下载成功后，可双击软件程序图标，根据指示一步一步完成安装操作。

3. 手机软件安装

投资者若需安装手机端期货交易软件，既可以通过官网提供的下载方式下载安装，也可以通过扫描二维码完成安装。

二、期货交易软件的基本功能

期货交易软件安装成功后，投资者只需点击相应的图标，即可进入期货交易软件界面。下面以电脑端期货软件为例进行说明，如图 3-8 所示。

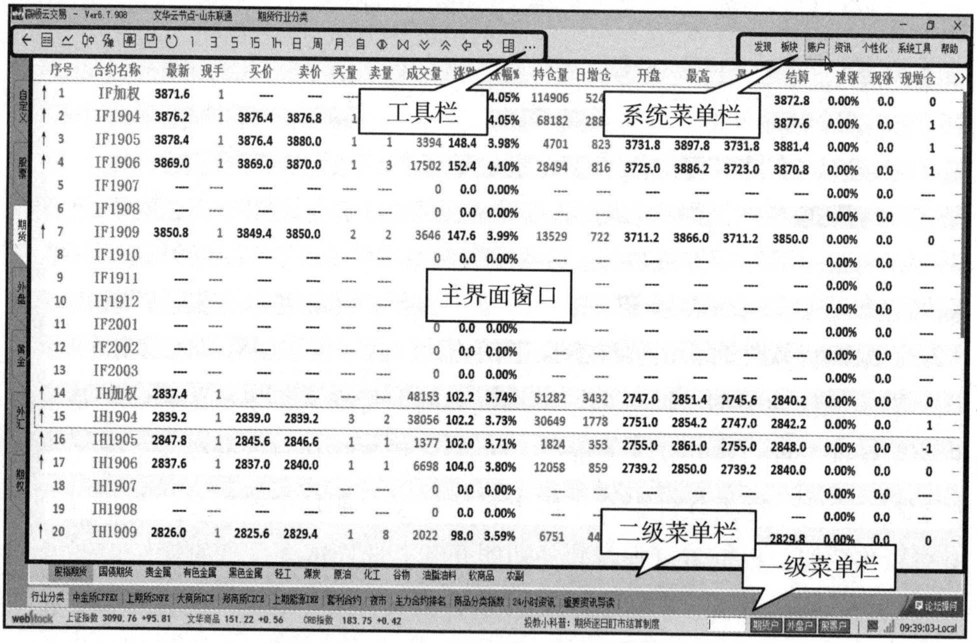

图 3–8　电脑端期货交易软件界面

期货交易软件界面主要有五个区域。

第一，一级菜单栏。一级菜单栏是整个期货交易软件主要的分类栏目，其中包括行业分类、中金所、上期所、大商所、郑商所、上期能源等栏目。投资者选择某一栏目后，会自动切换至相应条目的二级菜单。

第二，二级菜单栏。二级菜单栏的条目从属于一级菜单。例如，当选择了一级菜单栏中的【行业分类】，则二级菜单会自动按照期货合约所属的行业进行分类，包括股指期货、国债期货、贵金属、有色金属、黑色金属、轻工、化工、原油等条目。

第三，主界面窗口。该窗口主要显示二级菜单对应的内容。例如，二级菜单的条目为【股指期货】，则主界面窗口会列出各期股指期货的交易信息与数据。

第四，工具栏。工具栏提供了投资者日常交易分析时所需的各类分析工具，投资者可通过这些分析工具判断期货运行趋势。

第五，系统菜单栏。该栏主要向投资者提供交易报价系统、交易账户系统、交易系统设置参数以及系统调整工具等。投资者若想交易期货，可点击系统菜单栏中的【账户】|【期货账户】|【下单主窗口】命令。

三、初次交易

之前没有从事过期货交易的投资者，在账户可以正常使用后，需要将银行卡中的资金转入到期货资金账户，作为交易保证金。

1. 将资金转入期货账户

通过前面的操作，投资者已经将银行卡关联到期货账户了，此时投资者只需点击期货交易软件中的【账户】|【期货账户】|【账户出入金】命令即可操作，如图 3-9 所示。

若投资者没有登录账户，此时会弹出一个提示登录的窗口，点击【是】按钮后，会进入一个登录界面，输入资金账号、账户密码和验证码即可，如图 3-10 所示。

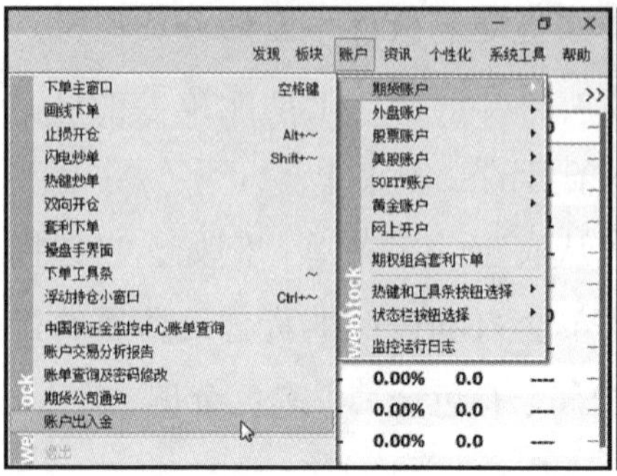

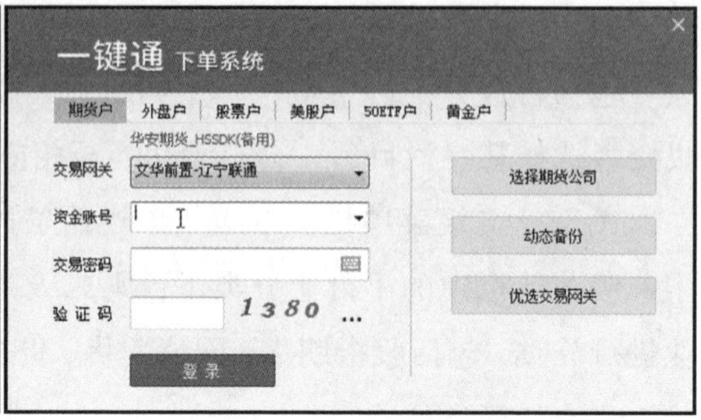

图 3–9 点击【账户出入金】　　　　图 3–10 登录界面

登录后，系统会跳转至资金转入窗口，如图 3-11 所示。

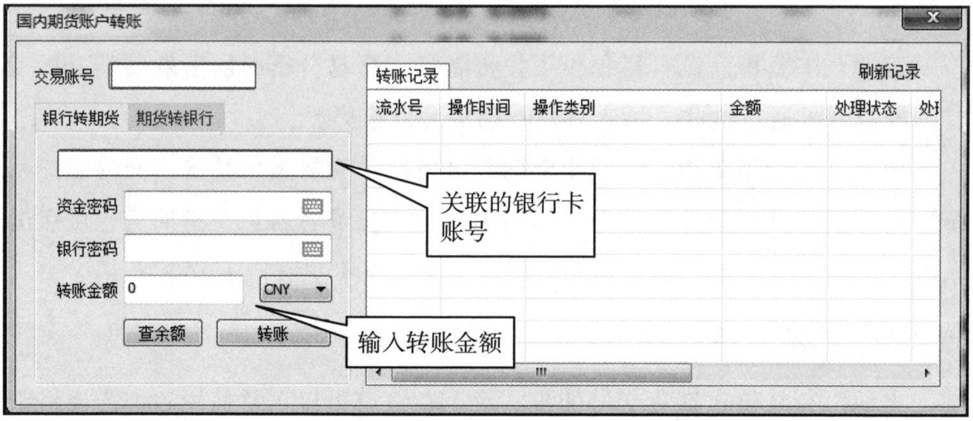

图 3–11 资金转入窗口

2. 下达初次交易指令

转入资金后，投资者可以回到先前的系统菜单，点击【账户】|【期货账户】|【下单主窗口】，打开下单主窗口，如图 3-12 所示。

投资者可以通过右侧窗口查看最新的期货合约报价，同时，左上方会显示拟交易的期货合约代码以及手数。下单主窗口有三个快捷下单键【买多】、【卖空】和【平仓】供投资者选择。通常情况下，投资者初次交易可以少交易几手，获得一定的交易经验后再加大仓位。

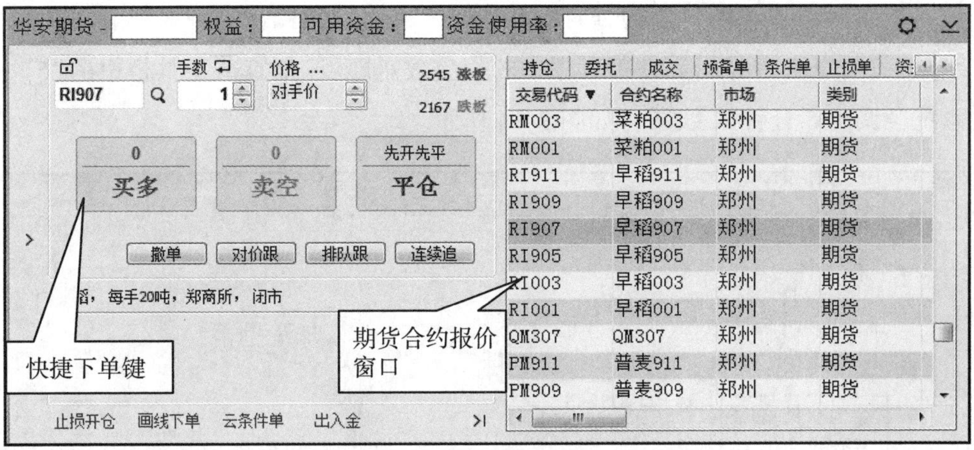

图 3–12　下单主窗口

四、切换期货报价窗口

投资者若想查看某一期货合约的报价信息，可以直接在期货交易软件主界面点击该期货合约或者输入该期货合约的代码或汉字首字母，如豆粕 1905 合约，可输入 dp1905，交易系统会自动给出该期货合约的分时走势图，如图 3-13 所示。

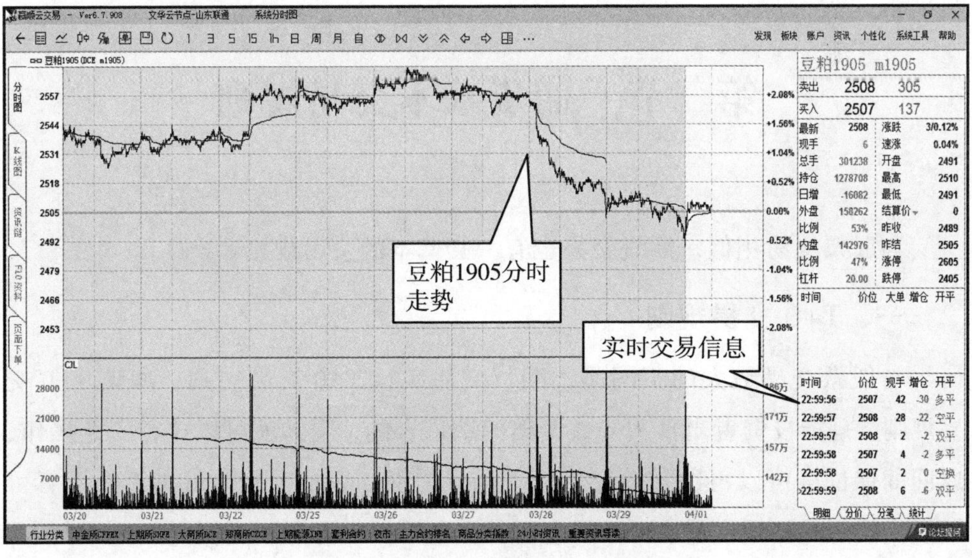

图 3–13　豆粕 1905 分时走势图

投资者在查看期货合约分时走势图时，若需切换到 1 分钟 K 线图或日 K 线图，只需点击主界面上方工具栏中的相应按钮即可。如点击工具栏中的“5”，系统会调出 5 分钟 K 线图，如图 3-14 所示。

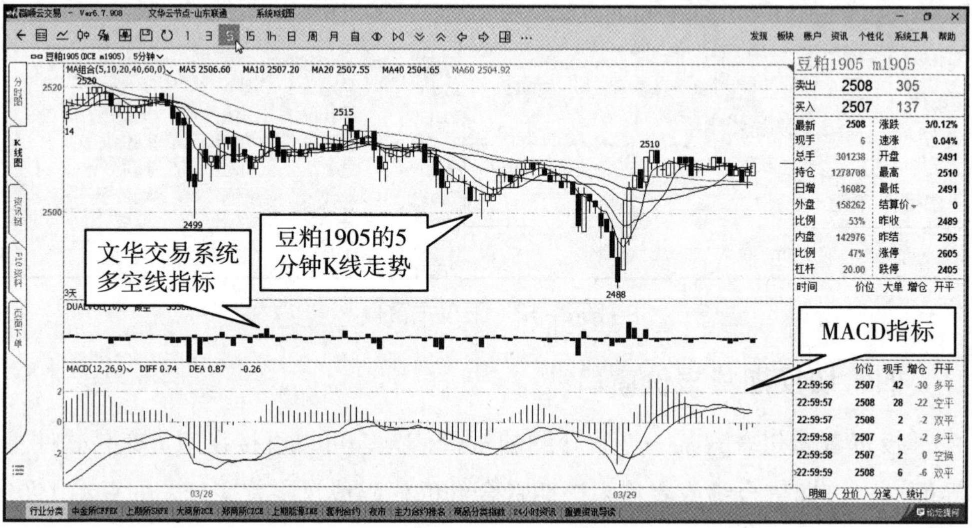

图 3–14　豆粕 1905 的 5 分钟 K 线图

第三节　期货基本交易规则

与股票交易相似，期货交易也有一套基本的交易规则。

一、T+0 交易规则

与股票交易最大的不同是，期货交易实行 T+0 交易规则。所谓 T+0 交易规则，是指投资者当日买入或卖出的期货合约，当天就可以执行平仓操作，返回的保证金可以再次开仓、平仓。也就是说，在一个交易日内，投资者可以多次执行超短线交易。当天平仓后的资金可以立即通过期证转账到银行卡，非常方便。

如图 3-15 所示，豆粕 1905 合约在 2019 年 3 月 27 日 21 点之后的 1 分钟 K 线图中，各条均线出现了明显的黏合状态，说明合约价格正在选择突破方向。21:34，1 分钟 K 线向下突破，各条均线呈空头排列，投资者宜立即看空开仓，报价为 2550 元；22:03，豆粕 1905 的价格出现反弹，各条均线又重新开始黏合，投资者可以考虑平仓，平仓价为 2535 元。

投资者在半小时之内就可以完成一次成功的 T+0 交易，而且获利不少。

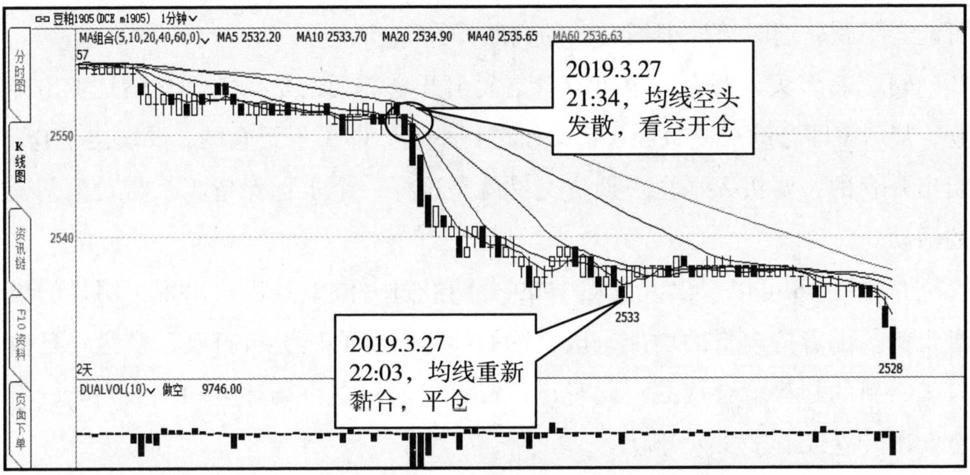

图 3-15　豆粕 1905 的 1 分钟 K 线走势图

T+0 交易规则有如下几个显著的优点。

第一，增加资金的流动速度。同一笔资金可以多次开仓、平仓，这就在无形中增加了资金的流动速度，有利于提升期货市场的活跃度。活跃度对于一个新兴的期货市场非常重要。若交易清淡，投资者会顾忌期货合约的变现能力而不愿意交易，这无疑对期货市场的发展非常不利。

第二，增加投资者的盈利机会。投资者可以在发现合约将要启动一波上升或下降趋势时立即开仓，当该趋势终结时（也许时间很短），可以立即执行平仓操作，锁定投机收益，这种操作方法是很多期货投资者经常使用的。期货市场能够吸引越来越多的投资者，T+0 交易规则是一个重要的原因。

第三，提升风险管控能力。市场并不总是按照投资者期望的方向运行。当开仓后市场运行方向朝着不利于投资者的方向运行时，投资者可在当日果断止损或平仓，有效避免投资者出现更大的损失。

二、双向开仓，反向平仓

“双向开仓，反向平仓”也是期货与股票不同的地方。在大多数期货交易中（非实物交割），投资者有开仓就应该有平仓，而且方向必须是相反的，这是期货交易中最基本的规则。针对某一期货合约的价格走势，不同的投资者可以做出不同的预判，有的投资者认为未来价格会上升，有的投资者认为可能会下跌，这时可以根据自己的判断开仓。

可以看多买入开仓，也可以看空卖出开仓。无论是买入开仓还是卖出开仓，其后（即合约交割日前）都必须进行平仓，即买入开仓的，要卖出平仓；卖出开仓的，要买入平仓。期货交易就是这样一个永远保持买入与卖出平衡的活动。

从图 3-16 可以看出，豆粕 1909 合约经过一波下跌后，出现了明显的横盘走势。随着持仓量的增加，该合约的横盘趋势必然会被打破，横盘一旦被打破，新的趋势就会确立。此时，投资者可以根据市场环境和个人判断，看空卖出开仓或看多买入开仓。

图 3–16　豆粕 1909 日 K 线走势图

三、每日结算制度

每日结算制度，又称逐日盯市，是指每日交易结束后，交易所按当日结算价结算所有合约的盈亏、交易保证金及手续费、税金等费用，对应收应付款项执行净额一次划转操作，相应地增加或减少会员的结算准备金。每日收盘后，投资者都可以通过交易软件收到来自保证金监控中心的结算日报，如图 3-17 所示。

客户交易结算日报（逐笔对冲）

下载

基本资料			
客户期货期权内部资金账户		交易日期	2019-03-29
客户名称		查询时间	2019-04-01 17:24:49
期货公司名称		客户证券现货内部资金账户	

期货期权账户资金状况			
上日结存		客户权益	
当日存取合计		实有货币资金	
平仓盈亏		非货币充抵金额	
当日总权利金		货币充抵金额	
当日手续费		冻结资金	
当日结存		保证金占用	
浮动盈亏		可用资金	
		风险度	
		追加保证金	

图 3–17　客户交易结算日报

每日结算制度包括以下几项内容。

第一，当投资者同一交易日内有多笔交易时，交易所会在当日收盘后对该投资者所有的交易进行统计并核算盈亏。

第二，计算依据。每日结算是对投资者手中仍旧持仓的期货合约核算保证金。期货合约计价的依据并不是收盘价，而是当日结算价。当日结算价的算法前面介绍过，这里不再赘述。

第三，补充结算准备金。每日结算后，若投资者的结算准备金低于交易所要求的限额，交易所会及时通知会员，期货经纪公司会要求投资者在限定的时间内补足。

第四，每日结算是由交易所统一组织的，并非期货经纪公司的个体行为。

四、涨跌停板制度

涨跌停板制度，又称每日价格波动最大幅度限制规则，是指期货合约的价格在一个交易日内最大的波动幅度不得大于规定的涨跌停幅度。也就是说，当期货合约价格上涨到涨停板位置时，投资者将无法提高报价买入，只能选择卖出开仓或平仓。同理，当期货合约价格下跌至跌停板位置时，投资者将无法压低报价卖出，只能选择买入开仓或平仓。

与股票不同，期货的涨跌停板幅度是由交易所设定的，而且会随着市场环境的变化不断调整。期货品种不同，涨跌停板的幅度也有所不同，有的品种涨跌停板幅度为 4%，有的品种可能会达到 7%，而股指期货可以达到 10%。

与股票涨跌停板还有一个明显的不同是，期货的涨跌停板并不是按照期货合约前一交易日收盘价计算的，而是按照前一交易日结算价计算的。

五、强行平仓制度

强制平仓，又称强行平仓，即非投资者发起，当期货交易所会员或客户的交易保证金不足并且未在规定时间内补足，或者当会员或客户的持仓量超出规定的限额，或者会员、客户违规时，交易所为了防止风险进一步扩大实行的强制平仓行为。

期货交易实行保证金加杠杆的交易原则。投资者买入一份 1 万元的合约，一般只需支付 500 元到 1000 元的保证金。若合约的价格波动超过投资者缴纳的保证金时，交易所或经纪公司就会要求投资者追加保证金，若投资者没有追加保证金，则其账户就会被强行平仓。

由于期货交易执行每日结算制度，每一交易日收盘后，若投资者的结算保证金低于交易所要求的最低限额时，经纪公司会要求投资者在限期内补足，否则也可能强行平仓。

六、会员分级结算制度

会员分级结算制度是国际期货市场通行的一种结算制度。交易所内的会员分为交易结算会员、全面结算会员和特别结算会员三类，普通投资者则属于客户范畴。也就是说，普通投资者没有结算权利，必须通过具有结算资格的会员进行结算。当然，即使属于会员，级别不同，享有的结算权限也存在区别。按照中国金融期货交易所设置的分级会员制度，各类会员拥有不同的权限。

第一，全面结算会员。该类会员的权限最大，可以为自己的客户结算，也可以为其他非结算会员结算。

第二，交易结算会员。该类会员只能为自己的客户结算，不能为其他非结算会员结算。大部分期货经纪公司都属于交易结算会员，投资者的交易都是通过期货经纪公司进行结算的。

第三，特别结算会员。该类会员本身并不参与金融期货相关业务，但可以为非结算会员结算。特别结算会员单位一般为银行机构。

非结算会员也就是一些不具备交易结算资格的会员，这类非结算会员是不能为客户办理结算业务的。投资者在选择期货经纪公司时，需要了解期货经纪公司是否属于交易会员以上级别。交易结算会员、全面结算会员与特别结算会员是中国金融期货交易所的划分。郑州、大连、上海三大商品交易所的区分则比较直接，即全权会员和一般会员。也就是说，全权会员可以交易所有品种，一般会员只能有选择地交易若干品种。

七、持仓限额制度

持仓限额制度，指交易所规定的会员或客户所能持有的按单边计算的某一期货合约的最大持仓数额。持仓限额制度主要是监管部门为了维护期货市场的稳定，防止出现操作期货价格的行为而采取的监管措施。

持仓限额的规定包括以下几项。

第一，客户持仓最高限额。各交易所针对不同的期货合约，会制定不同的持仓限额规定。一般情况下，普通客户某一期货合约的单边持仓限额在100手到500手之间。通常在临近交割一个月内，持仓限额会进一步减少。客户若超过限额标准，将会被要求平仓。

第二，结算会员持仓限额。通常情况下，结算会员的持仓也有一定的额度限制。当然，这种会员还要区分期货经纪公司会员和非期货经纪公司会员。期货经纪公司会员的持仓限额远远高于非期货经纪公司会员。当然，期货品种不同，持仓限额的标准也不相同。对于有些品种，期货经纪公司会员单位的持仓限额是通过持仓占比来控制的，例如不超过持仓总量的 25%，有些品种则对期货经纪公司会员不进行限额。

第三，同一客户在多个期货经纪公司开户领取交易编码的，若总持仓量超过限额规定，则由交易所指定期货经纪公司对超过限额的部分强行平仓。

第四，期货经纪公司会员单位名下的客户总持仓量超过会员单位限额标准，则超过的部分按比例监督客户减仓。应减仓而未减仓的，由交易所按有关规定平仓。

第五，原则上，当一个客户的持仓量达到限额 80% 的水平时，期货经纪公司应当向交易所报告该客户的资金情况、头寸情况。

第四章

期货交易开仓与平仓技法

介绍了一些基本的期货常识后，本章将开始讲解期货交易方法与技巧。先从期货基本交易方法讲起，力求让初入期市的投资者清楚期货交易的基本方法。

第一节　期货开仓与平仓方法

期货因其杠杆率较高而具有风险大、波动大的特点，但有时期货品种的价格波动不是很大时，投资者开仓时确定的价格以及开仓方法，可能对盈利产生一定的影响。

一、基本开仓：看多开仓与看空开仓

初入期市的投资者先要弄清楚期货的开仓方法。与股票不同，期货合约的买入分为买多开仓与卖空开仓两种。买多开仓与卖空开仓是两个完全不同的概念。点击期货交易系统中的【账户】|【期货账户】|【下单主窗口】命令，打开下单主窗口，如图 4-1 所示。

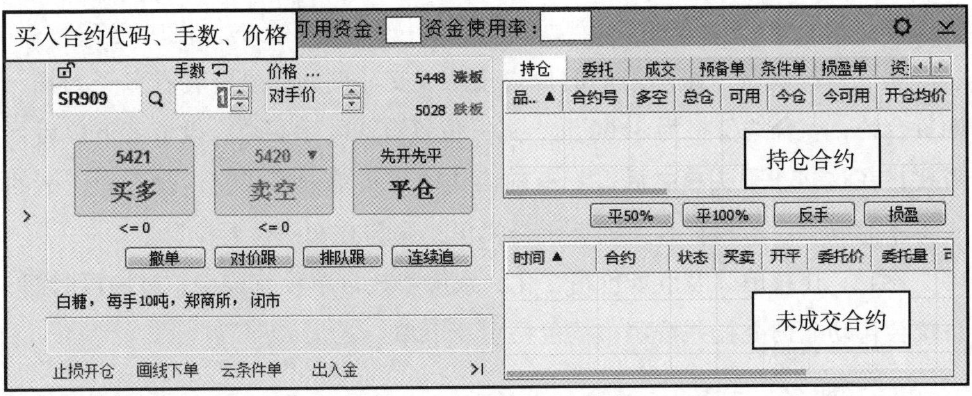

图 4-1　下单主窗口

投资者在开仓前，需要确认自己所要交易的期货合约。通常情况下，投资者查看的合约报价页面会被系统认定为所要交易的合约，其合约编号会被自动检索出来，并默认以对手价交易 1 手。投资者可以修改手数和价格。

确认交易合约后，还要确认交易方向。

其一，买多。投资者若认定自己所选的合约价格将会上涨，则点击【买多】选项即可。

其二，卖空。投资者若认定自己所选的合约价格将会下跌，则点击【卖空】选项即可。系统接受投资者的报价后不一定能成交。委托成功但未成交的合约，将在右侧下方的窗口中显示，已经成交的合约将在持仓合约窗口中显示。与股票交易一样，未成交合约可以撤单，修改报价后可以重新委托。

二、开仓价格：对价跟、排队跟、连续追

委托下单后，有时因为价格变化太快致使委托订单没有成交，这时投资者除了继续挂单等待外，还可以采取以下几种操作方法。

第一，撤单。图 4-1 中【买多】选项下有一个【撤单】按钮，投资者可点击该按钮撤销之前的下单，重新下单。

第二，对价跟。按照对手出价成交订单。投资者若点击该按钮，系统会按照你的下单手数自动匹配对手的下单价格。例如，投资者想做多买入 100 手 1905 合约，在 2555 元位置有 50 手卖单，2556 元位置有 70 手卖单，系统会自动按照 2555 元的价位成交 50 手，再按照 2556 元的价格成交 50 手。

第三，排队跟。跟随当前的价格排队成交。例如，投资者看多买入某一期货合约，该合约价格为 3500 元，买一位置有 234 手买单，投资者下单后，需要排在这 234 手买单之后。只有前面 234 手买单全部成交，投资者所下的买单才能成交。若投资者下的单子是卖单，则需在卖一位置排队。

第四，连续追。因市场价格变化，致使委托订单没有成交，过一段时间，系统会自动撤销委托并按照市场价格重新下单。

三、加多、加空、锁仓、平仓

投资者成功下单后，期货交易系统中的下单选项将会发生一些变化。例如，投资者看多开仓后，系统的下单选项将变成如图 4-2 所示的情形。

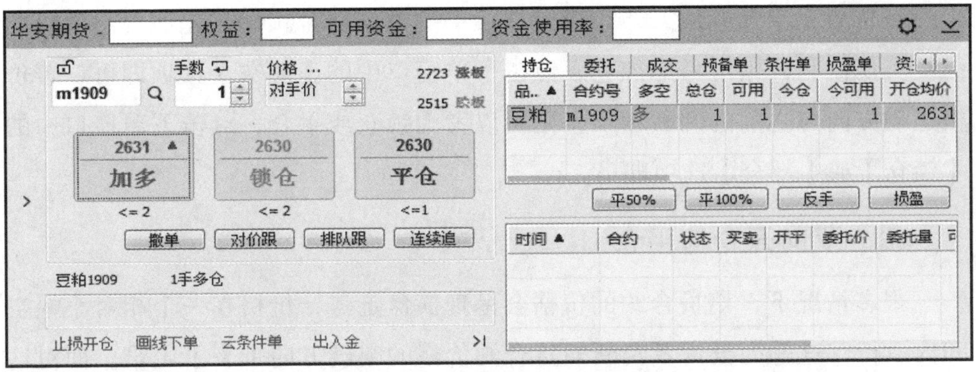

图 4–2　看多开仓后的窗口

投资者看多买入开仓后，若市场价格运动方向符合预期，先前买入的合约已经盈利，则可考虑加仓，点击窗口中的【加多】选项即可。若价格运动方向与之前的判断相反，则可以考虑锁仓或平仓操作，点击窗口中的【锁仓】或【平仓】选项即可。

平仓，即卖出先前开仓买入的合约。锁仓，指买入与先前开仓方向相反的数量相等的同一合约。例如，先前投资者看多买入 1 手豆粕 1909 合约后，发现价格并未上涨，而是下跌了，则可以再度看空开仓 1 手豆粕 1909 合约。无论期货合约价格向何种方向运行，投资者都不会出现亏损，即一方的亏损由另一方的盈利来弥补。

若投资者是卖空开仓，则订单成交后，期货交易系统中的下单主窗口就会变成如图 4-3 所示的情形。

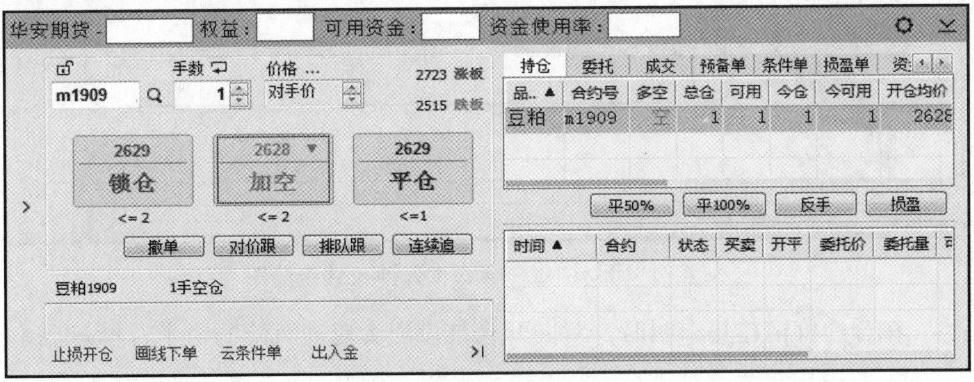

图 4–3　看空开仓后的窗口

投资者卖空开仓后，若市场价格运动的方向符合预期，先前卖出的合约已经实现盈利，则可考虑加仓，点击下单窗口中的【加空】选项即可。若价格运动方向与之前的判断相反，则可以考虑锁仓或平仓，点击下单窗口中的【锁仓】或【平仓】选项即可。

四、双向开仓与平仓

很多情况下，期货合约的价格会呈现横盘走势，价格在一个相对小幅空间内运行，这就为投资者判断期货合约价格的突破方向带来了困难。面对这种情况，可以选择观望，在价格选定突破方向之前不入场交易，或者选择双向开仓，待价格突破方向后，将反方向的持仓合约平仓。

图 4-4 是玉米 1909 合约 1 分钟 K 线走势图。2019 年 4 月 12 日晚盘开盘经历一阵冲高回落后，一直呈现横向盘整走势，价格起伏很小，这就为投资者预判价格突破方向增加了难度。此时，投资者可以采用双向开仓的方法，在看多买入的同时，下单卖空同样数量的合约。其后合约价格向上拉升，则可将卖空合约平仓，只留买多合约即可。

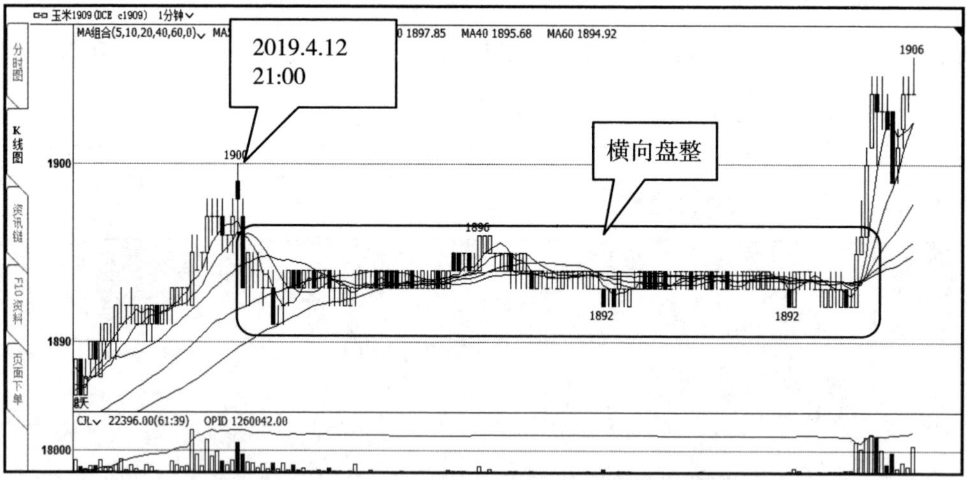

图 4-4 玉米 1909 合约 1 分钟 K 线走势图

在合约价格趋势未明时，双向开仓是投资者对冲风险的一个选择。

第二节　特定条件开仓与平仓方法

实战中，投资者可借助期货交易系统实现特定条件下单，即根据投资者的特殊要求买单或平仓。

一、止损开仓：止损位与止盈位

止损开仓，指投资者在开仓下单之前，预先设置好止损位和止盈位。通常情况下，这种止损止盈位置的设置有两种：一是固定止损止盈，二是动态止损止盈。

1. 固定止损止盈

以华安期货网上交易系统为例，点击【期货账户】|【止损开仓】命令，打开【止损开仓】设置对话框，此处设置白糖1909合约的止损止盈位，如图4-5所示。

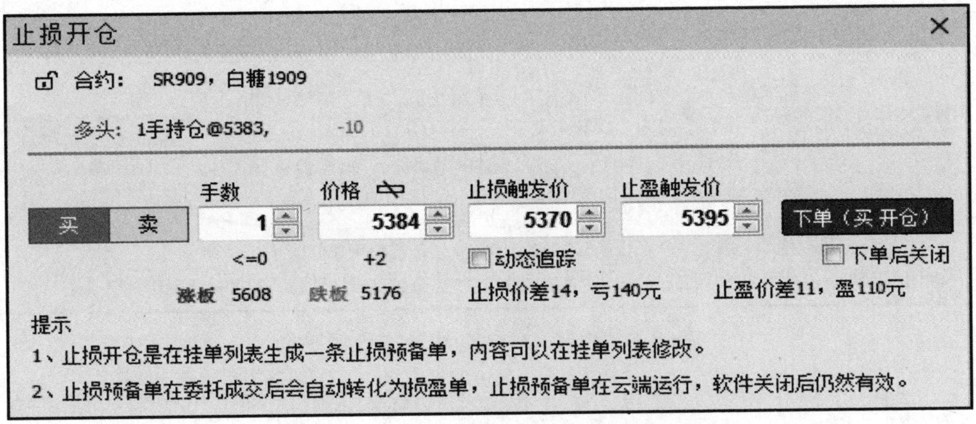

图4-5　白糖1909合约固定止损开仓

图4-5中，投资者需要设置的内容包括以下几个方面。

第一，交易合约信息。包括买卖方向的选择、手数的确认。例如，投资者买入 1 手白糖 1909 合约，当前价格为 5384 元 / 吨。

第二，止损触发价。当期货合约价格朝投资者预期相反的方向运行至某一价位时，系统会自动平仓止损。图 4-5 中，将止损触发价设置为 5370 元 / 吨，也就是说，投资者以 5384 元 / 吨看多开仓买入白糖 1909 合约后，若价格不升反跌，当其跌至 5370 元 / 吨时，系统将会自动平仓卖出。

第三，止盈触发价。当期货合约价格朝投资者预期的方向运行至某一价位时，系统会自动平仓止盈，以帮助投资者锁定收益。图 4-5 中，将止盈触发价设置为 5395 元 / 吨，也就是说，投资者以 5384 元 / 吨看多开仓买入白糖 1909 合约后，若价格上涨至 5395 元 / 吨时，系统将会自动平仓卖出。

完成止损开仓设置后，点击【下单（买开仓）】按钮即可。若投资者设置的买入价格未能成交，还可以再修正相关价格。

2. 动态止损止盈

动态止损止盈与固定止损止盈的设置方法相似，需要先打开【止损开仓】对话框，如图 4-6 所示。

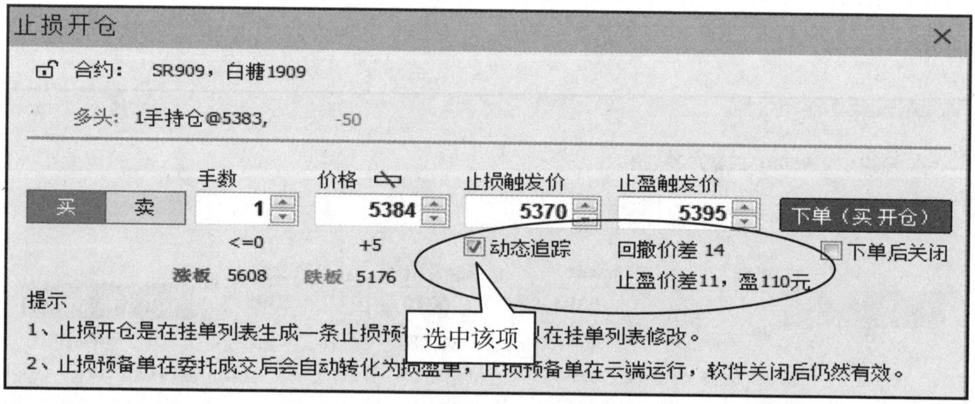

图 4-6　白糖 1909 合约动态止损开仓

动态止损止盈的设置与固定止损止盈没有太大的区别，也需要投资者填写开仓报价、止损触发价和止盈触发价，另外还需勾选【动态追踪】复选框。当报价逐渐走高时，止损位也会不断抬升，这就保证了投资者的收益最大化。

当报价不再走高或报价拐头向下时，止损位不会提升，一旦触发止损位，将会自动成交，如图 4-7 所示。

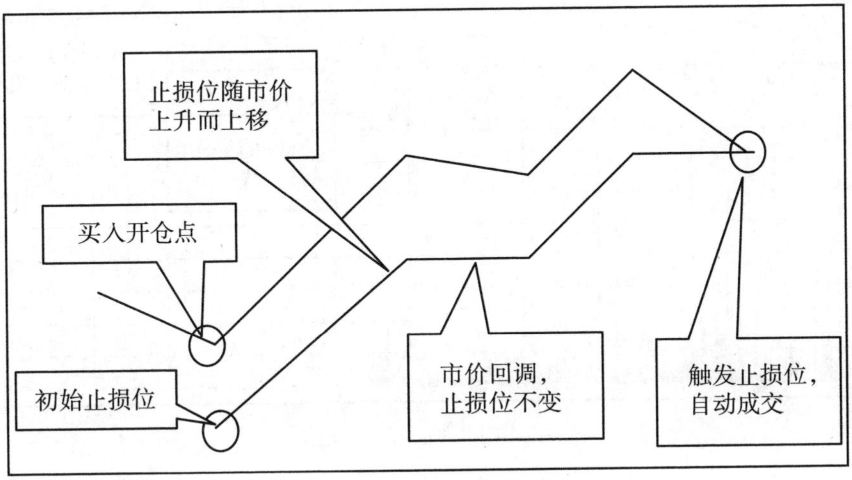

图 4–7　止损位动态调整走势

投资者设置的止损止盈价格与当前价格的落差会成为系统动态追踪止损止盈位的一个参照，系统并不会完全按照投资者设置的止损止盈位执行，而会有所调整。

二、画线下单设置方法

画线下单，即通过在分时图上绘制开仓线、平仓线实现开仓和平仓。通过画线方法下单，可以让投资者在分时图上绘制明显的阻力位与支撑位，这时下单设置开仓位、止盈位、止损位相对安全一些。

以华安期货网上交易系统为例，点击【期货账户】|【画线开仓】命令，将会打开画线工具对话框。

以豆粕 1909 合约为例，投资者若想买入开仓，则可在调出的画线对话框中点击【买】按钮，然后在相应位置绘制一条买入开仓线，如图 4-8 所示。这条线投资者可以根据自己的偏好绘制，可选择前期阻力位、高点或高点连线、均线位置等。

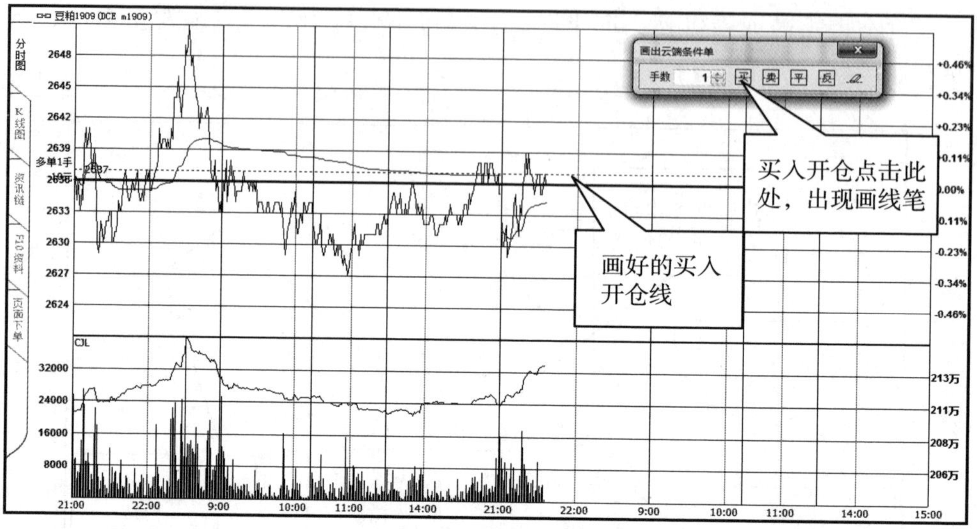

图 4–8　画买入开仓线

右击画好的买入开仓线后，会弹出一个快捷菜单，点击其中的【附加止盈止损】命令，可以在画线价格基础上设置止盈价与止损价，如图 4-9 所示。

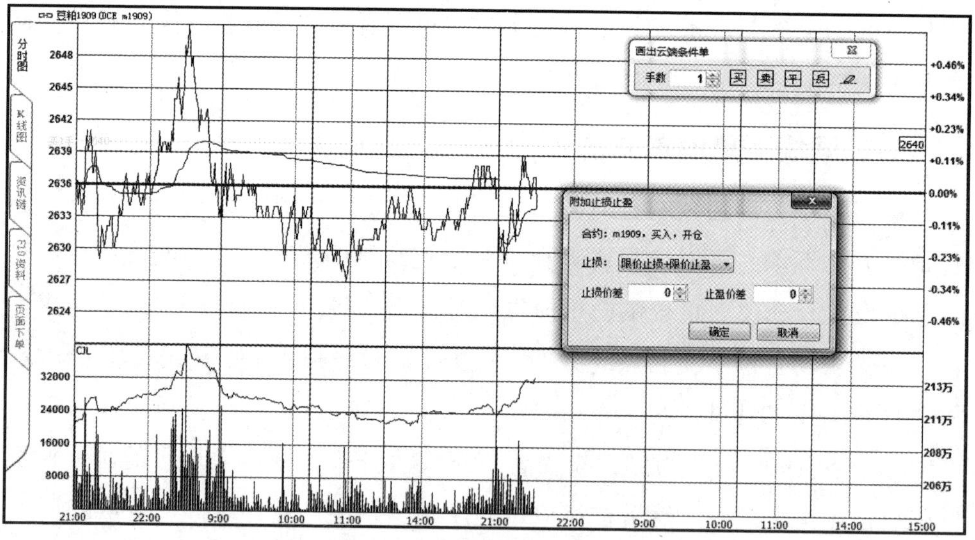

图 4–9　设置止盈价和止损价

绘制好买入开仓线后，还可以点击【平】按钮，绘制一条平仓线，其方法与绘制开仓线相同。

三、闪电炒单设置方法

在期货交易系统中，闪电炒单功能可以帮助投资者在交易盘口内快速完成开仓、平仓操作。

点击【期货账户】|【闪电炒单】命令，打开如图 4-10 所示的盘口对话框。从该对话框中可以看出，中间为期货合约的价格栏，左侧为申买栏，右侧为申卖栏。点击价格左右两侧位置，即可完成买卖开仓操作，系统会给出实时交易价格以及买卖双方挂单数据。例如，投资者在豆粕 1909 合约闪电炒单界面点击 2613 右侧“申卖”栏目，若没有立即成交，则会在卖出订单栏显示“开 1”。闪电炒单右上角有交易方式与手数设置，系统默认手数为 1 手，投资者在下单交易前可根据个人情况修改手数。

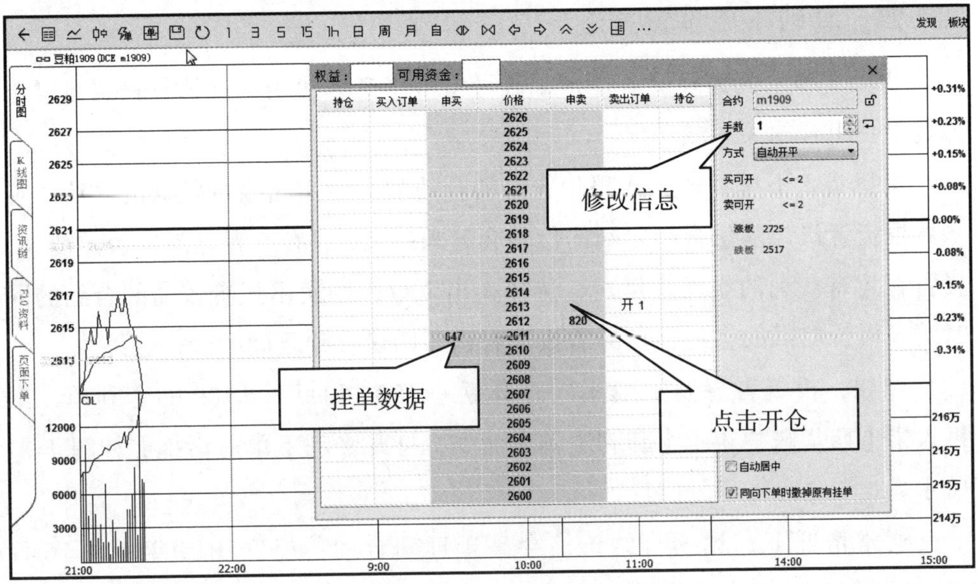

图 4-10　闪电炒单界面

若下单成功，系统会在持仓栏显示“1/0”，投资者可在申买栏相应价位点击开仓，买入订单栏会显示“平 1”，如图 4-11 所示。

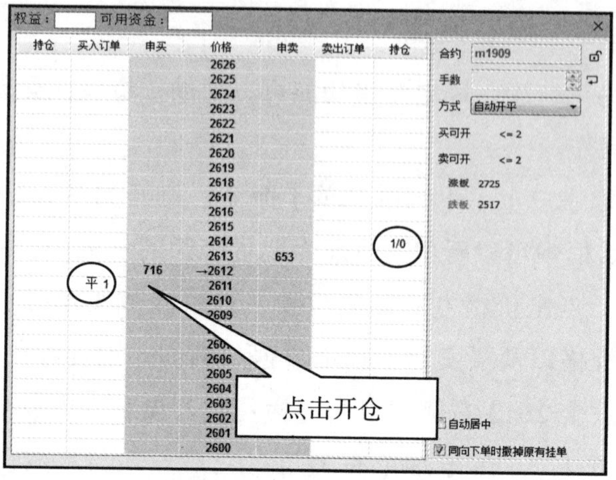

图 4-11　闪电炒单的平仓

四、套利下单设置方法

期货交易系统为投资者提供了若干份可供套利使用的合约，投资者可选择其中一组合约买入或卖出。

选择买入下单，即买入报价较高的合约的同时卖出报价较低的合约，意味着投资者认为两份合约之间的价差会越来越大，只有两者之间的价差变大，投资者才有获利的空间。反之，选择卖出下单，即卖出报价较高的合约的同时买入报价较低的合约，意味着投资者认为两份合约之间的价差会缩小。

例如，投资者想要下单买入开仓豆一 1905 和豆一 1909 的套利单，则可点击【期货账户】|【套利下单】命令，打开套利下单对话框，如图 4-12 所示。

通常情况下，远期合约价格会高于近期合约价格。2019 年 4 月 16 日晚盘，豆一 1909 合约报价为 3439 元，豆一 1905 合约报价为 3337 元，两者的价差为 102 元。若投资者认为两者之间的价差会进一步拉大，则可买入开仓该套利合约，相当于投资者买入了豆一 1909 合约，同时卖出了豆一 1905 合约。其后，若两者的价差超过 102 元，投资者就可以择机获利出局。一般两者之间的价差增长不会过于明显，因为套利合约的存在一定程度上冲抵了这种落差。

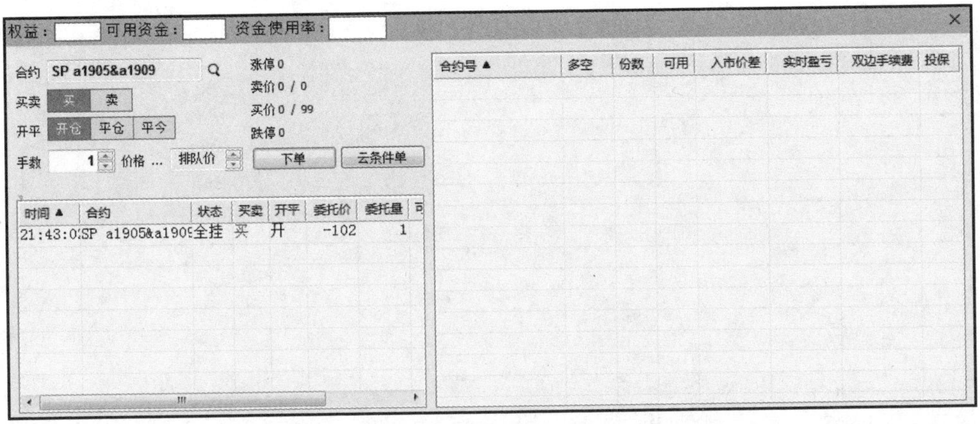

图 4-12　豆一 1905 和豆一 1909 套利下单

投资者也可以像交易其他期货合约一样交易这种套利合约。只不过这种合约的分时走势图所显示的不是某一份期货合约的报价，而是套利合约的价差，如图 4-13 所示。

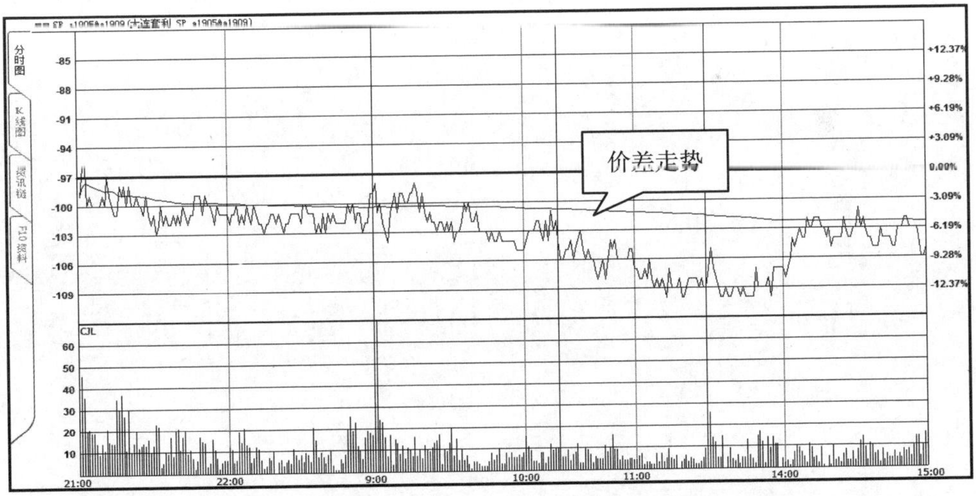

图 4-13　豆一 1905 和豆一 1909 套利单价差走势图

通过对图 4-13 所示走势的分析，投资者可以对价差走势进行预判，选择合适的开仓方向，即选择买入套利合约还是卖出套利合约。

第五章

盘面分析

分时图、持仓量与K线图是期货盘面分析最基础的几项指标，也是投资者分析、预测市场走势的基本参照指标。

第一节　分时走势图

分时图是把期货合约交易信息用曲线在坐标轴上加以显示的技术图形。在实际交易过程中，分时图是投资者下单时重要的参考依据，如图 5-1 所示。

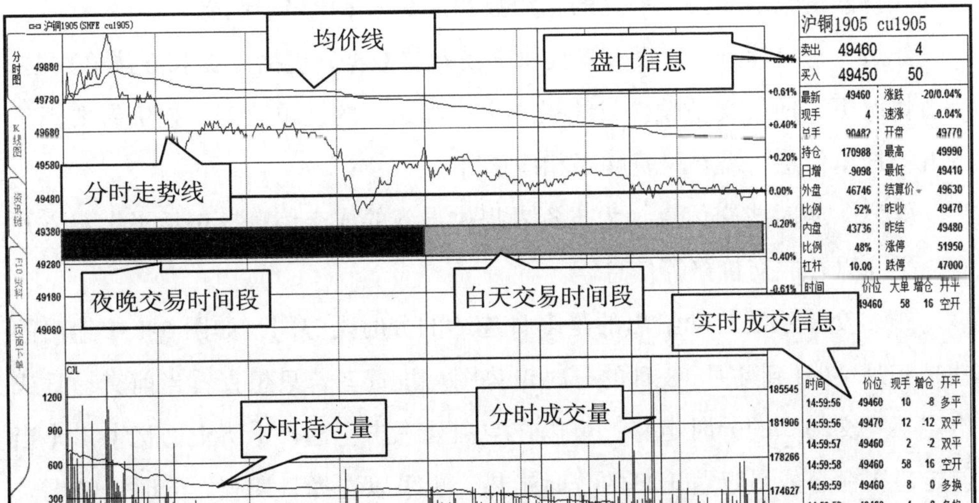

图 5-1　沪铜 1905 合约分时走势图

图 5-1 反映的是沪铜 1905 期货合约的分时走势情况，时间跨度为 2019 年 4 月 17 日 21:00 到 4 月 18 日 15:00。图中明显的竖线为昼夜收盘与开盘的衔接点。沪铜 1905 白天的交易时间段为 9:00 至 15:00；夜晚的交易时间

段为 21:00 至次日 1:00。夜晚交易时间长短因期货品种的不同有所差异，投资者在交易具体的期货合约前，需要对合约中的交易时间有所了解。

在分时走势图中，各项技术指标有如下含义。

第一，分时走势线，表示实时的期货合约成交价格信息。通常情况下，每隔若干秒会更新一次盘面的走势数据。一分钟结束后，该时段的最终交易价格会在分时图上留下一个点，分时走势线就是这些点的连线。

第二，均价线，是一条反映当日（白天时段或夜晚时段）开盘直至当前的合约成交加权平均价格，它反映了市场的平均持仓成本。

第三，分时成交量，反映实时成交合约手数的柱状线。成交量的高低反映出实时成交是否踊跃。

第四，分时持仓量，指买入（或卖出）的合约在未对冲或实物交割前的总和。持仓量包括多头未平仓的合约数和空头未平仓的合约数。

第五，盘口信息，为投资者提供交易盘口数据，包括买卖双方挂单数据。一般情况下，期货交易软件只能提供卖一和买一的挂单数据，投资者要想了解五档挂单信息，需要付费购买相应服务。

第六，实时成交信息，为投资者提供最新的成交信息，包括买卖双方开仓、平仓以及成交价格等信息。

很多交易系统自动给出的是多日连续的分时走势图，如图 5-1 中给出的就是 4 月 17 日到 4 月 18 日的分时走势图。投资者若只想查看当前交易日或指定某一交易日的分时走势，可以在空白处右击，选择【历史回忆】|【当前走势】命令或最近若干日的分时走势，也可以选择日期查看分时走势图。例如，投资者若只想看 4 月 3 日的沪铜 1905 分时走势，可以在【历史回忆】|【选择日期】中选择 2019 年 4 月 3 日，系统会给出 4 月 3 日的分时走势图，如图 5-2 所示。

系统给出的 2019 年 4 月 3 日的分时走势图包含前一交易日的夜盘（即 4 月 2 日夜盘）行情，因为 4 月 2 日的交易一直持续到 4 月 3 日凌晨才结束。

点击某一期货合约分时图左侧的【K 线图】选项卡，可以查看该合约的 K 线走势，如图 5-3 所示。

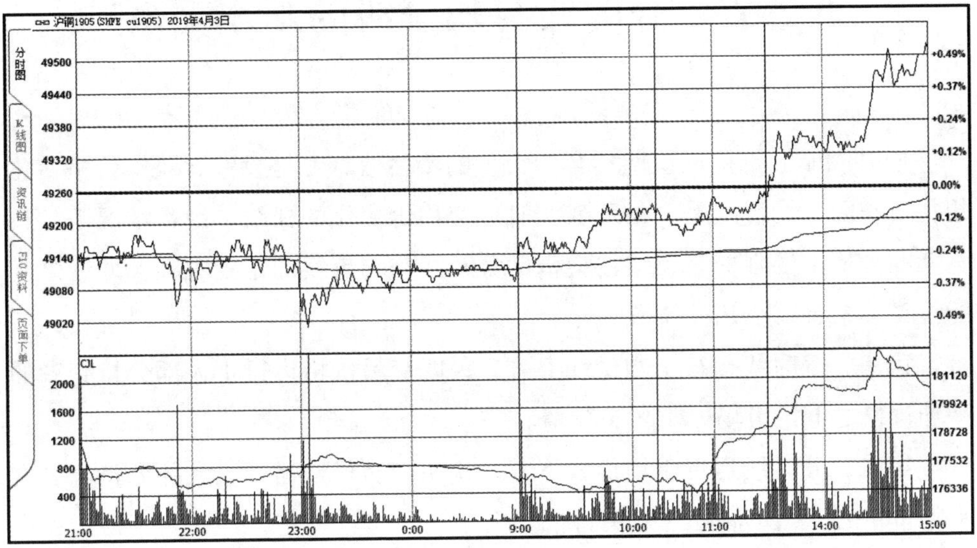

图 5-2 沪铜 1905 合约分时走势图（2019.4.3）

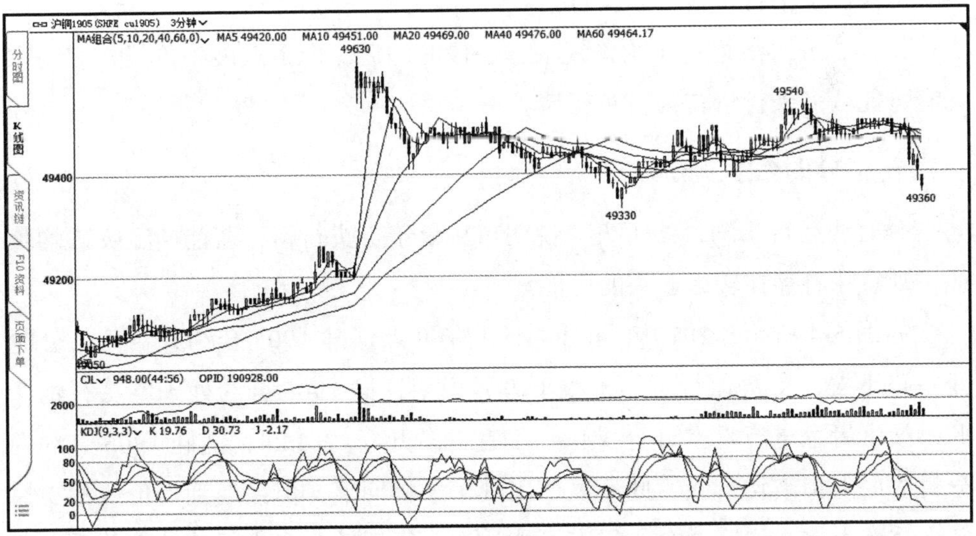

图 5-3 沪铜 1905 合约 3 分钟 K 线走势图

第二节　分时线与均价线的基本关系

分时线能够直接反映期货合约交易的价格信息，是投资者获知价格变化的主要来源。均价线是一条反映实时成交均价变化的曲线。通常情况下，投资者在分析市场强弱时，往往会借助分时线与均价线的位置关系。两者之间的位置关系有以下几种情形。

第一，分时线运行于均价线上方，说明交易价格运行于大部分持仓者的平均价格之上，市场处于多头行情。

第二，分时线运行于均价线下方，说明交易价格运行于大部分持仓者的平均价格之下，市场处于空头行情。

第三，分时线运行于均价线下方一段时间后，向上突破均价线，表明市场有可能从空头行情转为多头行情。

第四，分时线运行于均价线上方一段时间后，向下跌破均价线，表明市场有可能从多头行情转为空头行情。

一、分时线突破形态

分时线运行于均价线下方，说明市场处于空头行情，若能向上突破均价线，则意味着存在转为多头的可能。

如图 5-4 所示，2019 年 4 月 4 日上午 9 点锰硅 1905 合约开盘后，分时线一路下挫，持续运行于均价线下方，说明锰硅 1905 合约处于空头行情。此时投资者宜进行看空开仓操作，不宜看多开仓。14:24，锰硅 1905 合约的分时线向上突破均价线，此后虽然出现了小幅回落，但又遇到均价线的支撑转而重新上攻，说明该合约很有可能从空头行情转为多头行情，之前看空开仓的日内交易者可以考虑平仓。

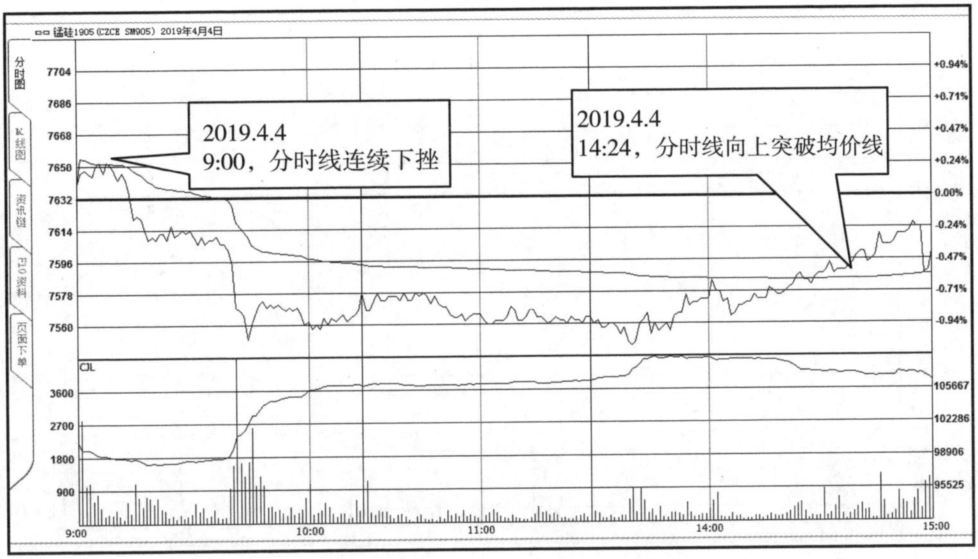

图 5-4　锰硅 1905 合约分时走势图

二、分时线遇阻形态

当分时线运行于均价线下方一段时间后，若出现反弹向上走势，则意味着可能转为多头行情。若遇均价线受阻重新向下，则说明均价线对分时线具有较强的阻力作用，未来宜继续看空。其中，分时线偶尔向上突破均价线后又迅速跌破均价线，应视为突破无效，宜继续看空。

图 5-5 所示为豆油 1905 合约自 2019 年 3 月 27 日夜盘到 3 月 28 日 15 点收盘时段的分时走势。3 月 27 日夜盘开盘后，豆油 1905 合约的分时线一直沿着均价线下行，多次反弹至均价线附近时都因阻力转而重新下跌，说明均价线阻力较强，该合约的价格呈现出明显的空头行情。

3 月 28 日早盘开盘后，豆油 1905 期货合约的价格短暂向上突破均价线，但很快又回到均价线下方，说明此次突破为无效突破，这将增强均价线对分时线的阻力作用，投资者可进行看空开仓操作。

其后，分时线也曾几度反弹至均价线附近，均因受均价线阻力转而重新下跌，说明短期内市场做空气氛比较浓，看空开仓的投资者可继续持仓。

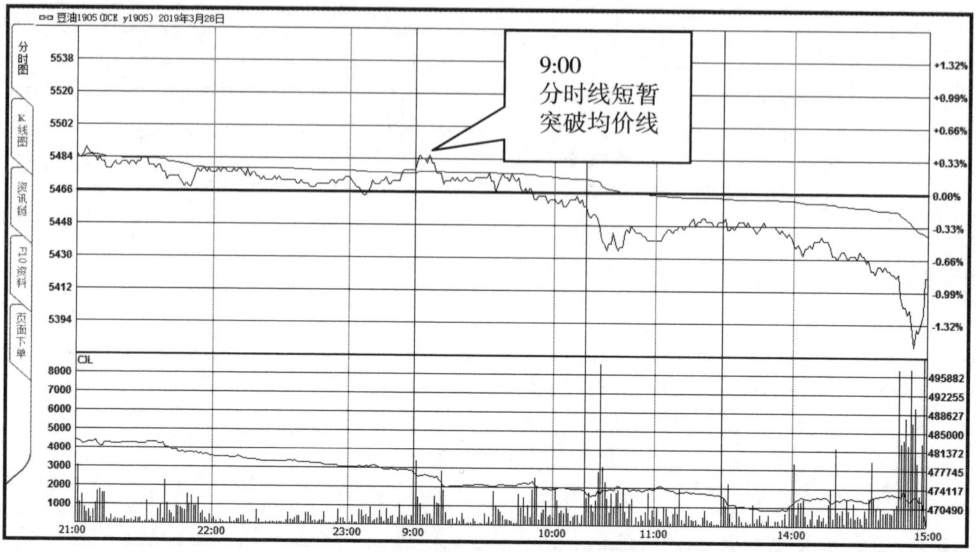

图 5-5　豆油 1905 合约分时走势图（2019.3.28）

三、分时线支撑形态

分时线运行于均价线上方一段时间后，若出现向下回调走势，则意味着可能转为空头行情，但若遇均价线支撑重新向上，则说明均价线对分时线具有较强的支撑作用，未来宜继续看多。若分时线偶尔向下跌破均价线后又迅速向上突破均价线，则仍视为支撑有效，宜继续看多。

图 5-6 所示为豆粕 1905 合约自 2019 年 4 月 1 日夜盘到 4 月 2 日 15 点收盘时段的分时走势。4 月 1 日夜盘开盘后，豆粕 1905 合约的分时线一直沿着均价线上行，多次回调至均价线附近受支撑转而重新上攻，说明该合约的价格呈现明显的多头行情。

4 月 1 日 22:42，豆粕 1905 期货合约的价格拐头向上，说明该合约有加速上攻的可能，投资者可追涨看多开仓。

其后，分时线曾几度回调至均价线附近，均因受均价线支撑转而重新上攻，说明短期内市场做多气氛比较浓，看多开仓的投资者可继续持仓。

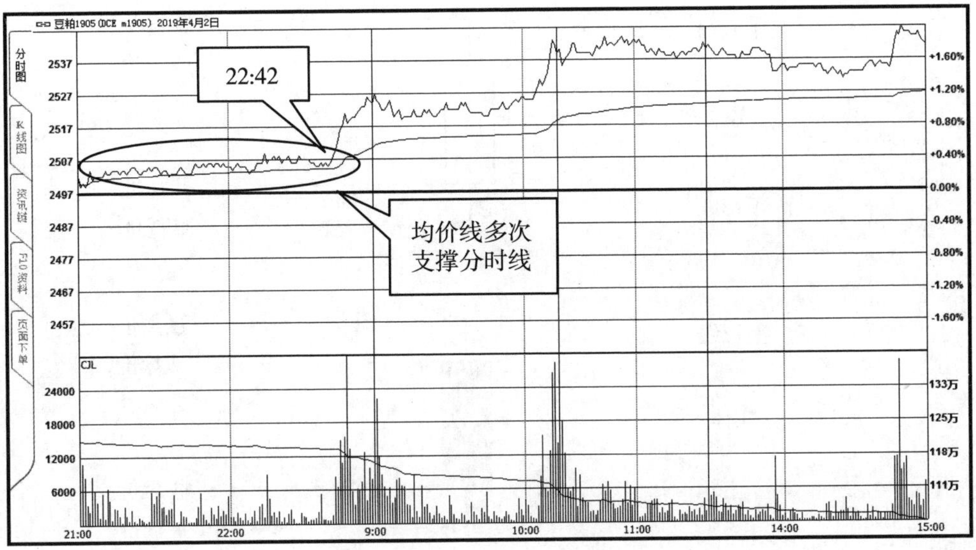

图 5-6　豆粕 1905 合约分时走势图（2019.4.2）

第三节　K 线及其基本分析方法

K 线分析的有效性已经为市场所认可，其有效性的根源，则要从 K 线的构成以及应用技巧方面说起。

一、K 线的构成及含义

K 线是柱状线条，由影线和实体组成，它能把某一周期内的开盘价、最高价、最低价和收盘价的市场情况直观地表现出来。K 线的上影线顶端代表这一交易周期的最高价；下影线末端代表这一交易周期的最低价；实体的上下两端分别代表这一交易周期的开盘价和收盘价，如图 5-7 所示。

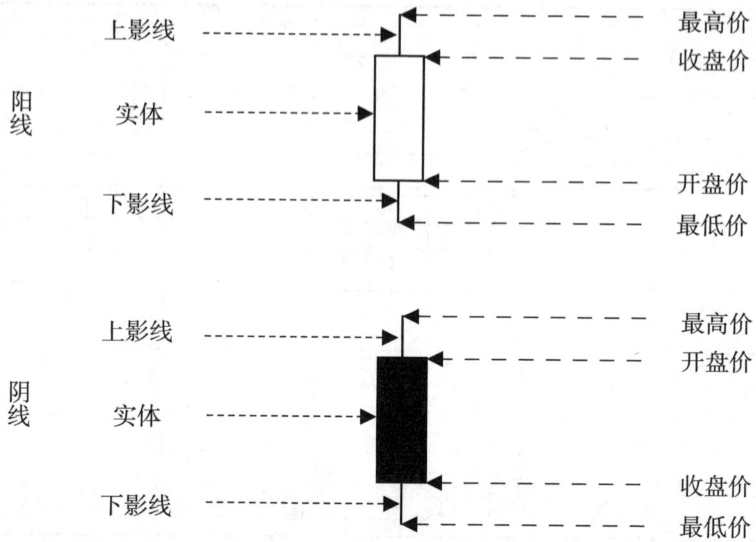

图 5-7　K 线基本形态

· 开盘价：又称开市价，通常指某一证券产品在证券交易所每个交易周期开始后的第一笔成交价格。在期货领域，通常为开盘前 5 分钟内经集合竞价产生的成交价格。若集合竞价阶段未产生任何成交价格，以开市后第一笔成交价格作为开市价。

· 最高价：指某种证券在每个交易周期从开盘到收盘的交易过程中所产生的最高价格。

· 最低价：指某种证券在每个交易周期从开盘到收盘的交易过程中所产生的最低价格。

· 收盘价：指某种证券在每个交易周期最后一笔交易的成交价格。收盘价是当前行情的标准，又是下一个交易周期开盘价的依据，代表买卖双方的力量对比结果，可据以预测未来的市场行情。

根据开盘价与收盘价之间的关系，K 线又分为阳线、阴线。

1. 阳线

阳线指某一交易周期内的收盘价高于开盘价的 K 线。阳线实体上端表示收盘价，下端表示开盘价，实体长短代表收盘价相对于开盘价的涨幅大小，如图 5-8 所示。

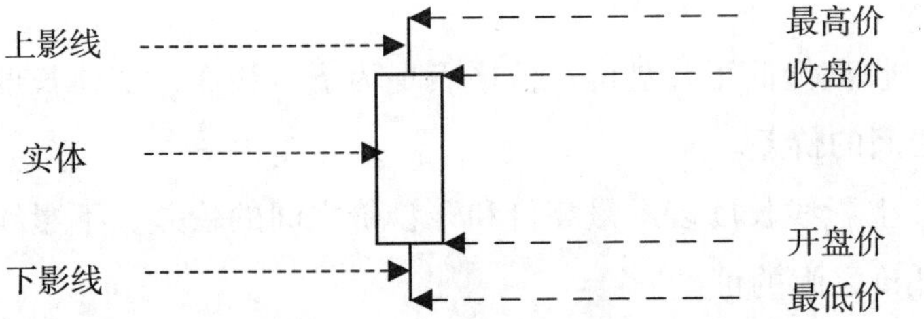

图 5–8　阳线基本形态

阳线的基本描述如下。

第一，通常用红色实体柱、白色实体柱或黑框空心柱表示，本书用黑框空心柱表示。

第二，收盘价高于开盘价，价格表现为上涨趋势，实体长度代表收盘价与开盘价之间的价差。

第三，上影线长度表示最高价和收盘价之间的价差，下影线长度表示开盘价和最低价之间的价差。

第四，阳线一般表示多头较强，空头较弱。

2. 阴线

阴线指某一交易周期内收盘价低于开盘价的 K 线。阴线实体上端表示开盘价，下端表示收盘价，实体长短代表收盘价相对于开盘价的跌幅大小，如图 5-9 所示。

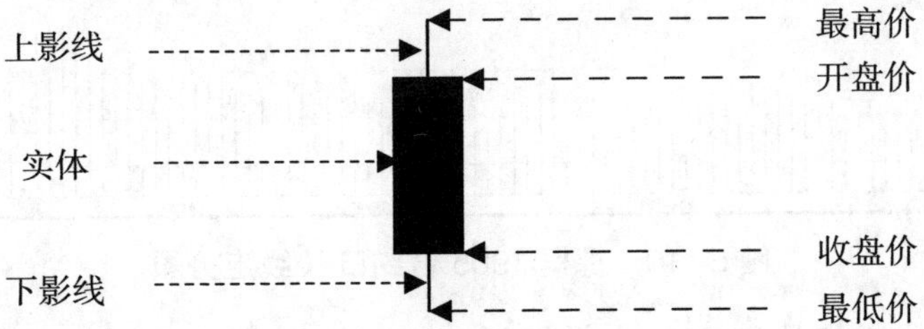

图 5–9　阴线基本形态

阴线的基本描述如下。

第一，通常用绿色实体柱、蓝色实体柱或黑色实体柱表示，本书用黑色实体柱表示。

第二，收盘价低于开盘价，价格表现为下跌趋势，实体长度代表开盘价与收盘价之间的价差。

第三，上影线长度表示最高价和开盘价之间的价差，下影线长度表示收盘价和最低价之间的价差。

第四，阴线一般表示空头较强，多头较弱。

图 5-10 所示为棕榈 1905 合约的日 K 线走势图。当阳线特别是大阳线出现时，很容易将价格推高，反映出市场上多头势力比较强，属于典型的看涨信号。出现阳线时，投资者做多比较有利。反之，当出现阴线，特别是大阴线或连续阴线时，很容易将价格打压至较低水平，反映出市场上空头势力比较强，属于典型的看跌信号。出现阴线时，投资者做空更容易获利。

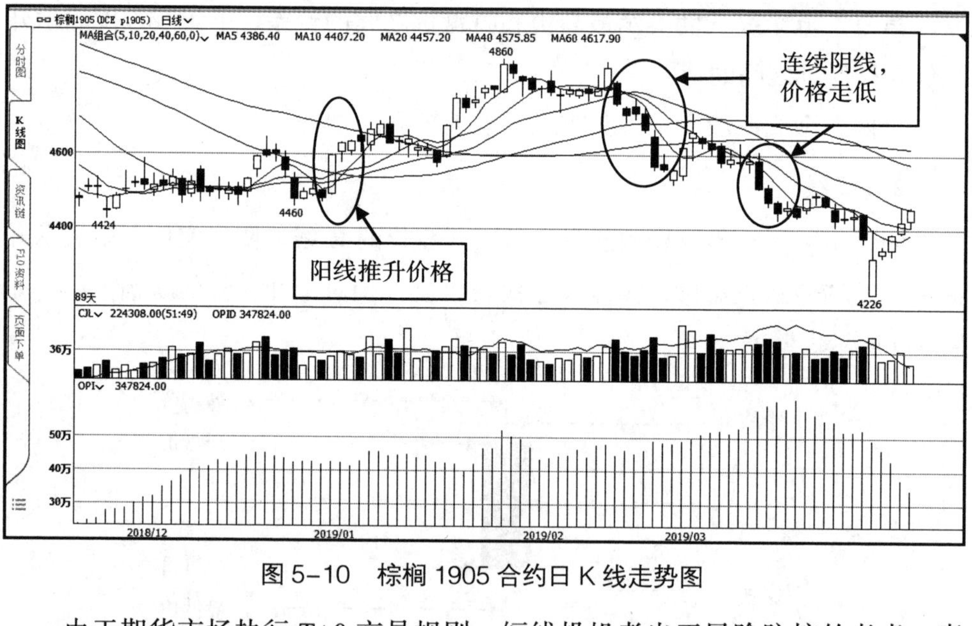

图 5-10　棕榈 1905 合约日 K 线走势图

由于期货市场执行 T+0 交易规则，短线投机者出于风险防控的考虑，喜欢使用时间框架较短的 K 线，如 1 分钟 K 线、5 分钟 K 线、15 分钟 K 线都是经常使用的，周 K 线和月 K 线则使用较少。

二、不同周期K线的切换

借助期货交易软件，投资者可将K线图的分析周期从1分钟K线调整至月K线。更长的周期对短线交易者来说意义不大。通常情况下，超短线投机者喜欢使用1分钟K线、5分钟K线和15分钟K线。

图5-11所示为沪铜1905合约的15分钟K线走势图。沪铜1905合约自2019年3月27日晚启动了一波明显的上升攻势，合约价格不断走高，说明当时属于多头行情，有利于投资者做多。4月1日，合约价格创下阶段高点后开始震荡回调。其后，合约价格再度突破之前的高点后出现回调。此时，投资者根据当前的15分钟K线走势很难预判合约价格的未来走势。

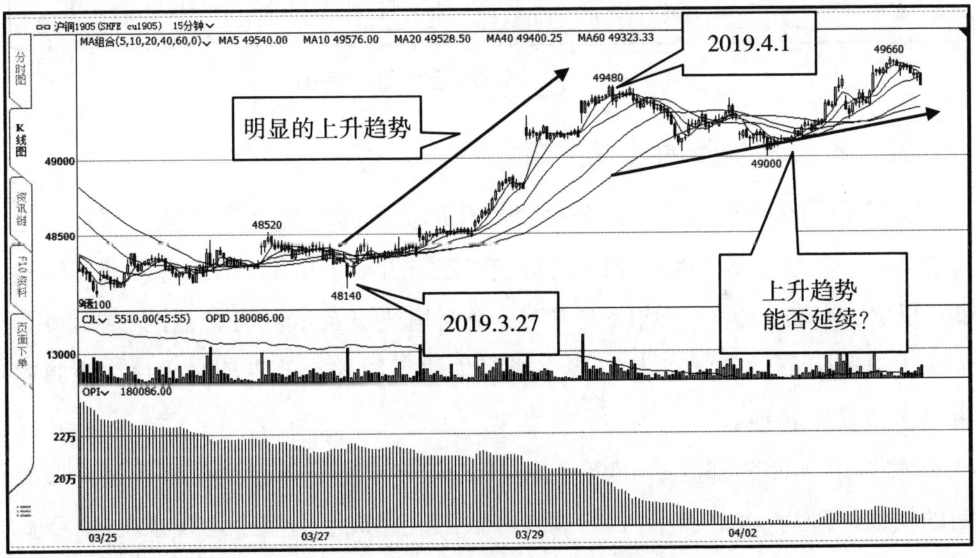

图5-11　沪铜1905合约15分钟K线图

投资者可将15分钟K线切换至日K线，如图5-12所示。

从图5-12可以看出，沪铜1905合约的价格自2019年3月26日开始企稳反弹。4月1日，该合约价格反弹至前期快速下跌启动点附近，说明此位置具有极强的阻力作用，未来价格继续走高将会面临较重的压力，另外，在该位置上方还有更为明显的前期高点阻力位。也就是说，该合约价格继续上升的阻力极大，前期看多开仓的投资者宜部分或全部平仓。

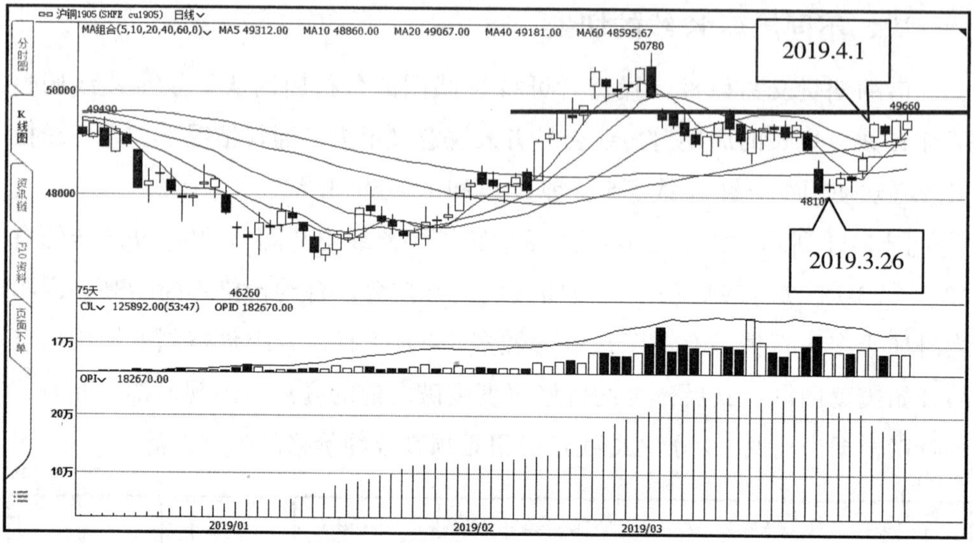

图 5-12　沪铜 1905 合约日 K 线图

三、K 线与均线的位置关系

K 线和均线的位置关系，与分时线和均价线的位置关系相似。当 K 线运行在均线下方时，说明均线对 K 线具有较强的阻力作用，未来有可能继续走低；反之，当 K 线运行于均线上方时，说明均线对 K 线具有较强的支撑作用，未来上升的可能性较大。当 K 线完成对均线系统的有效突破时，往往意味着市场多空发生转换。

图 5-13 所示为郑麦 1905 合约的日 K 线走势图，该合约价格经过一段时间的横盘整理后，2019 年 3 月 25 日以一根阳线完成了对整个均线系统的穿越。此后，K 线一直运行于均线上方，且与均线的距离越来越远，说明多头实力非常强劲，看多的投资者可积极入场。

随着多头实力的不断增长，空头力量也开始聚集，并伺机反扑。投资者在看多的同时，不要忽视空方的力量。

如图 5-14 所示，橡胶 1905 合约的价格经过一段时间的上升后，在 2019 年 3 月 4 日以一根阴线结束了上行趋势，并向下跌破了 5 日均线。其后，日 K 线连续穿越多条均线，说明空方势力逐渐增强。此后，K 线一直运行于均线下方，且与均线的距离越来越远，说明空头实力非常强劲，看空的投资者可积极入场。

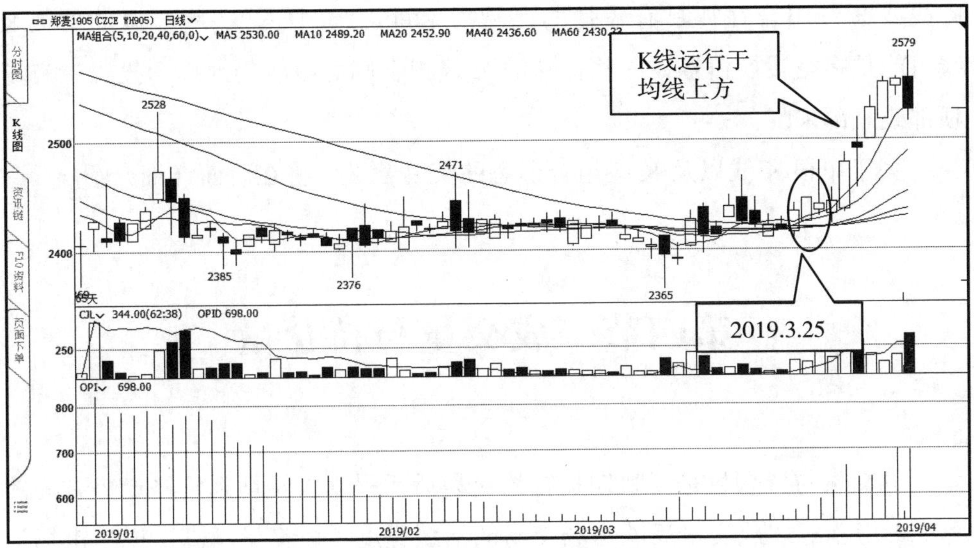

图 5-13　郑麦 1905 合约日 K 线走势图

随着空头势力的不断增长，多头力量也开始聚集，并伺机反扑。投资者在看空的同时，不要忘记随时准备空转多。

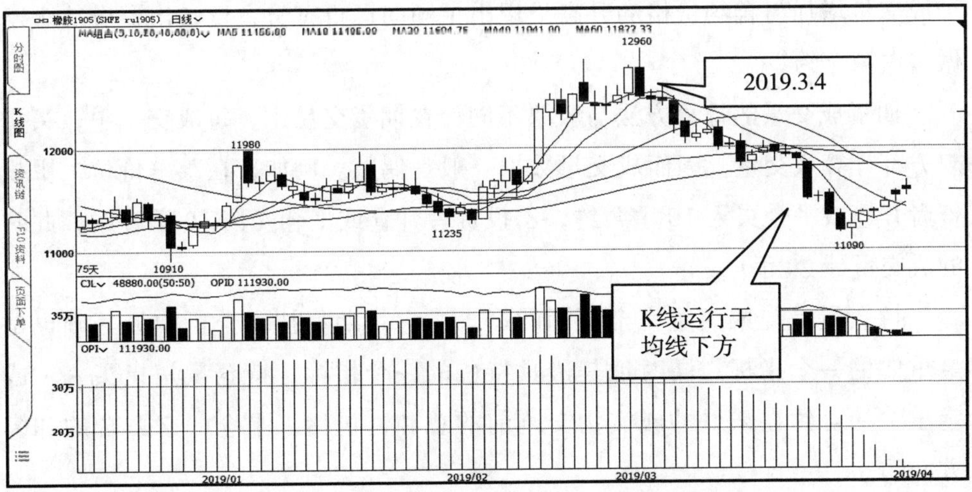

图 5-14　橡胶 1905 合约日 K 线走势图

四、K 线或 K 线组合形态

投资理论研究者在长期的投资观察与实践过程中发现，一些特定形态的 K 线或 K 线组合往往具有较强的交易指示意义。例如，一些经典的单根 K 线可能是多空转换信号，一些特殊的 K 线组合则可以明确地提示投资者市场顶部或底部来临。

关于单根 K 线以及 K 线组合形态的交易含义，将在后面详细介绍。

第四节　成交量与持仓量

成交量与持仓量是反映期货合约交易活跃程度以及预判价格走势方向的重要参考指标。成交量反映市场交易的活跃程度，成交量越高，说明市场活跃度越高。

如图 5-15 所示，白糖 1909 合约自 2019 年 4 月开始成交量逐渐增加，正是从该月开始，白糖主力合约由白糖 1905 合约切换至白糖 1909 合约。这种成交量增加与合约价格的升高呈现出了同向运行态势，反映出资金热衷于做多白糖合约。

期货成交量的计算方法与股票不同。在期货交易中，每成交 1 手，买卖双方都计算成交量，因而成交量数据一般是偶数。例如，在某一价位，甲投资者开仓或平仓买入 10 手合约，乙投资者开仓或平仓卖出 10 手合约，此时的成交量计 20 手。

持仓量是与成交量完全不同的概念，它是期货技术分析中最基础也是最重要的一个指标，同时也是最具特色的一个指标。持仓量是指买入（或卖出）的合约在未对冲或实物交割前的总和，包括未平仓的空方合约和多方合约。

在期货市场上，投资者的交易过程大致分为三个阶段：开仓、持仓、平

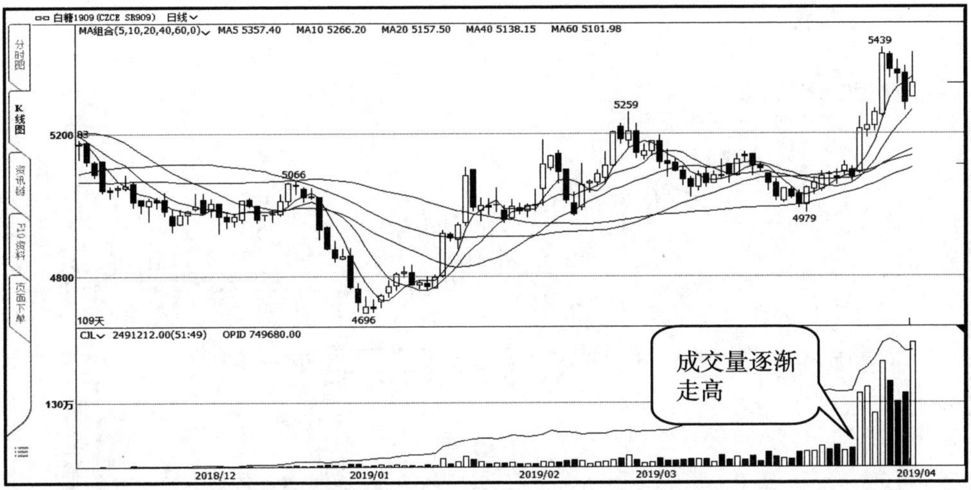

图 5-15 白糖 1909 合约日 K 线走势图

仓。开仓又分为买入开仓和卖出开仓。投资者若选择买入开仓，则必须在合约期限内卖出平仓；反之亦然。期货市场上的交易必然遵循有人买入必有人卖出的原则。当投资者买入 1 手开仓时，市场上必然会有人卖出 1 手。这时候的卖出行为有两种情况：一是卖出平仓，此时市场的持仓量不变，因为有人新开仓时，同时有人平仓了；二是卖出开仓，此时市场的持仓量将增加 2 手。正因为如此，大多数期货市场上的持仓量都是呈偶数变动的。

股指期货的持仓量计算方法有所不同，它是买卖双方单边持仓数量的总和。在商品期货市场上，如果甲投资者开仓买入 1 手合约，乙投资者开仓卖出 1 手合约，则持仓量为 +2 手，即在原市场总持仓量基础上增加 2 手。在股指期货市场上，如果甲投资者开仓买入 1 手沪深 300 指数合约，乙投资者开仓卖出 1 手沪深 300 指数合约，则在原市场总持仓量基础上增加 1 手。也就是说，商品期货市场上的持仓量总是偶数，股指期货市场只计算多方或空方的持仓量，奇数与偶数都有可能出现。

在期货软件（以华安期货文华财经版为例）中，投资者在分时图界面和 K 线图界面都可以查看持仓量变化情况，如图 5-16 所示。

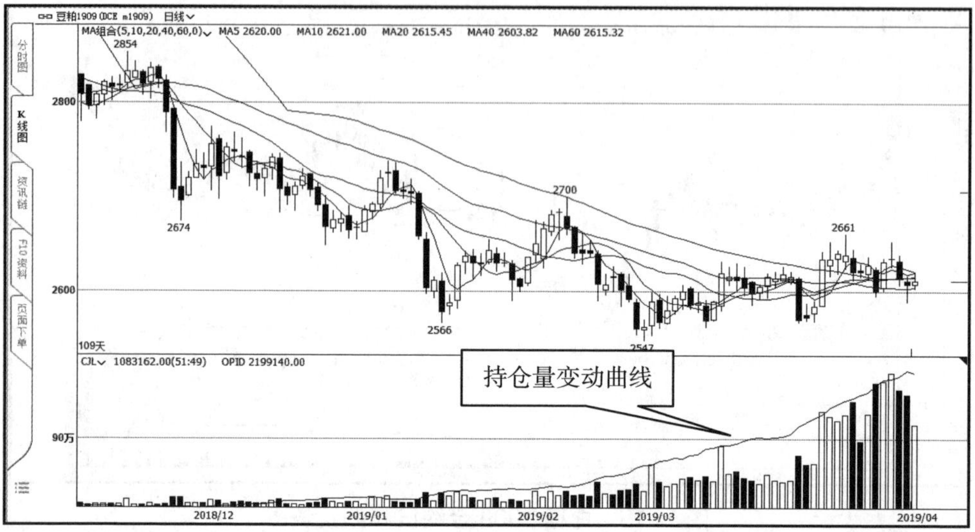

图 5-16　持仓量指标

通常情况下，持仓量的变动可以反映资金的运动情况。持仓量与成交量的变动关系，在某些情况下，能够对投资者的交易起到一定的指引作用。在具体分析持仓量与成交量关系前，投资者需要了解持仓量的几个特性。

第一，持仓量是未平仓的合约总和。投资者没有平仓，显然是对后市有所期待，这就是其对后市的基本态度，也是后市趋势变化的原因。

第二，成交量的变化是引发持仓量增减的原因，成交量包括开仓与平仓数据，决定了持仓总量的变化。

第三，多头持仓总量与空头持仓总量永远是相等的，区别在于这些持仓量掌握在多少投资者的手中。

第四，持仓量增加，说明有资金入场开仓；持仓量减少，说明有资金离场。持仓量增加越明显，说明资金对后市的分歧越大。

一、持仓量增加，成交量增加

成交量与持仓量同步增加，表明有资金持续入场，多空双方对价格走势分歧较大。成交量增加说明市场成交比较活跃，叠加持仓量增加，说明市场上大部分投资者认可并有意继续推动当前行情继续发展。这种情况一般出现在多方主导的单边行情或空方主导的单边行情中。

如图 5-17 所示，白糖 1909 合约自 2019 年 1 月 2 日触底反弹后一路震荡上扬。观察此时的成交量与持仓量曲线可知，成交量呈现出震荡上升态势，持仓量指标同步上升。2019 年 4 月 10 日，合约价格大幅上升，持仓量与成交量同步放大若干倍，说明资金入场速度明显加快。此后，随着合约价格的上升，持仓量同步走高，说明合约价格处于上升趋势，投资者可考虑买入开仓。

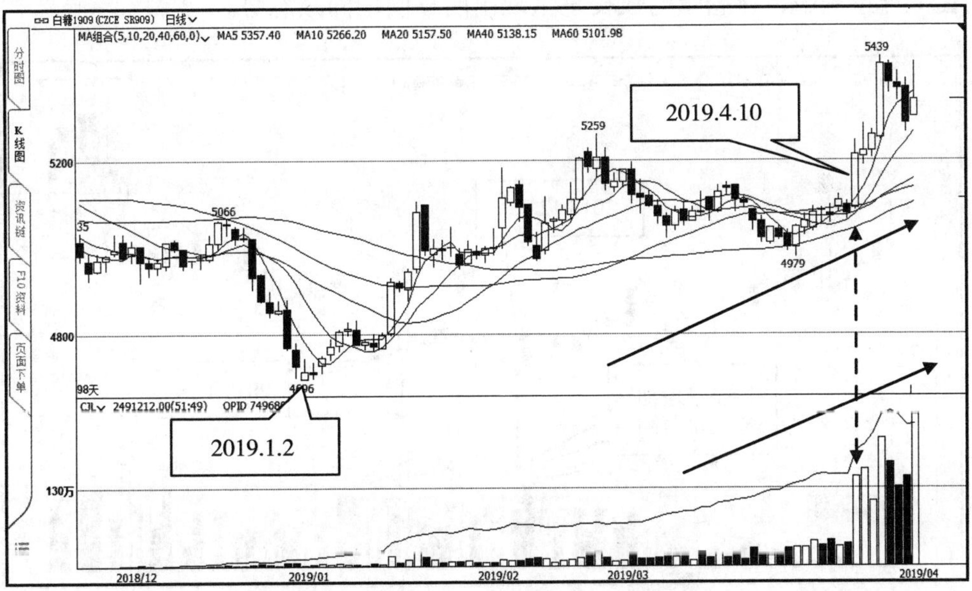

图 5-17　白糖 1909 合约日 K 线走势图

其后，该合约价格触顶后开始回落，尽管成交量仍旧处于较高水平，但持仓量迅速走低，说明多空平仓较多，资金流出迹象十分明显，投资者可执行平仓操作或反向开空仓。

二、持仓量增加，成交量萎缩

持仓量增加而成交量萎缩，说明资金对后市的分歧较大，中长线多空双方不愿意坚持自身看法，短线资金因为难以找到交易机会而不再入场，这通常是一波较大行情到来之前的征兆。其后，市场运行的方向可能会主导一波较大的行情。

如图 5-18 所示，郑煤 1905 合约自 2018 年 12 月 26 日触底后，成交量持续萎缩，持仓量却呈现出明显的上升势头。其后，持仓量与成交量的落差越来越大，说明郑煤 1905 可能会走出一波规模较大的行情，投资者需要密切关注市场的变化。

2019 年 1 月 14 日，合约价格大幅上升，成交量同步放大若干倍，说明资金入场速度明显加快。此后，郑煤 1905 合约出现了一波震荡上升走势，在上升过程中，持仓量与成交量呈现出明显同增同减态势。

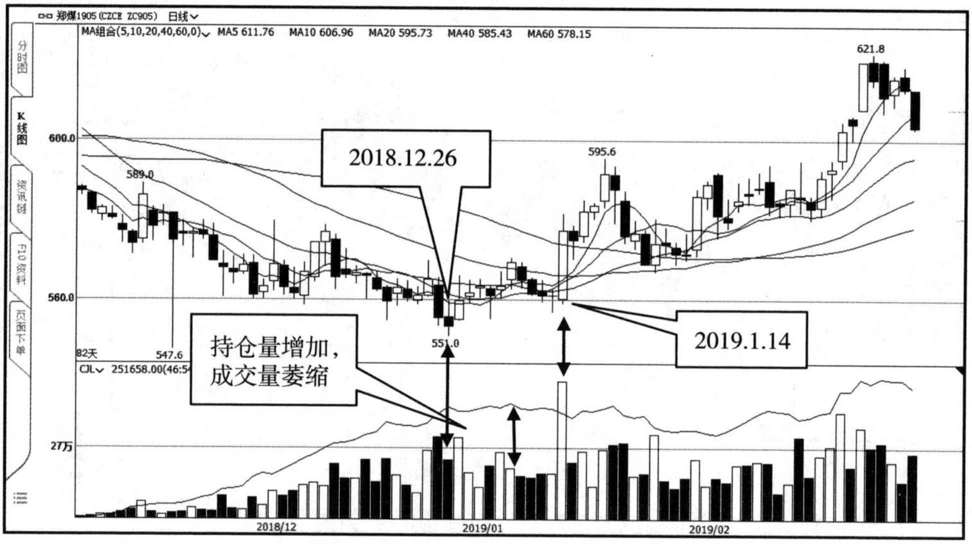

图 5–18　郑煤 1905 合约日 K 线走势图

三、持仓量减少，成交量增加

通常情况下，在一波行情进行至半场时，多空双方的分歧会进一步加剧。随着获利盘增加，一些原来的多方或空方可能会选择获利了结，使得市场总的持仓量下降，但由于价格波动较大，且会出现横向震荡态势，短线投机资金踊跃参与，使得该时段在持仓量下降的情况下，总的成交量仍保持上升。其实，这也是市场活跃的一种表现。

如图 5-19 所示，豆一 1905 合约自 2018 年 10 月 9 日开始启动单边下跌行情后，成交量与持仓量同步增加，表明行情还将持续。2019 年 1 月 17 日，豆一 1905 合约的价格触底反弹，之后成交量震荡上扬，持仓量不仅没有上升，反而出现了萎缩，说明先前的获利盘大量涌出，豆一 1905 合约的价格可能会出现一波横向整理走势。

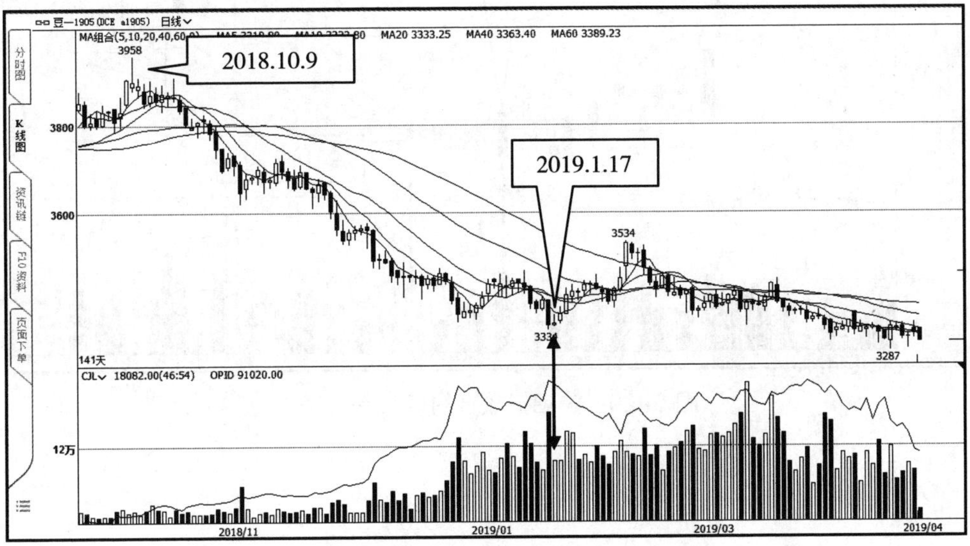

图 5-19　豆一 1905 合约日 K 线走势图

四、持仓量减少，成交量萎缩

持仓量与成交量减少的情况往往发生在一波行情的末期。由于市场上多空双方中的一方对后市失望，纷纷离场，使得成交量与持仓量双双下降。出现这种情况时，往往是在孕育一波新的行情。

如图 5-20 所示，沪铝指数自 2018 年 6 月 7 日开始启动单边下跌行情后，成交量与持仓量同步增加。一段时间后，持仓量开始急剧下降。自 7 月 11 日之后，成交量与持仓量双双下降，说明由于价格长时间走低，市场上对交易和持仓沪铝合约兴趣不大，很多资金开始离场。不过，这时往往是在孕育新的行情。

2018 年 7 月 20 日，沪铝指数的成交量和持仓量双双萎缩至极点，这往往也是市场的转折点。其后沪铝指数触底反弹，成交量与持仓量双双走高，说明一波新的行情开始了。

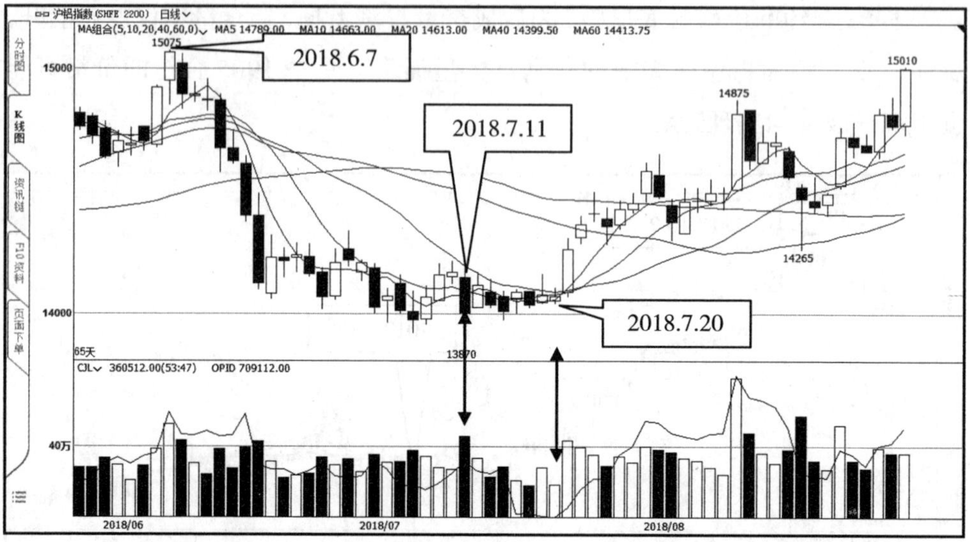

图 5-20　沪铝指数合约日 K 线走势图

第六章

K 线及其组合形态

K 线及其组合形态在反映市场涨跌、预判价格走势方面具有重要的指示意义。通常来说，K 线组合的数量不同，其指示信号的强弱也存在一定的差异。

第一节　经典K线形态及市场含义

K线本质上是期货价格运行的记录。当一些经典的单根或多根K线出现时，往往意味着市场大概率会朝着某个方向运行。

一、尖峰日

尖峰日，即某根K线的上影线或下影线明显高于或低于其他K线的交易日。也就是说，在这一交易日，市场应该创下了一段时间以来的最高点或最低点。在实战中，尖峰日还有更为具体的标准。

1. 尖峰高点

尖峰高点，即K线上影线的最高点位置，该位置不仅为当天价格的最高点，同时也是一段时间内（包括之前和之后）价格的最高点。通常情况下，市场经过一段时间的上升后，多头实力无法将价格维持在最高点时，就会在K线上留下这一明显的痕迹。尖峰高点通常可以作为一波上升行情结束的标志。

尖峰高点的判断包括以下几项。

第一，该高点明显高于前后几个交易日的最高点。

第二，形成尖峰高点当日的收盘价较低，一般临近最低价。

图6-1所示为EG（乙二醇）主连合约日K线走势图，EG主连合约价格自2019年1月2日启动了一波震荡上升走势，说明多头占据一定优势。2019年1月22日，该合约价格平开高走震荡收低，最终在K线上留下一根

带长上影线的十字线，其后，该合约价格开始震荡走低。这根带长上影线的K线就是典型的尖峰高点，出现该形态意味着未来合约价格继续走低的概率很大。

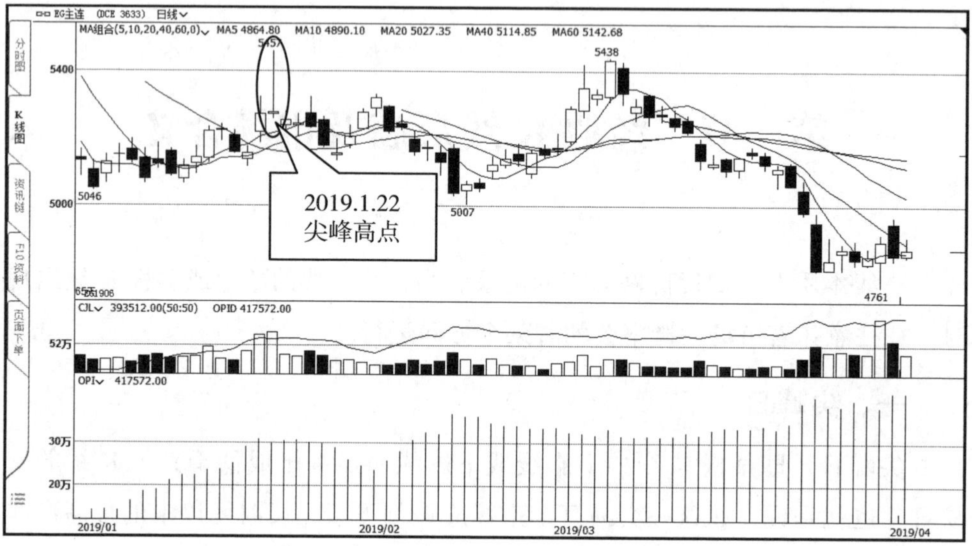

图 6-1　EG 主连合约日 K 线走势图

2. 尖峰低点

尖峰低点，即K线下影线的最低点位置，该位置不仅为当天价格的最低点，同时也是一段时间内（包括之前和之后）价格的最低点。通常情况下，市场经过一段时间的下跌后，空头实力无法将价格维持在最低点时，就会在K线上留下这一明显的痕迹。尖峰低点通常是一波下跌行情结束的标志。

尖峰低点的判断包括以下几项。

第一，该低点明显低于前后几个交易日的最低点。

第二，形成尖峰低点当日的收盘价较高，一般会临近最高价。

图 6-2 所示为白糖 1905 合约 3 分钟 K 线走势图，白糖 1905 合约价格在 2019 年 4 月 9 日早盘开盘后出现了一波快速下跌走势，说明空头实力强悍，投资者宜看空开仓。

9:45，白糖 1905 合约在空头发力向下打压后，多头重新收复失地，说明多方已经聚集起一定的力量准备反攻。该分时 K 线呈现出明显的尖峰低点形态，且最低点明显低于其他交易日。投资者可在该形态出现后，择机入场做多开仓。

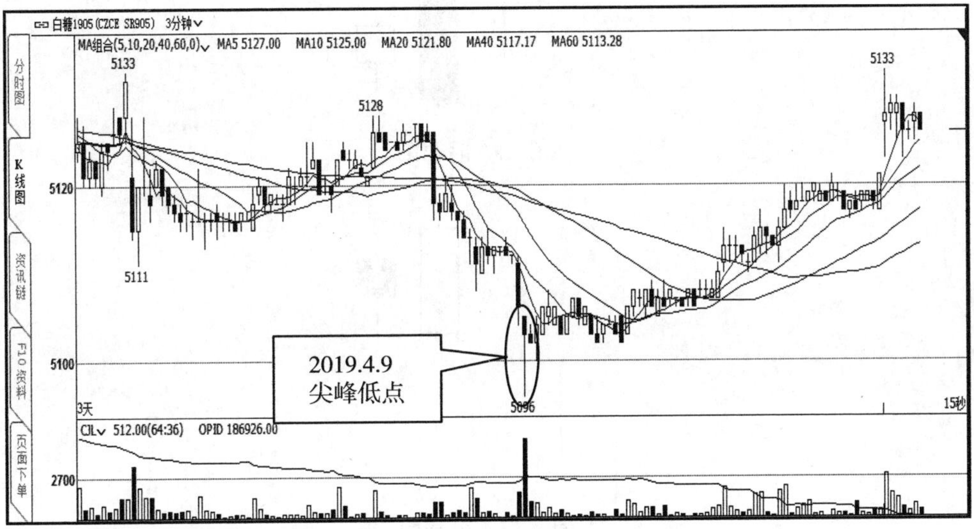

图 6-2　白糖 1905 合约 3 分钟 K 线走势图

二、孕线

孕线，指在收出一根较大的 K 线（阳线或阴线）次日出现一根颜色相反、实体较小的 K 线（阴线或阳线）。出现这种形态说明市场在原运行轨道加速过程中出现了反向力量，一个新的行情正在孕育之中，属于比较经典的反转形态。

当孕线出现在一段持续的下跌走势之后，前一根 K 线是阴线，后一根 K 线是阳线，则称为阴孕阳或多头母子。该形态表示之前处于强势的空方力量减弱，多方开始发力，通常为见底信号，如图 6-3 所示。

当孕线出现在一段持续的上涨走势之后，前一根 K 线是阳线，后一根 K 线是阴线，则称为阳孕阴或空头母子。该形态表示之前处于强势的多方力量减弱，空方开始发力，通常是见顶信号，如图 6-4 所示。

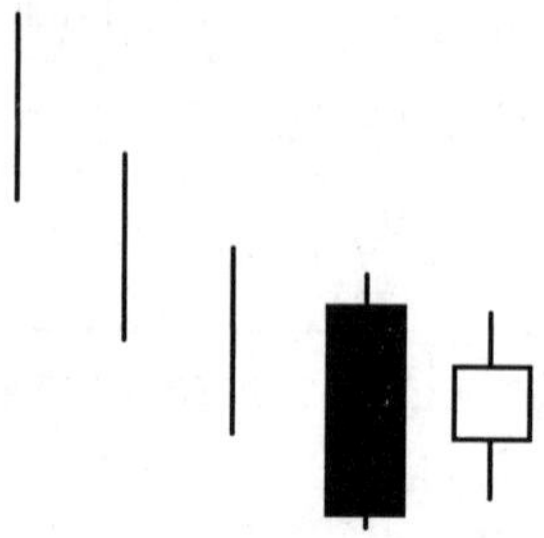

图 6–3　阴孕阳

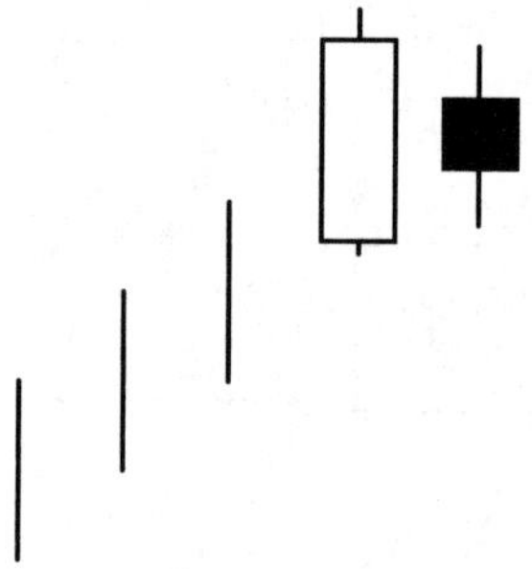

图 6–4　阳孕阴

出现孕线表明市场中存在一种犹豫心理，具有一定的趋势反转含义，但其反转信号的强度不如包线。从实体长度上来说，孕线两根 K 线的实体越长，行情发生反转的可能性越大。

第一，在连续下跌走势中出现阴孕阳形态，表示卖盘力量减弱，价格可能即将见底或继续下跌的空间很小。这时投资者不宜轻举妄动，应耐心观察，当有其他信号证明价格将上涨时再买入。

第二，在连续上涨走势中出现阳孕阴形态，表示买盘力量减弱，价格可能即将见顶或继续上涨的空间很小。这时投资者可卖出部分合约，轻仓观望。

第三，尽管第二根 K 线并不长，但其收盘价也能侧面反映反转的力度或可能性。阴孕阳形态中，后一根阳线相对于前一根阴线而言，收盘价越高，反转向上的可能性越大。阳孕阴形态中，后一根阴线相对于前一根阳线而言，收盘价越低，反转向下的可能性越大。

图 6-5 所示为棕榈油指的日 K 线走势图。棕榈油指经历了一波上涨行情

之后，于 2017 年 9 月 14 日至 15 日、10 月 30 日和 10 月 31 日分别出现阳孕阴形态。

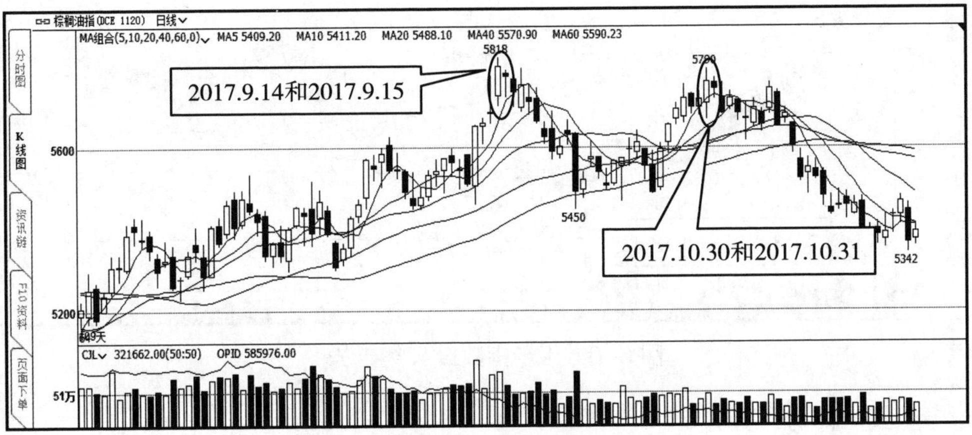

图 6-5　棕榈油指日 K 线走势图

2017 年 9 月 14 日，棕榈油指收出一根大阳线，9 月 15 日收出一根小阴线，这根小阴线的开盘价低于前一日的收盘价，而收盘价高于前一日的开盘价，和前一日的大阳线形成了阳孕阴形态。出现阳孕阴形态，表明行情有可能出现反转，投资者应抛弃多头思维，实施多翻空操作或看空操作。其后，该指数经过一段时间的下跌后重新企稳上涨，并于 10 月 30 日和 31 日再度走出阳孕阴形态，表明空方已经占据主动，这时投资者应果断执行多半或看空开仓操作。

图 6-6 所示为玉米指数的日 K 线走势图。玉米指数经历了一波下跌行情之后，于 2018 年 4 月 26 日和 27 日出现孕线形态。

2018 年 4 月 26 日，玉米指数收出一根近似光头中阴线，从 K 线形态来看，这是一种走势非常恶劣的形态。4 月 27 日，该股收出一根小阳线，这根小阳线的开盘价高于前一日的收盘价，而收盘价低于前一日的开盘价，和前一日的中阴线形成阴孕阳形态，预示行情可能即将发生反转。

5 月 2 日，该指数在 K 线图上再度收出一根阳线，说明多方已经具有一定优势，投资者可考虑空翻多、多头开仓等操作。

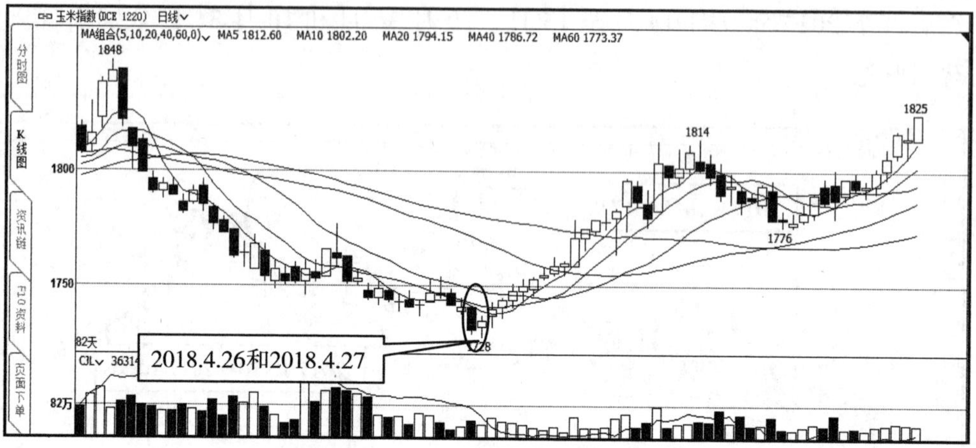

图 6-6　玉米指数日 K 线走势图

三、包线

包线，又称怀抱线、穿头破脚、吞噬形态，由两根 K 线组成，前一根 K 线实体较短，后一根 K 线实体相对较长，且将前一根 K 线实体完全包住，即前一根 K 线的最高价与最低价均处于后一根 K 线的最高价与最低价范围之内。两根 K 线为一阴一阳，可以是阴线在前、阳线在后，也可以是阳线在前、阴线在后。

当包线出现在一段持续的下跌走势之后，前一根 K 线是阴线，后一根 K 线是阳线，则称为阳包阴或多头吞噬。该形态表示之前强势的空方力量衰竭，多方开始占据主动并已压倒空方，是常见的见底信号，如图 6-7 所示。

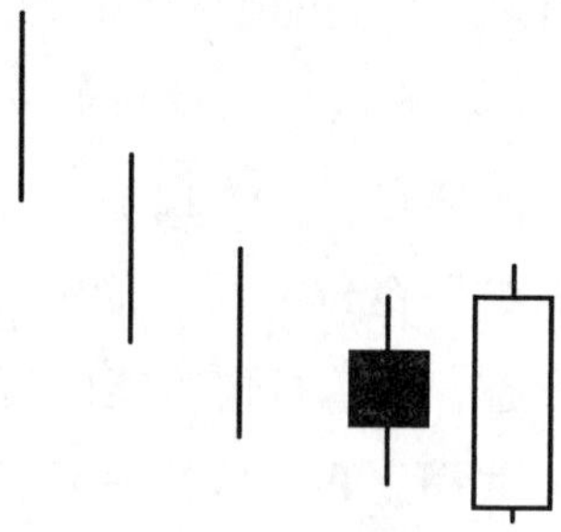

图 6-7　阳包阴

当包线出现在一段持续的上涨走势之后，前一根 K 线是阳线，后一根 K 线是阴线，则称为阴包阳或空头吞噬。该形态表示之前强势的多方力量衰竭，空方开始占据主动并已压倒多方，是常见的见顶信号，如图 6-8 所示。

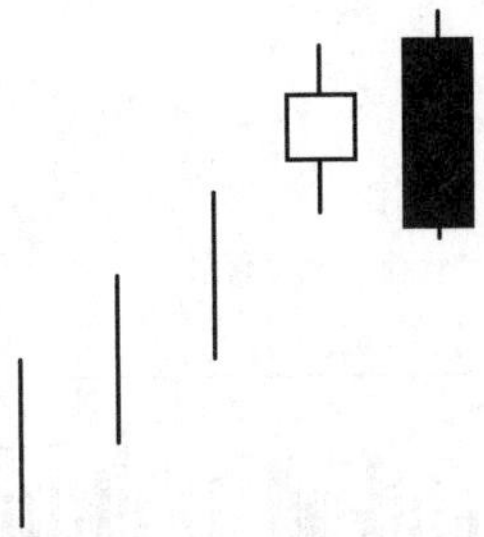

图 6–8　阴包阳

包线说明原本占据优势的空方（多方）力量几乎被完全消耗，多方（空方）已经成为主导力量，市场有发生反转的可能。

第一，在连续上涨走势中出现阴包阳形态，表明卖盘力量明显强于买盘力量，属于见顶回落信号，投资者宜在次日采取逢高做空的策略。

第二，在连续下跌走势中出现阳包阴形态，表明买盘力量明显强于卖盘力量，是触底回升信号，投资者宜在次日采取逢低做多的策略。如果投资者依照该形态执行做多买入操作，则应将止损位设在阳包阴形态中阳线的最低价上，一旦价格跌破该价位，投资者应尽快卖出止损。

第三，操作中需要注意的是，在识别包线信号时，应该看两根 K 线实体部分是否“吞噬”，即后一根 K 线的实体部分是否包住了前一根 K 线的实体部分，不要将上下影线计算在内，否则会导致错误操作。

第四，发生吞噬的当天，如果有成交量的放量配合，则可确认为转势信号。如果第二根 K 线的实体能吞噬前面好几天的实体，则表明反转的力量很大。

图 6-9 所示为白糖指数的日 K 线走势图。白糖指数经历了一波上涨行情之后，2017 年下半年开始高位震荡。其后，该指数于 2017 年 12 月 8 日和 12 月 11 日走出了阴包阳形态。

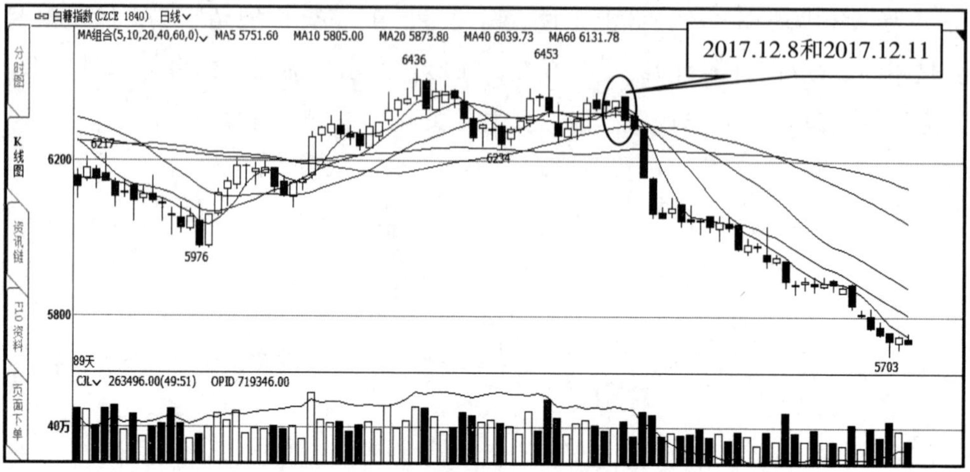

图 6-9 白糖指数日 K 线走势图

2017 年 12 月 11 日，白糖指数收出一根大阴线，并将 12 月 8 日的阳线完全包住，之前阳线的收盘价低于当日的开盘价，而开盘价高于当日的收盘价。这根阴线和前一日的小阳线形成了阴包阳形态，表明行情有出现反转的可能，投资者应由多转空或看空开仓。

其后，该指数出现了一段时间较长的下跌走势。

图 6-10 所示为热卷指数的日 K 线走势图。热卷指数在经历了一波下跌行情之后，2019 年 3 月 28 日和 3 月 29 日的 K 线形成包线形态。

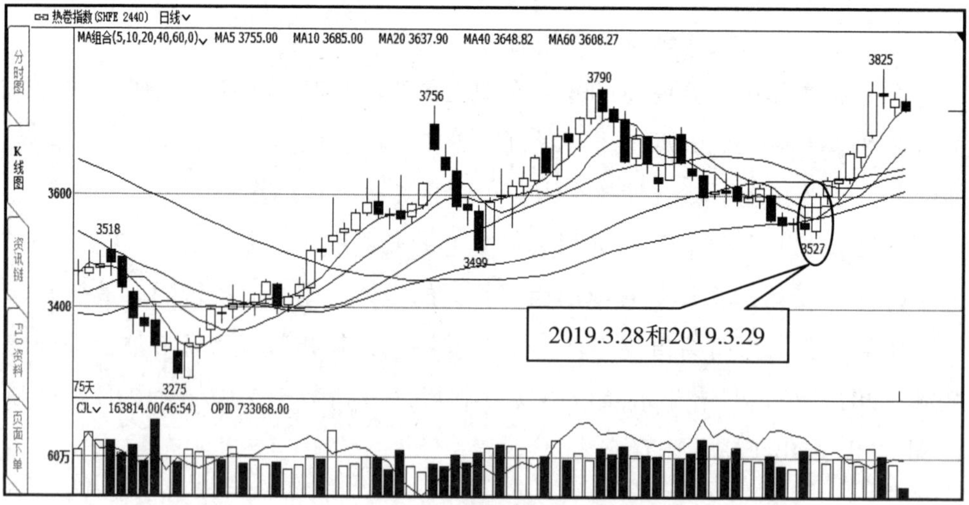

图 6-10 热卷指数日 K 线走势图

2019 年 3 月 28 日，热卷指数收出一根小阴线，从 K 线形态来说，未来继续走低的可能性很大。3 月 29 日，该指数收出一根中阳线，这根中阳线的开盘价高于前一日的收盘价，而收盘价低于前一日的开盘价，和前一日的阴线形成阳包阴形态，预示行情可能即将发生反转。

4 月 1 日，该指数高开高走，再度收出一根阳线，说明多方已经具备一定的优势，投资者可考虑空翻多或多头开仓。

四、曙光初现

曙光初现一般出现在下跌行情中，由一阴一阳两根 K 线组成。先收出一根大阴线或中阴线，接着又收出一根跳空低开的大阳线或中阳线，且这根阳线收盘价所处的位置在前一日阴线实体的中点以上，如图 6-11 所示。

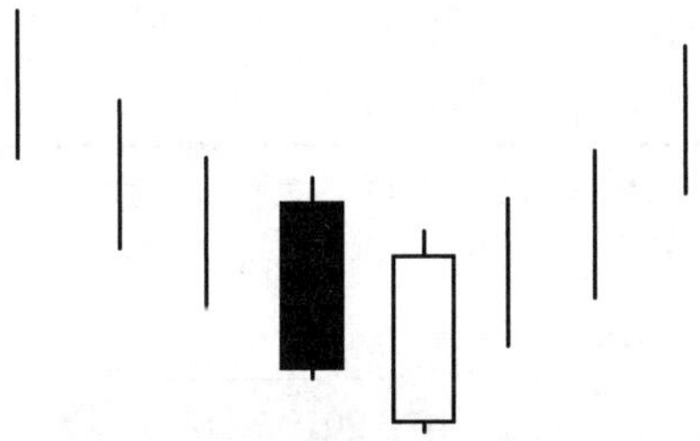

图 6–11 曙光初现

曙光初现的第一根阴线，表示原来的下跌趋势延续。第二根低开高走的阳线，表示开盘初始空方仍占据优势，因而开盘价与前一根阴线的收盘价之间有一个跳空缺口。开盘之后多方开始发力，不仅填补了这一跳空缺口，还在收盘时将价格拉升至前一日阴线实体 1/2 以上位置，好像要将前一日阴线贯穿，因而曙光初现又被称为贯穿模式。

曙光初现预示着行情由阴转晴，未来变得更加光明，是较为强势的看涨信号，有以下操作要点。

第一，在连续下跌之后出现曙光初现形态时，投资者不宜继续看空，而应转变思维，寻找合适的机会逢低做多，买入开仓。

第二，在曙光初现形态中，第二根阳线的实体部分应超过前一日阴线实体部分一半以上，曙光初现形态才有意义。

第三，如果出现曙光初现形态后价格不升反降，则表示形态失败，投资者应由多转空，积极入场做空。

第四，价格向上突破曙光初现的阴线最高价，可执行买入开仓操作。

第五，以曙光初现形态为标准执行买入开仓操作，应该将该形态第二根阳线的最低价设为止损位。一旦价格跌破该位置，则应平仓止损。

第六，曙光初现形态中第二根阳线的实体部分越大，收盘价越高，后市上涨的力度就越大。收出阳线这一天，如果同时伴随着成交量的放大，则看涨信号更为强烈。

图 6-12 所示为热卷指数 5 分钟 K 线走势图。热卷指数从 2019 年 3 月 28 日早盘 10 点起开始了一波下跌行情，于 3 月 28 日晚盘 21 点走出了曙光初现形态。

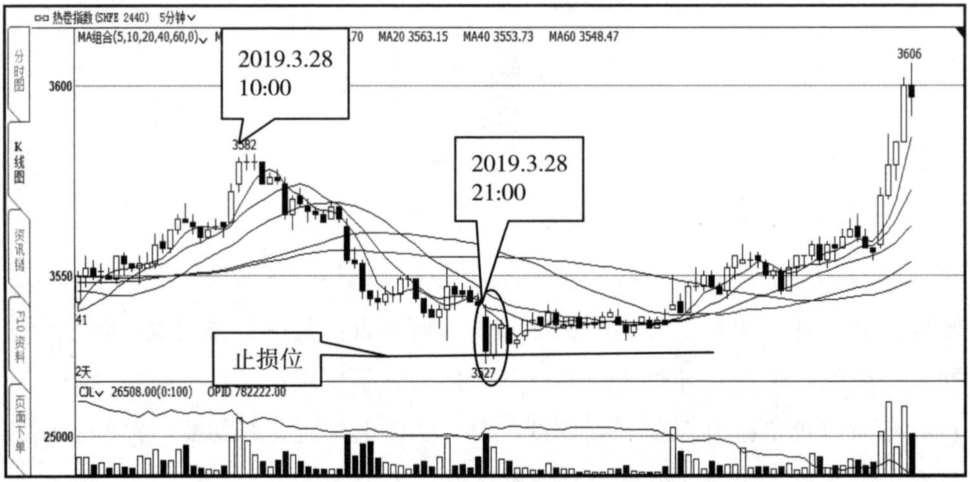

图 6-12　热卷指数 5 分钟 K 线走势图

2019 年 3 月 28 日 21 点，热卷指数 5 分钟 K 线收出一根大阴线，从 K 线形态来说，未来继续走低的可能性很大。其后该指数低开高走，收出一根大阳线，这根阳线不仅成功弥补了之前的低开，还将收盘价定格在了前一交易时段阴线的 1/2 以上位置。这根阳线与前一交易时段的阴线组成了曙光初现形态，预示指数已经实现阶段性沉底。

此时，投资者可以执行看多开仓操作，并将止损位设置在曙光初现形态的最低价。只要价格没有跌破该位置，投资者就可以继续持仓。

五、旭日东升

旭日东升通常出现在一轮显著的下跌行情之后，由一阴一阳两根K线组成。先收出一根大阴线或中阴线，接着又收出一根高开高走的大阳线或中阳线，且这根阳线的收盘价高于前一根阴线的开盘价，如图6-13所示。

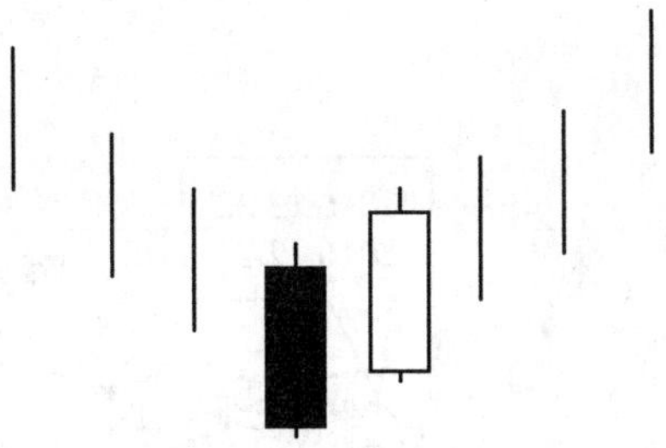

图6-13　旭日东升

市场在前期经历过一段长时间的下跌，第一根阴线是原来下跌趋势的延续，不过这一天空方几乎将能量释放殆尽，只有黑暗过后才有可能旭日东升。第二根高开高走的阳线表示一开盘多方就占据主动，空方因无力抵抗节节败退，最终多方以绝对优势取得胜利。

旭日东升与曙光初现都预示着行情由阴转晴，未来变得更加光明，是较为强势的看涨信号，其操作要点如下。

第一，当在连续下跌之后出现旭日东升形态时，投资者不宜继续看空，而应转变思路，寻找合适的机会逢低买入做多。

第二，如果在旭日东升形态后价格不升反降，则表示形态失败，投资者应以多翻空或看空卖出。

第三，旭日东升形态成立后，投资者可在次日价格突破阳线最高价时执行买入开仓操作。

第四，以旭日东升形态为标准开仓买入合约，应该将该形态第一根阴线的最低价设为止损位。当价格跌破该位置时，投资者应进行止损操作。

第五，旭日东升形态中第二根阳线的实体部分越大，收盘价越高，则后市上涨的力度就越大。收出阳线这一天，如果同时伴随着成交量的放大，则看涨信号更为强烈。

图 6-14 所示为玉米指数的日 K 线走势图。经过一段时间的下跌后，2016年12月22日和12月23日，玉米指数的日K线图上形成了旭日东升形态。

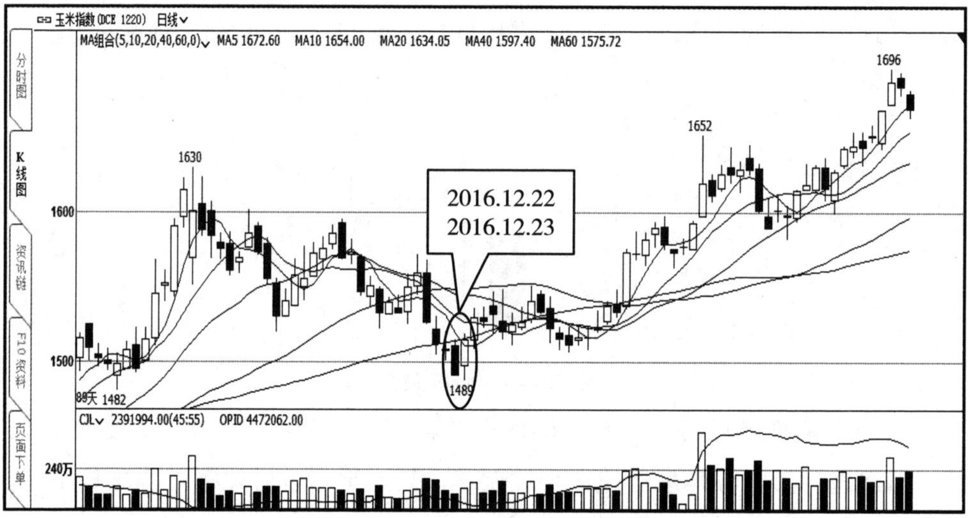

图 6-14 玉米指数日 K 线走势图

2016 年 12 月 22 日，玉米指数平开低走，收出一根大阴线。12 月 23 日，该指数高开高走，收出一根大阳线。这根阳线的收盘价高于前一根阴线的开盘价，形成了旭日东升形态，预示着行情有回暖迹象。

此时，投资者应将看空思维转换成看多思维。激进的投资者可在次日逢低看多开仓，稳健的投资者可在价格突破旭日东升形态大阳线的最高价时买入开仓。

六、乌云盖顶

乌云盖顶一般出现在上涨行情中，由一阳一阴两根 K 线组成。先收出一根大阳线或中阳线，接着又收出一根跳空高开的大阴线或中阴线，这根阴线收盘价所处的位置在前一日阳线实体的中点以下，如图 6-15 所示。

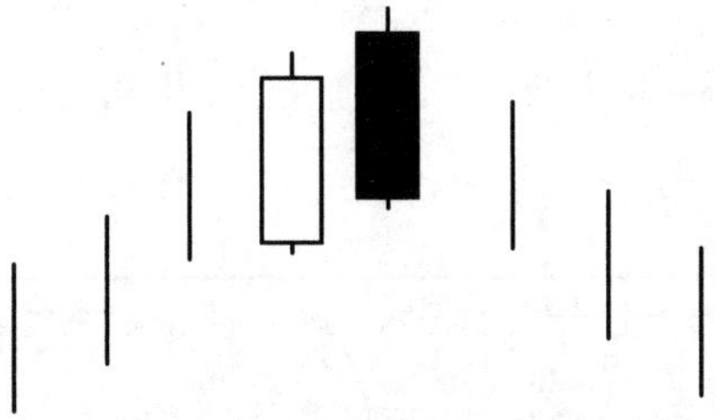

图 6-15　乌云盖顶

乌云盖顶的第一根阳线是原来上涨趋势的延续，第二根阴线表示开盘初始多方仍占据优势，因而开盘价与前一根阳线的收盘价之间有一个跳空缺口。之后空方开始发力，不仅填补了这一跳空缺口，还在收盘时将价格打压至前一日阴线实体 1/2 以下位置，好像要将前一日的阳线覆盖，因而乌云盖顶又称为覆盖线。

乌云盖顶预示着多头强势的格局即将终结，价格见顶回落，属于强烈的看跌信号。

第一，当在连续上涨之后出现乌云盖顶形态时，投资者不宜继续看多，而应提高警惕，适时平仓卖出。

第二，出现乌云盖顶形态后，如果市场马上进入下降通道，往往下跌力度并不大；如果有一个短暂的调整期，则会在蓄势之后爆发出强劲的下跌力量。

第三，乌云盖顶形态中，第二根阴线的实体部分越大，收盘价越低，后市下跌的力度就越大。收出阴线这一天，如果同时伴随着成交量的放大，则进一步证明后市将下跌。

第四，乌云盖顶形态中，第二根阴线的实体部分插入前一日阳线的实体部分一半以上，乌云盖顶形态才有意义。

第五，无论乌云盖顶形态出现在高位还是低位，都是非常危险的信号，投资者应保持警觉，不宜坚守多头思维。不过在低位出现乌云盖顶，极有可能是庄家设的局，投资者还应及时跟踪市场走势，如果发现下跌停滞且有反弹迹象，则可考虑补回。

图 6-16 所示为豆粕指数的日 K 线走势图。豆粕指数经历了一波上涨行情之后，在 2017 年年底进入高位。其后，该指数于 2017 年 12 月 6 日和 12 月 7 日走出了乌云盖顶形态。

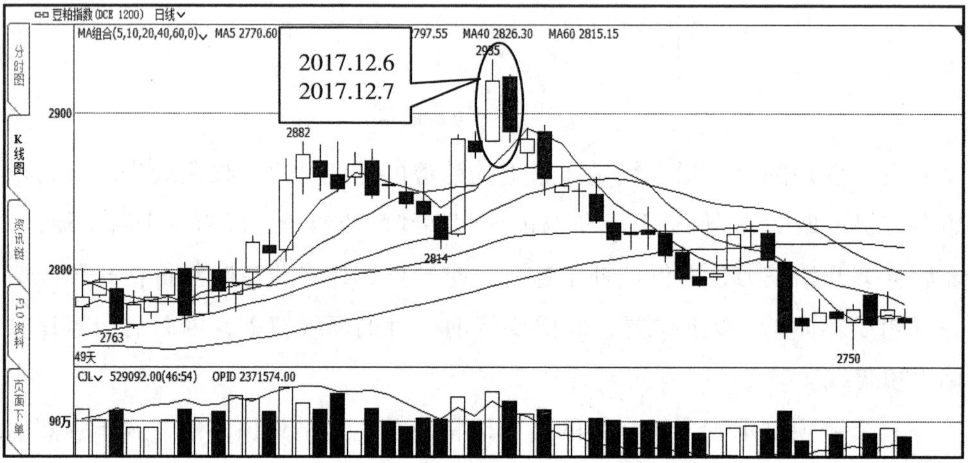

图 6–16 豆粕指数日 K 线走势图

2017 年 12 月 6 日，豆粕指数收出一根大阳线，说明多方仍占据主导地位。12 月 7 日，豆粕指数高开低走，收盘时将指数打压到了前一日的开盘价附近，形成了一根大阴线。这根阴线深入到前一根大阳线实体的 1/2 以下位置，两根 K 线组成了乌云盖顶形态。出现这种形态预示着豆粕行情已经到达阶段性顶部，投资者看到后应该警惕，并考虑将部分多头仓位平仓。

2017 年 12 月 8 日，豆粕指数跳空低开，空方优势更加明显，持有多头仓位的投资者宜立即平仓，空仓投资者可考虑看空开仓。

七、倾盆大雨

倾盆大雨通常出现在一轮显著的上涨行情之后，由一阳一阴两根 K 线组成。先收出一根大阳线或中阳线，接着又收出一根低开低走的大阴线或中阴线，这根阴线的收盘价低于前一根阳线的开盘价，如图 6-17 所示。

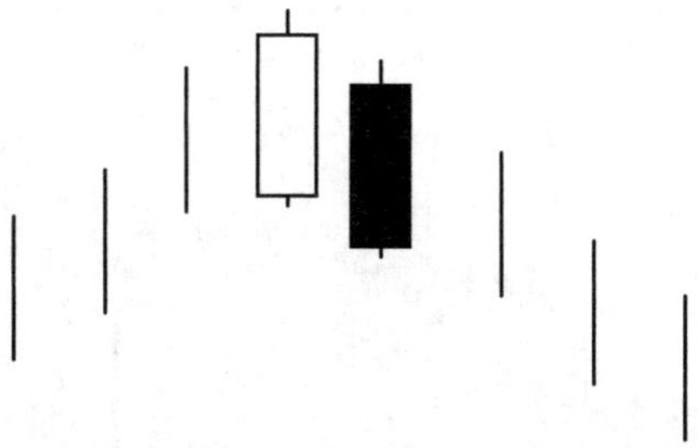

图 6-17　倾盆大雨

倾盆大雨形态的第一根阳线是原来上涨趋势的延续，不过这一天多方几乎将能量消耗殆尽。第二根低开低走的阴线表示一开盘空方就占据主动，多方因无力抵抗节节败退，最终空方以绝对优势取得胜利。

倾盆大雨形态预示着市场价格即将见顶回落，属于强烈的看跌信号。

第一，在连续上涨之后出现倾盆大雨形态时，投资者不宜继续看多，应该提高警惕，适时多头平仓或卖出开仓。

第二，出现倾盆大雨形态后，如果市场马上进入下降通道，往往下跌力度不大；如果有一个短暂的调整期，则在蓄势之后会爆发出强劲的下跌力量。

第三，倾盆大雨形态中，第二根阴线的实体部分越长，收盘价越低，后市下跌的力度就越大。收出阴线这一天，如果同时伴随着成交量的放大，则进一步证明后市将下跌。

第四，倾盆大雨形态出现在高位还是低位，都是非常危险的信号，投资者应保持警觉，持有多头仓位的投资者以出局为宜。

图 6-18 所示为 PVC 指数 15 分钟 K 线走势图。PVC 指数从 2019 年 3 月初开始了一波上涨行情，之后在 2019 年 3 月 7 日 14:30 到 14:45 的 15 分钟 K 线图上走出了倾盆大雨形态。

3 月 7 日 14:30，PVC 指数收出一根大阳线，说明多方仍占据主导地位。其后的 14:45，PVC 指数平开低走，收盘时将指数打压到了前一日的开盘价下方，形成一根大阴线，两根 K 线组成了倾盆大雨形态。出现这种形态预示着 PVC 行情已经到达阶段性顶部，投资者看到后应该保持警觉。

图 6-18　PVC 指数 15 分钟 K 线走势图

其后 PVC 指数跳空低开，空方优势更加明显，持有多头仓位的投资者宜立即平仓，空仓投资者可考虑卖空开仓。

第二节　K 线整理形态

无论是股票投资领域还是期货投资领域，K 线在震荡过程中形成的一些特殊形态，都会对未来市场走势起到一定的预警和指示作用。

一、三角形

三角形整理形态是 K 线整理形态中非常经典的一种，也是出现频率较高的一种。三角形整理形态包括对称三角形、上升三角形和下降三角形三种。三角形的名称已经暗含了市场未来的走势，即当 K 线走出上升三角形整理区域后，继续走高的可能性较大；同理，K 线走出下降三角形整理区域后，继续走低的概率更大。不过，在市场未选择突破方向之前，投资者不要贸然行动，要做的是追随市场而非提前预判市场。也就是说，只有市场选择了突破方向，我们才行动，而不是见到上升三角形就看多开仓，见到下降三角形就看空后市。

1. 对称三角形

对称三角形又叫收敛三角形，可以出现在任何行情中，其形态表现为：市场在一段时间内反复出现震荡整理局面，每次上升的高点都低于前一个高点，每次下降的低点都高于前一个低点，价格波动幅度越来越小。如果将这些高点和低点分别用直线连接，就形成了一个逐渐收敛的三角形，如图 6-19 所示。

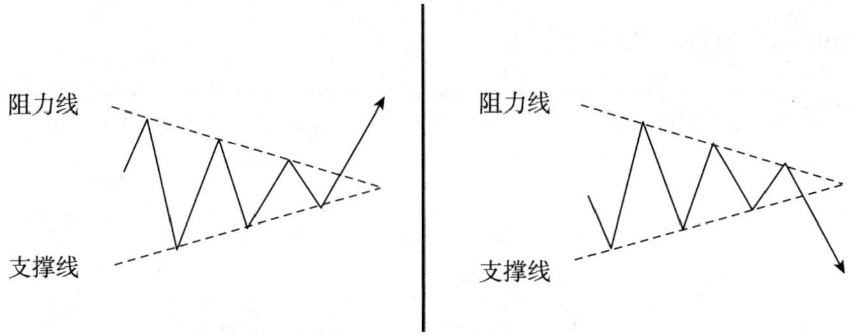

图 6–19　对称三角形

对称三角形有可能出现在大幅上涨后的顶部区域，也有可能出现在深度下跌后的底部区域，但更多的时候，它会出现在上涨或下跌途中，是对前一段行情的一种阶段性整理。

对称三角形是一种整理形态，表示多空双方陷入了僵持局面，后市具有不确定性——既有可能上行，也有可能向下。

第一，对称三角形是一种观望信号，在该形态形成过程中，无论是持仓的投资者还是空仓的投资者，都应该采取冷静观望的态度，不宜盲目操作。

第二，在上涨行情中出现对称三角形形态，价格如突破该形态的上边线，可以考虑做多操作，价格如果跌破该形态的下边线，应该多转空或看空开仓。

第三，在下跌行情中出现对称三角形形态，价格如果跌破该形态的下边线，应该果断卖出开仓，如果冲破该形态的上边线，则不急于看多买入，应该等涨势确立后再买进。

第四，对称三角形如果出现在上涨行情中，那么最终选择向上突破的可能性较大；如果出现在下跌行情中，那么最终选择向下突破的可能性较大。

第五，对称三角形完成后，如果价格向上突破，则必须伴随着成交量的放大，否则有可能是假突破。如果价格向下突破，成交量可能略微放大，但如果放出巨量，则极有可能是主力的洗盘动作，投资者应多加小心，谨防上当。

图 6-20 所示为豆一指数的日 K 线走势图。在 2016 年 5 月到 10 月，豆一指数走出了对称三角形形态。

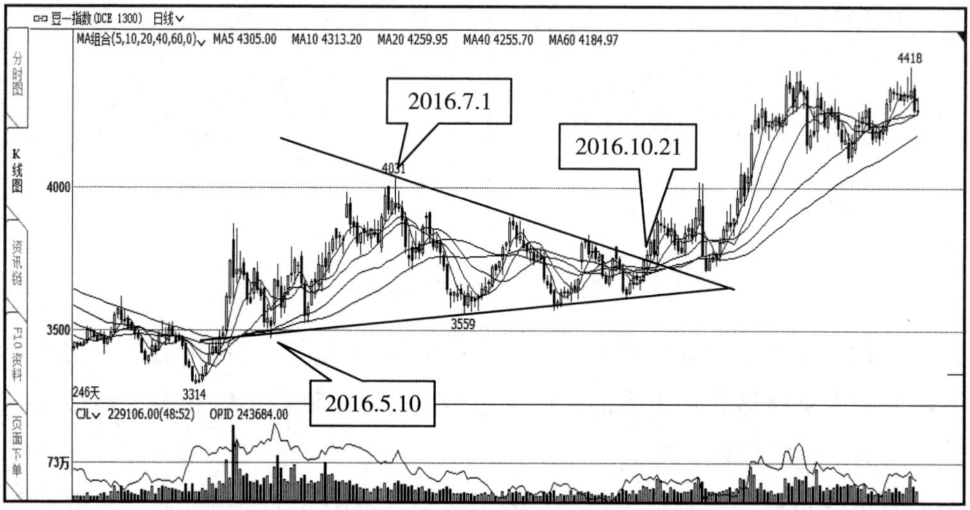

图 6-20　豆一指数日 K 线走势图

2016 年 5 月初，处于震荡上升途中的豆一指数开始横向震荡。在波动中，上涨的高点逐渐降低，下降的低点逐渐升高，呈现收敛三角形形状，且成交量有减少趋势，说明多空双方势均力敌，但力量均消耗严重，后市具有不确定性。

这一整理走势持续了很长时间，2016 年 10 月 21 日，该股以一根高开高走的阳线向上突破了收敛三角形的上边线，预示着市场将会重新回到多头主导的轨道上来。看到这一信号，持有多头仓位的投资者可继续持仓，持有空头仓位的投资者则宜平仓或执行空翻多操作。

随后，豆一指数的价格出现了一波上涨行情。

2. 上升三角形

上升三角形通常出现在上涨途中或下跌末期，该形态的特征为：在反复震荡过程中，价格每次上涨的高点基本处于同一水平位置，每次回落的低点却不断上移。随着形态的发展，价格波动幅度越来越小，即高点和低点逐渐靠拢。如果将这些高点和低点分别用直线连接，就形成了一个向上倾斜的三角形，如图 6-21 所示。

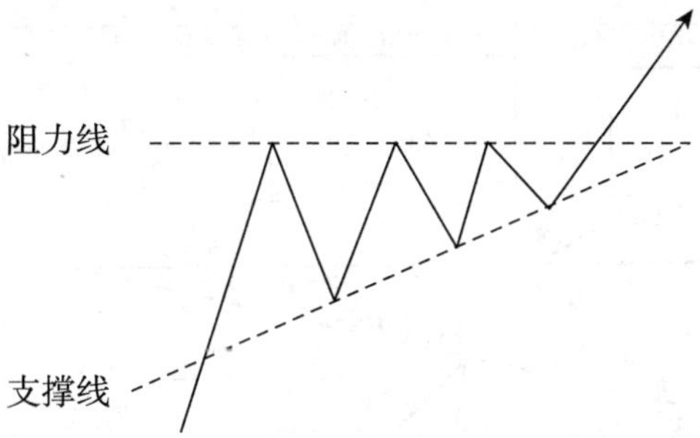

图 6-21　上升三角形

上升三角形是一种常见的整理形态，出现该形态说明多方力量在不断加强，空方力量在逐渐衰弱，预示着市场有可能进入多头行情。

第一，在上涨行情中出现上升三角形，通常是中继信号；在下跌行情中出现上升三角形，则具有一定的转势意味。因此，在上涨行情中出现上升三角形，一旦价格放量突破上升三角形的上边线，投资者就可以果断做多。

第二，上升三角形的上边线一开始是阻力线，被突破后就变成了支撑线。因此，参照形态买入开仓的投资者，应将止损位定在上升三角形的上边线。

第三，在上升三角形的形成过程中，成交量通常会不断萎缩；向上突破时，成交量明显放大。在突破时，如果没有成交量的配合，那么看涨信号的可靠性将减弱，投资者最好先观望。

第四，一般情况下，上升三角形高点与低点之间的最大垂直距离越大，后市上涨的空间也会越大。

第五，上升三角形完成时间不应过长，也不应在三角形顶点处才突破，否则，价格突破后的上升空间十分有限，甚至可能演化成横盘整理走势。

第六，上升三角形绝大多数情况下是向上突破的，但少数情况也可能会跌破支撑位。一旦向下破位，后期跌幅较大。

第七，当在高价位区域出现上升三角形，价格却迟迟不能突破上边线，走势极有可能演变成M顶或三重顶等顶部三角形形态，这时投资者应做空。

图6-22所示为郑棉指数1小时K线走势图，2018年5月21日到5月28日，K线图上出现了上升三角形形态。

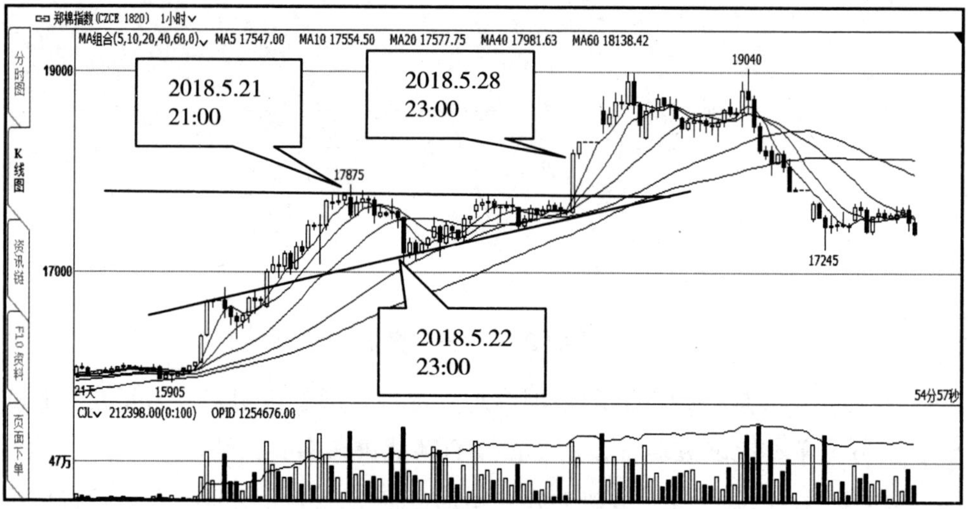

图6-22　郑棉指数1小时K线图

2018年5月中下旬，处于上涨途中的郑棉指数开始了横盘整理行情，上涨到某一位置时遇到巨大阻力，形成一条水平阻力线；回落的低点呈现逐渐升高趋势，将它们连起来近似一条向上的斜线。从形态上看，具有形成上升三角形的潜质。

2018年5月28日23:00，郑棉指数开盘后不久就放量拉升，当突破三角形上边线时，投资者应果断买入开仓。次日，该指数在前一日大阳线的基础上跳空高开，盘中虽有回调，但很快重归上涨通道，此时投资者可以加仓买入。

3. 下降三角形

下降三角形通常出现在下跌途中或上涨末期，该形态的特征为：价格在反复震荡过程中，每次下跌的低点基本处于同一水平线，每次反弹的高点却不断下移。随着形态的发展，价格波动幅度越来越小，即高点和低点逐渐靠拢。如果将这些高点和低点分别用直线连接，就形成一个向下倾斜的三角形，如图 6-23 所示。

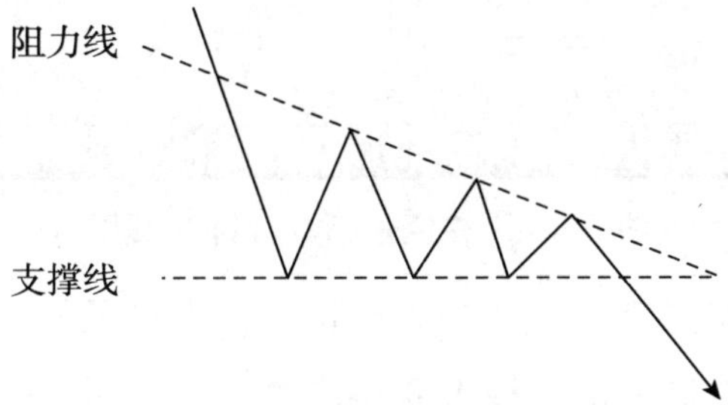

图 6-23　下降三角形

下降三角形是一种常见的整理形态，出现该形态说明空方力量不断加强，多方力量逐渐衰弱，预示市场可能进入空头行情。

第一，在下跌行情中出现下降三角形，通常是中继信号；在上涨行情中出现，则具有一定的转势意味。因此，在下跌行情中出现下降三角形，一旦价格跌破下降三角形的下边线，投资者就应该坚决做空。

第二，下降三角形的下边线一开始是支撑线，被突破后会变成阻力线。之后价格一旦上升到该线附近，便有可能遇阻回落。

第三，在下降三角形形成过程中，成交量通常不会极度萎缩，有时候甚至会出现量价背离。向下突破时，成交量也不会有太大的变化。

第四，一般情况下，下降三角形高点与低点之间的最大垂直距离越大，后市下跌的空间也越大。

第五，下降三角形绝大多数情况下是向下突破的，但也有例外。

图 6-24 所示为棕榈油指 5 分钟 K 线走势图。自 2019 年 2 月中旬起，棕

榈油指在创下一个阶段高点后进入下行通道，出现了下降三角形形态。

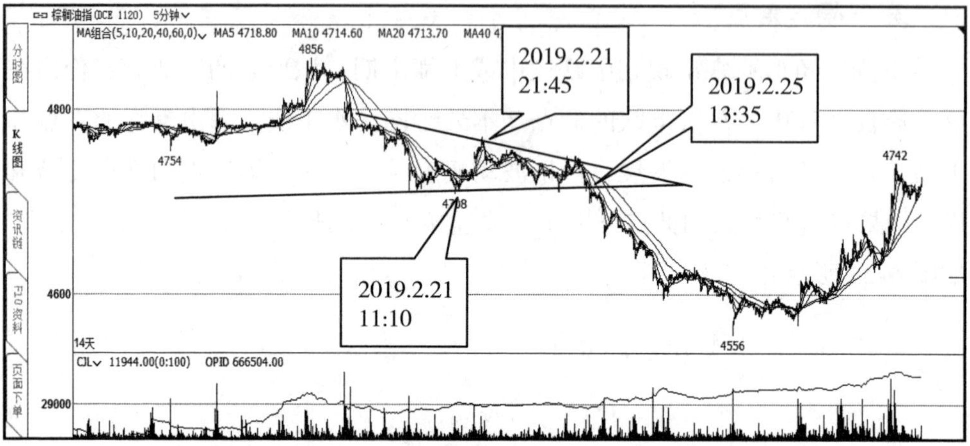

图 6-24　棕榈油指 5 分钟 K 线图

形成下降三角形形态的过程中，棕榈油指走出了震荡下跌行情。在反复震荡过程中，几乎在同一趋势线上获得支撑，反弹形成的高点却越来越低，说明多方已经有些力不从心了。

2019 年 2 月 25 日 13:35，棕榈油指跌破了下降三角形的下边线（支撑线），预示着指数将继续下跌之路，投资者应考虑加大做空力度。其后，该指数虽有反弹，但反弹高点在距离三角形下边线较远位置就开始下跌，说明空头极为强势，投资者宜积极做空。

二、旗形

旗形是期货合约价格运行过程中经常出现的一种 K 线整理形态。旗形形态分为上升旗形和下降旗形。大多数情况下，出现上升旗形后，价格继续走高的概率较大；出现下降旗形后，价格更容易走低。不过，市场永远都是多变的，在价格没有选定突破方向之前，投资者不应贸然行动。

1. 上升旗形

上升旗形通常出现在一段上涨行情后，该形态表现为：价格在上升过程中出现了一小段震荡下跌行情，如果将下跌低点和回升高点分别用直线连接起来，就形成了两条向下倾斜的平行线，看上去就像一面迎风飘扬的旗帜，如图 6-25 所示。

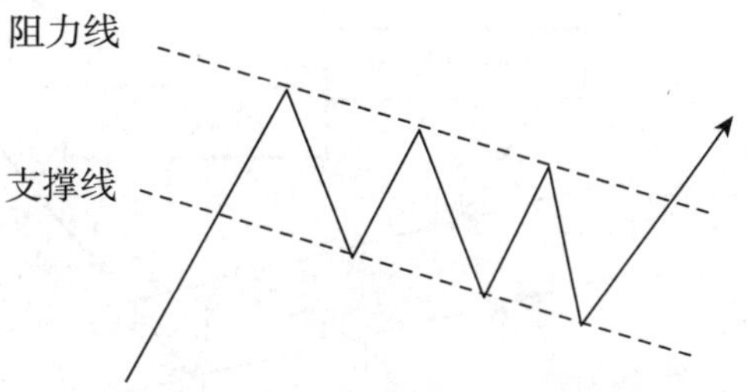

图 6–25　上升旗形

出现上升旗形，通常表示市场经过一段时间的调整后会重回升势，不过，投资者还需要注意以下几个方面。

第一，市场在快速上涨后出现上升旗形，且成交量逐渐萎缩，投资者则不宜看空，以观望为佳。

第二，价格突破上升旗形的上边线时，表示市场已经整理完毕，将继续上涨。这时投资者应该把握买入机会，做多开仓。

第三，看多开仓的投资者，应该将止损位设在上升旗形的上边线。当价格跌破这一位置应果断止损。

第四，上升旗形必须出现在一段快速上涨行情之后才有意义，在下跌行情中出现倾斜向下的平行四边形不能看作上升旗形。

第五，从价格开始大幅上涨（旗杆的形成点）到旗杆顶点之间的垂直距离越大，后市的上涨幅度也越大。这一距离也是上升旗形理论上的最小升幅。

第六，如果期货合约的价格走势形成了上升旗形，但成交量没有减少，而是呈不规则状甚至是放大趋势，则暗示市场悄然间发生了变化，行情可能向下突破。这时，投资者应暂时看空。

图 6-26 所示为豆二指数的日 K 线走势图。2009 年 12 月到 2010 年 7 月，豆二指数在日 K 线图上出现了上升旗形形态。

2009 年下半年，豆二指数经过一段时间的震荡上升后开始了加速上涨。12 月 15 日，该指数收出一根带长上影线的小阴线，随后价格掉头向下，这一天的最高价也成为该指数走势的短期高点。

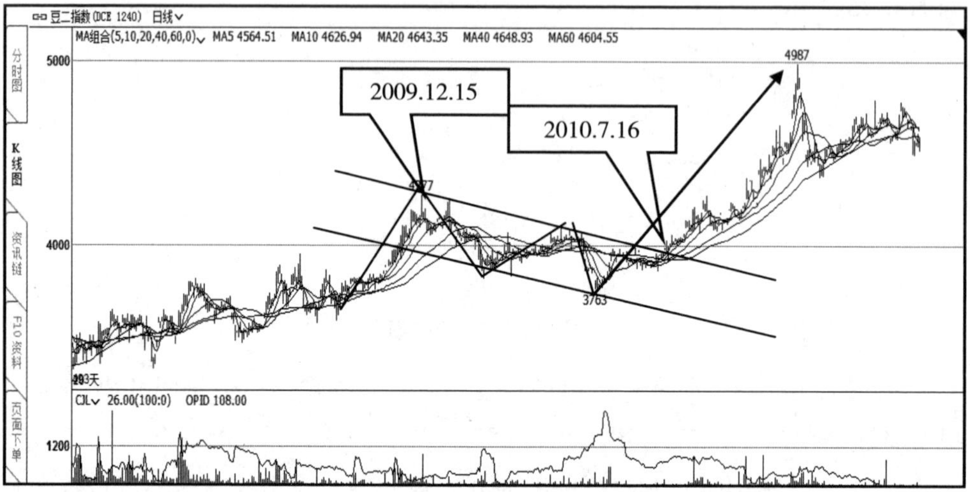

图 6–26　豆二指数日 K 线走势图

由此开始，豆二指数走出了一段震荡下跌走势，成交量逐渐萎缩。将指数逐渐下降的高点和低点分别相连，形成一个向下倾斜的平行四边形。这是典型的上升旗形形态，预示后市将会上涨。

2010 年 7 月 16 日，该指数成功突破上升旗形的上边线，上升旗形构筑完成，投资者可以在当日做多开仓。此后，该指数一路震荡上扬。

2. 下降旗形

下降旗形通常出现在一段下跌行情之后，该形态表现为：价格在下跌过程中出现了一小段反弹行情，如果将反弹高点和回落低点分别用直线连接起来，就形成两条向上倾斜的平行线，看上去像一面倒置的旗帜，如图 6-27 所示。

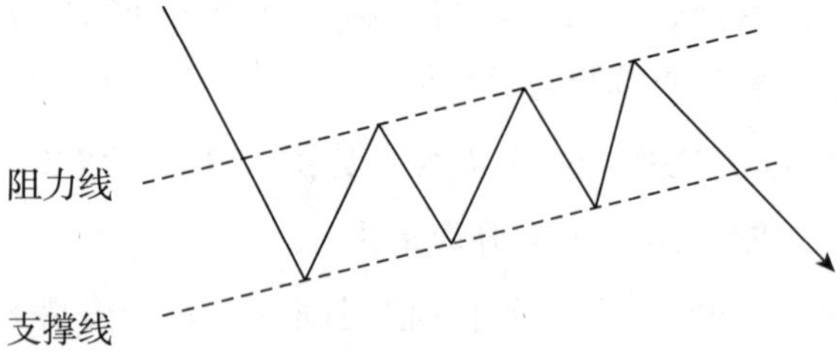

图 6–27　下降旗形

出现下降旗形后，一般向下突破居多，极少向上突破。因此，下降旗形通常被认为是下跌中继形态，可以看作下跌途中的一次抵抗性调整。

第一，在快速下跌后出现下降旗形，后市下跌的可能性很大，持有空头仓位的投资者宜继续持仓，持有多头仓位的投资者则应逢高平仓。

第二，价格跌破下降旗形的下边线时，表示市场已经整理完毕，将继续下跌。这时，持有多头仓位的投资者应该尽快平仓以减少损失。

第三，下降旗形必须出现在一段快速下跌行情之后才有意义，上涨行情中出现向上倾斜的平行四边形不能当作下降旗形来看待。

第四，从价格开始大幅下跌（旗杆的形成点）到旗杆的顶点之间的垂直距离越大，后市下跌的幅度也就越大。这一距离也是下降旗形理论上的最小跌幅。

第五，一般情况下，下降旗形在开始形成时成交量会有所放大，但在形成过程中会出现量价背离，即成交量没有随着价格的上升而放大。如果投资者在下降旗形快要形成前看到成交量突然放大，就要警惕是否出现反转。

图 6-28 所示为玻璃指数 15 分钟 K 线走势图。2019 年 2 月，K 线图上出现了下降旗形形态。

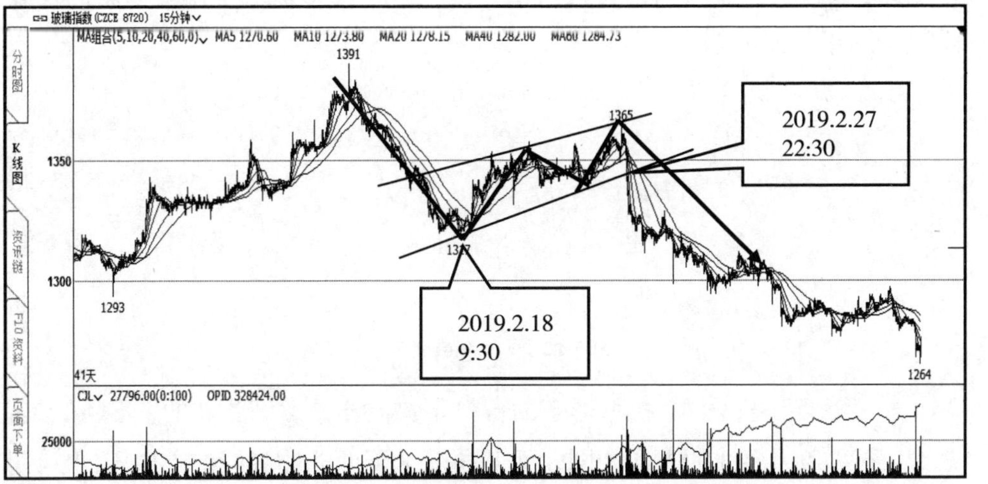

图 6–28　玻璃指数 15 分钟 K 线走势图

2019 年 2 月中旬，玻璃指数触顶后经过一波调整开始加速下跌。2 月 18 日开盘后，该指数触底反弹，这一日的最低价也成为该股走势的短期低点。

随后，该股开始了一波震荡上涨行情。将其逐渐升高的高点和低点分别连接，形成一个向上倾斜的平行四边形，这是典型的下降旗形形态。这时，投资者应保持理智，不要盲目做多。

2019 年 2 月 27 日晚 22:30，玻璃指数的价格延续了之前的跌势，快速跌破了上升旗形的整理区域，投资者宜立即采取多翻空或看空开仓操作。此后，该指数一路下跌。

三、楔形

楔形是一种性质与旗形相似，形态也与旗形相似的 K 线整理形态。出现楔形，往往是市场上多空双方争斗的结果，是市场即将选择突破方向时所呈现的一种形态。楔形包括上升楔形和下降楔形。

1. 上升楔形

上升楔形又称上倾楔形，通常出现在下跌行情中，该形态表现为：价格下跌过程中出现了一小段向上的震荡整理行情，将反弹高点和回落低点分别用直线相连，两条直线方向相同且呈收敛状，从而形成一个向上倾斜的楔子形态，如图 6-29 所示。

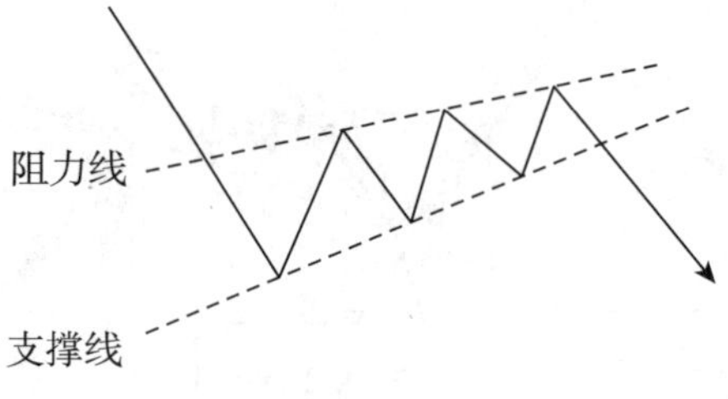

图 6–29　上升楔形

与三角形形态一样，楔形形态的价格走势同样是逐渐收敛的，不同的是，楔形上下两条边界线的方向相同，而三角形上下两条边界线的方向不同。

在下跌行情中出现上升楔形，大多是持有多头仓位的投资者补仓或抢反弹者入场所致，一般不会改变下跌趋势，因此，该形态通常表现为下跌中继信号。

第一，在形成上升楔形的前半段，投资者可以按照楔形的上下边线进行高抛低吸操作，即在价格跌到下边线时买入开仓，等到价格涨到上边线时再卖出平仓。但是到了后半段，价格波动幅度已经很小，这时投资者最好不要进行波段操作。

第二，价格逐渐接近顶点时，如果成交量越来越少，这种价升量减的背离现象说明上涨势头不会持久，看到这种情形，持有多头仓位的投资者宜立即平仓。

第三，当价格跌破上升楔形的下边线时，表明上升楔形正式完成，持有多头头寸的投资者应尽快平仓。

第四，上升楔形在形成过程中，成交量一般会持续萎缩。在向下突破时，可能会有成交量的配合，也可能没有。在价格上升的过程中，如果成交量持续放大，则不能看作是上升楔形，应该视为反转形态。

图 6-30 所示为豆二指数 15 分钟 K 线走势图。

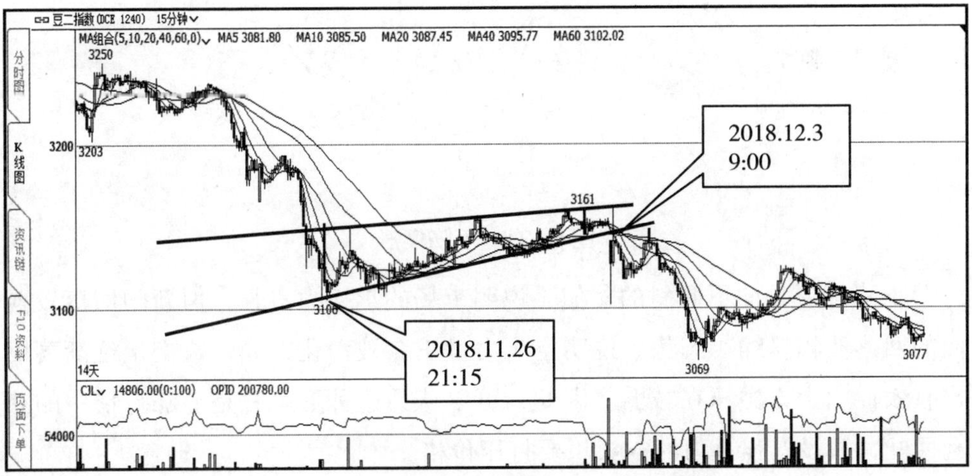

图 6–30　豆二指数 15 分钟 K 线走势图

2018 年 11 ~ 12 月，豆二指数的 15 分钟 K 线图上出现了上升楔形形态。

2018 年 10 月，豆二指数开启一波下跌行情。11 月 26 日 21:15，该指数收出一根带下影线的阴线，然后指数开始了整理行情。在波动中，该指数反弹的高点和回落的低点都有逐渐上升的趋势，且高点的连线和低点的连线呈收敛状，形成一个上升楔形形态。

这一上升楔形的下边线比上边线更倾斜，且形态形成过程中成交量一直维持在较低水平。

2018 年 12 月 3 日早盘开盘后，该指数直接向下跳空开盘，并收盘于上升楔形下轨线的下方，说明之前的震荡上升纯属主力的诱多行为，投资者宜立即切换至空方思维，积极进行卖空操作。

2. 下降楔形

下降楔形又称下倾楔形，通常出现在上涨行情中，该形态表现为：在价格上升过程中出现了一小段向下的震荡整理行情，将反弹高点和回落低点分别用直线相连，两条直线方向相同且呈收敛状，从而形成一个向下倾斜的楔子形态，如图 6-31 所示。

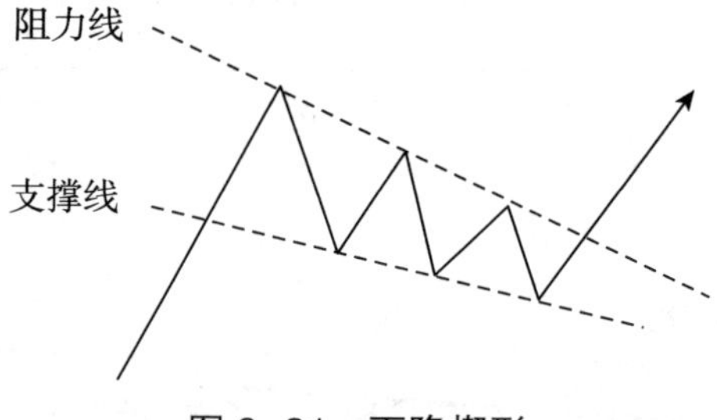

图 6–31　下降楔形

下降楔形是向下倾斜的，似乎说明市场的承接力不强，但新的回落较前面的回落波幅呈缩小态势，说明空头力量正在被消化，同时成交量逐渐萎缩也有效证明上方抛压在减弱。因此，可以认为这种形态只是上涨行情中的获利回吐，并没有强有力的空头想要打压价格。

在实战中，投资者还需注意以下几点。

第一，形成下降楔形的前半段，投资者可以按照楔形的上下边线进行波段操作，即在价格涨到上边线时卖出开仓或平仓，等价格跌到下边线时再买入开仓。但是到了后半段,波动幅度已经很小,投资者就必须坚定持仓不动了。

第二，在下降楔形的后半段，也就是形态快要完成之前，投资者无论是持有空头仓位还是多头仓位，都应该保持观望，不要轻举妄动。之后，一旦发现价格向上突破下降楔形的上边线，投资者便可以积极做多。

第三，下降楔形形成过程中，成交量一般会呈持续萎缩态势。但是在突破上涨时，应该有成交量的放量配合，否则会影响看涨信号的可靠性。

图 6-32 所示为白糖指数 1 小时 K 线走势图。2019 年 2 ~ 4 月，白糖指数 1 小时 K 线图上出现了下降楔形形态。

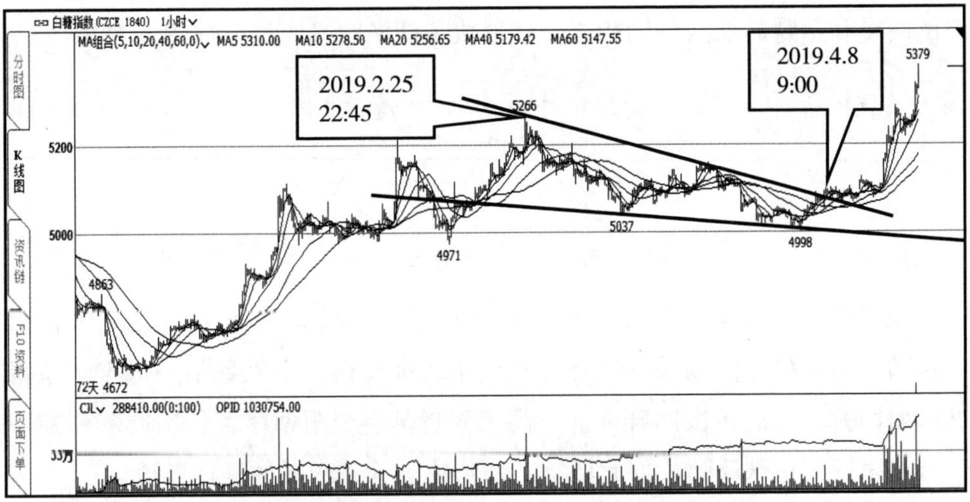

图 6–32 白糖指数 1 小时 K 线走势图

2019 年 2 月 25 日 22:45，处于上涨行情中的白糖指数在前一交易日大幅上升的前提下高开高走，但盘中遭到空头打压，在 K 线图上留下一根带上下影线的阴线，说明多方力量有所欠缺。

此后，该指数开始了整理走势。在波动中，指数反弹的高点和回落的低点都有逐渐下降的趋势，且高点的连线和低点的连线呈收敛状，从而形成一个下降楔形形态。

下降楔形的下边线比上边线更趋于水平，且在形态形成过程中成交量逐渐萎缩，因而可以认为下方存在较强的支撑，价格很可能在调整结束后重回上升轨道。这时，多头持仓的投资者不宜平仓。

2019 年 4 月 8 日早盘开盘后，该指数突破下降楔形的上边线，持有多头仓位的投资者可考虑加仓，持有空头仓位的投资者宜进行空翻多或平仓操作。之后，该指数出现了短期横向移动，没有回抽。经过短暂调整后，该指数重新进入快速上升通道。

四、矩形

矩形整理又称箱型整理，是股市、期市等投资市场中典型的整理形态，可以出现在任何行情中。该形态表现为：价格在一定的区间上下波动，将上涨的高点和下跌的低点分别相连，就形成了两条水平直线，如图 6-33 所示。

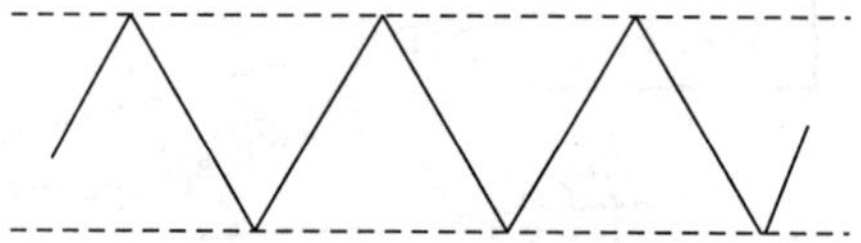

图 6-33　矩形整理

矩形整理经历了这样的过程：价格在上涨或下跌了一段时间之后开始横向移动。当价格上涨到某一高点时遇到阻力而回落，下跌到某一低点时获得支撑而回升，然后每次回升到前一高点附近都会受阻回落，每次回落到前一个低点附近又止跌反弹，如此反复，便形成了一条水平的整理通道。

矩形是一种冲突均衡整理形态，显示多空双方虽然互不相让，你争我夺，但是由于双方实力相当，所以基本在这一范围内达到均衡。

出现矩形整理形态，表示多空双方在战斗中互有胜负，保持着势均力敌的僵持局面。如果某一方力量削弱，另一方力量加强，这种僵局便会被打破。

第一，绝大多数情况下，矩形表现为一种中继形态，表示价格经过整理后，仍然会按照原来的趋势运行。但是矩形整理后，投资者仍需要根据价格的历史走势和其他技术指标来判断是否有演变成反转形态的可能。

第二，当矩形整理形态出现在深跌之后的低价位区域，通常表现为反转形态，是潜伏底的变形。

第三，在矩形整理没有形成有效突破之前，如果矩形的上下边线距离较远，那么投资者可以在前期采取波段交易策略。如果矩形的波动幅度较小，投资者最好保持观望。

第四，经过一段时间的横向整理后，当价格向上有效突破矩形的上边线时，表示多方开始占据优势，投资者可以考虑做多，并将止损位设在矩形的上边线上。当价格向下有效突破矩形的下边线时，表示空方开始占据优势，投资者应该考虑做空。

第五，在矩形整理形成的过程中，成交量应该不断减少。特别是从高点回落时，成交量必须呈现逐渐萎缩状态。

第六，价格向上突破矩形的上边线时，必须伴随成交量的放大才有意义。向下突破时，则不必有成交量的配合。

图 6-34 所示为白糖指数日 K 线走势图。2017 年 7 月至 2018 年 1 月，白糖指数的日 K 线图上出现了矩形整理形态。

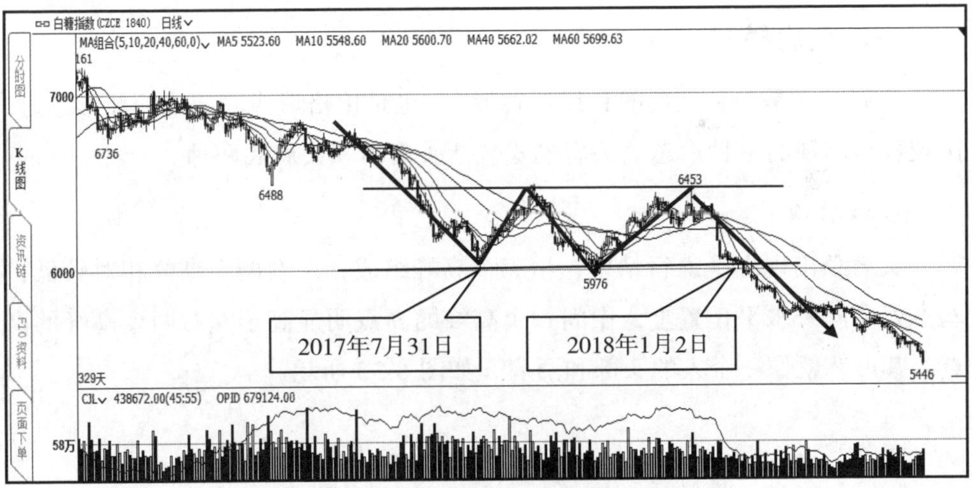

图 6-34　白糖指数日 K 线走势图

2017 年 7 月 31 日，处于下跌趋势中的白糖指数收出一根带下影线的阴线，这天的最低价也成为短期内的一个低点。之后该股开始反弹，并在前期密集成交区受到阻力而回落，从而形成一个短期高点。然后价格便一直在高点和低点之间的水平通道中运行，形成矩形整理走势。

2018 年 1 月 2 日，该指数向下跌破矩形的下边线，此时投资者可以积极做空。此后，该指数一路向下运行。

第三节　K 线顶部与底部形态

物极必反，盛极而衰。市场经历了一段时间的上涨或下跌后，往往会朝着相反方向运行。但市场在转向过程中，从来不会提前告诉投资者。通过 K 线图走势，投资者能够观察到一些蛛丝马迹。价格在形成顶部或底部时，K 线有时可能会形成特定的顶部或底部形态，如头肩顶、双底等。通过这些特殊的形态，就能比较容易地把握价格运动的方向，进而采取有利于自己的交易行动。

一、头肩模式

头肩模式是一种经典的 K 线反转形态，也是价格形成底部或顶部形态时，比较容易出现的一种形态。头肩模式包括头肩顶和头肩底两种。

1. 头肩顶

头肩顶出现在上涨行情中，由三个高峰组成，左右两个高峰相对较低，基本处在同一水平位置上，中间一个高峰的高点明显高于左右两个高峰的高点，其形态就像一个人的头部和两肩，如图 6-35 所示。

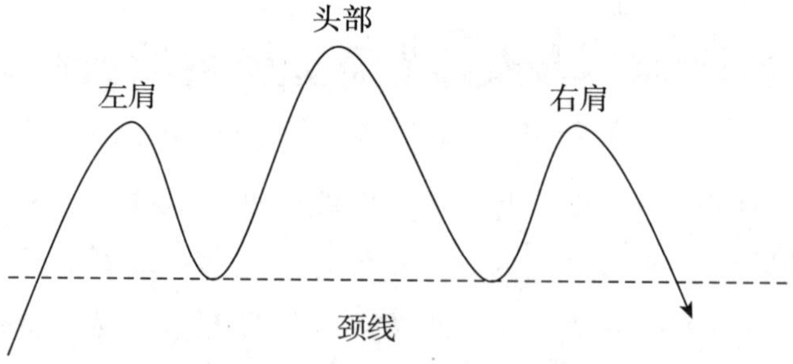

图 6–35　头肩顶

头肩顶形态的形成过程是：价格上涨到一定高度后开始回落，当下降到一定程度后又出现反弹，形成左肩；接着再度上冲创出新高后回落，构筑头部；之后又下跌到前一次回调的位置附近再次向上，这次回升的高点低于头部高点，形成右肩。在两次回调的过程中，价格基本在同一价位受到支撑，这个价位上的直线就是颈线。

头肩顶形态是一种较为强烈的反转形态，表示多方力量不断被消耗，空方逐渐占据主动。

第一，头肩顶形态是较为可靠的熊市信号，此形态出现之后，常常会出现一波较为显著的下跌行情。投资者看到头肩顶形态后，应果断做空。

第二，如果第二个高点的成交量较第一个高点大幅缩减，暗示出现头肩顶的可能性很大，先知先觉的投资者可以在形成右肩的过程中做空卖出开仓或多头平仓。

第三，当价格跌破支撑线（颈线）位置，表示头肩顶形态构筑完成，这是头肩顶形态第一个较为明确的做空信号。如果颈线向下倾斜，后市下跌的可能性更大，投资者更应该做空。

第四，价格完成向下突破后，原来的支撑位就变成了阻力位。当价格上升到这一位置时，投资者应加倍小心。

第五，成交量是研判头肩顶形态信号强弱的一个重要指标。在形成左肩和头部的过程中，如果成交量显著放大，在冲破颈线形成右肩的过程中成交量却出现萎缩，说明看跌信号的可靠性更高。

第六，头肩顶形态可能演变成多个头部或多个肩部形态，但是其基本的技术含义并没有改变，不影响作为头肩顶形态进行研判。

图 6-36 所示为豆粕指数的日 K 线走势图。2016 年 6 ~ 7 月，豆粕指数日 K 线走势图上出现了头肩顶形态。

2016 年 4 月上旬，豆粕指数经过剧烈的震荡整理后，重新开启了上涨行情。

2016 年 6 月 13 日，该指数到达相对高点后回落，从而形成了头肩顶的左肩。

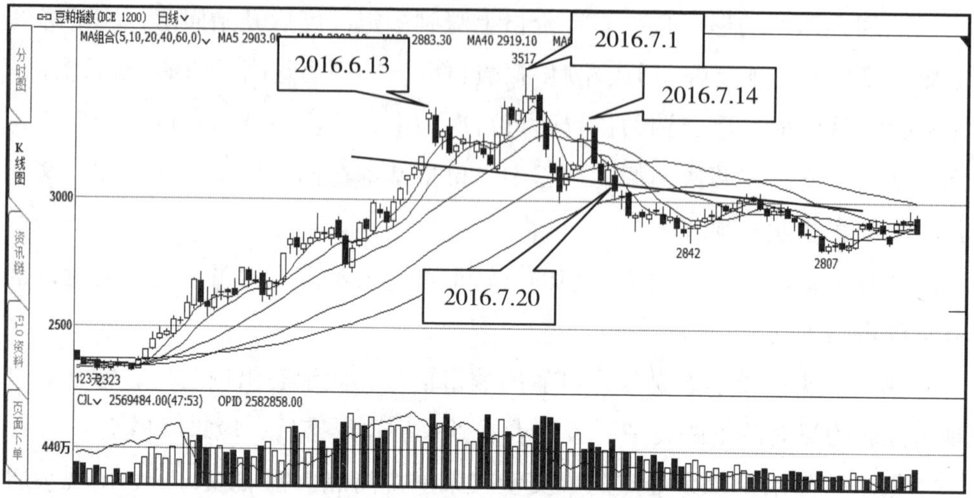

图 6-36　豆粕指数日 K 线走势图

经过几个交易日的短暂回调后，该指数再次上冲并于 7 月 1 日创出 3517 点的新高，之后价格又一次回落，从而形成头肩顶形态的头部。其后，该指数再次出现反弹走势，不过这次反弹仍然乏力。7 月 14 日，该指数再次从高点回落。这时，拥有丰富经验的投资者已经能够研判出豆粕指数走势可能出现头肩顶形态，因此可能在右肩形成过程中做空开仓。

2016 年 7 月 20 日，豆粕指数跌破支撑线（颈线），至此，头肩顶形态构筑完成，投资者应果断做空。

2. 头肩底

头肩底出现在下跌行情中，由三个低谷组成，左右两个低谷相对较浅，基本处在同一水平位置，中间一个低谷的低点明显低于左右两个低谷的低点，其形态就像一个倒立的人的头部和两肩，如图 6-37 所示。

头肩底形态的形成过程是：价格下跌到一定幅度后开始反弹，当达到一定高度后出现回落，形成左肩；继续下跌创出新低后回升，构筑头部；之后又上涨到前一次反弹高点附近再次回调，这次回调的低点高于头部的低点，形成右肩。在两次反弹过程中，价格基本在同一价位受阻回落，这个价位上的直线就是颈线。

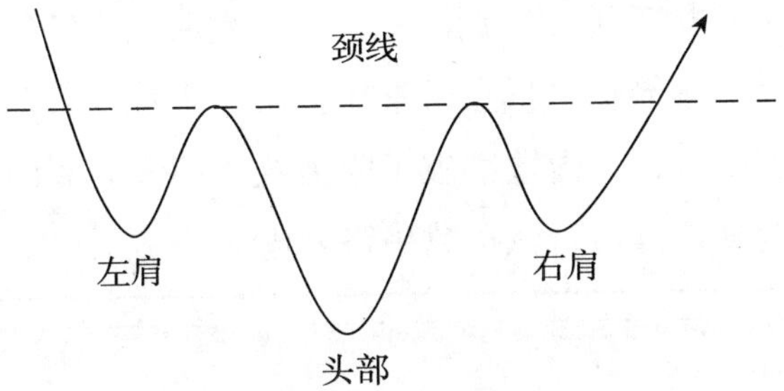

图 6–37　头肩底

头肩底形态是一种较为强烈的反转形态，表示空方力量被不断消耗，多方重新焕发生机。

第一，头肩底形态是较为可靠的牛市信号，此形态出现之后，常常会有一波较为可观的上涨行情。投资者看到头肩底形态后，应果断做多开仓。

第二，当价格冲破阻力线（颈线）位置，表示头肩底形态构筑完成，这是头肩底形态的第一个多头信号。在突破颈线时，必须要有成交量激增的配合，否则可能是一个假突破。但是如果在突破后成交量逐渐增加，形态也可确认。

第三，价格向上突破后，原来的阻力位变成了支撑位。参照头肩底形态买入开仓的投资者，应将止损位设在头肩底的颈线位置上。

第四，成交量是研判头肩底形态信号强弱的一个重要指标。如果在形成左肩和头部的过程中成交量极度萎缩，在冲破颈线形成右肩的过程中成交量却显著放大，说明多头信号的可靠性更高。

图 6-38 所示为沪铝指数的日 K 线走势图。2015 年 10 月至 2016 年 2 月，沪铝指数日 K 线走势图出现了头肩底形态。

2015 年下半年，沪铝指数进入下跌行情。

2015 年 10 月 29 日，沪铝指数触及第一个低点后开始向上反弹，从而形成头肩底的左肩。

经过几个交易日的短暂反弹后，沪铝指数又出现下跌。2015 年 11 月 24 日，该指数创出近段时间的最低点，然后触底反弹，形成头部。其后，该指数经历了一波上升行情后再度回调。不过，这次回调力度明显较小。该指数在 2016 年 1 月 13 日触及回调低点后重新上攻，从而形成头肩底的右肩。

2016 年 2 月 22 日，该指数突破了阻力线（即头肩底的颈线），至此，头肩底形态构筑完成。其后，该指数一路上攻。

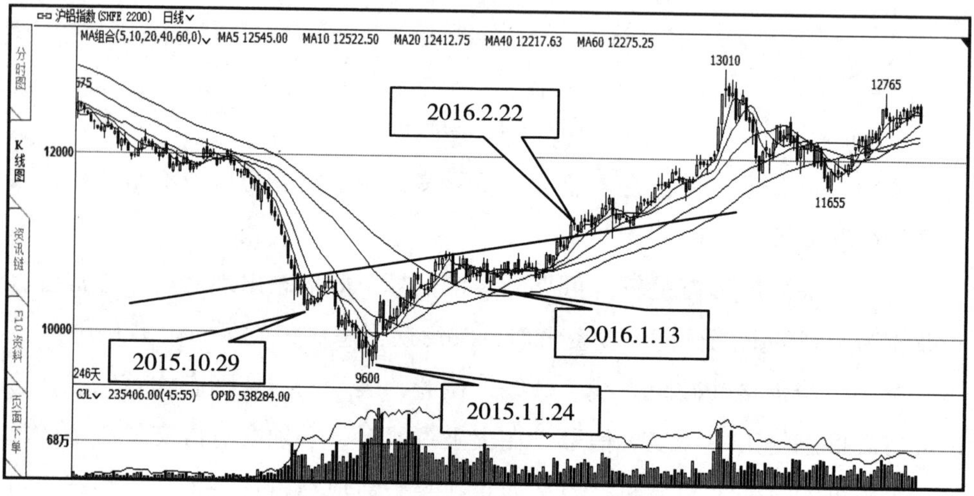

图 6-38　沪铝指数日 K 线走势图

二、V 形顶底模式

V 形顶底是一种常见的顶底模式。这种模式会在一波快速上升或下跌行情中出现，价格运动方向直接发生反转，没有给投资者任何缓冲的空间。

1.V 形底

V 形底又称尖底，出现在一段下跌行情的末尾。其形态表现为：价格先经过一段快速下跌行情，下跌到一定幅度后掉头向上，又开始了一段快速上涨行情，从而形成一个形状像英文字母 V 的底部走势，如图 6-39 所示。

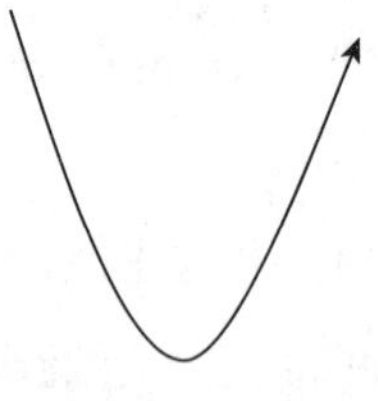
图 6-39　V 形底

V 形底可谓神出鬼没，虽然极为常见，却是最难判断的一种底部形态。该形态的形成过程是：一开始空方力量很强，同时引发恐慌性抛盘，使价格连续下挫。当空方力量得以充分释放后，盘面变得轻盈了许多，成交量也萎缩到了极点，这时多方开始发力，并完全控制了市场，从而使价格一路回升，迅速收复失地。

出现 V 形底往往源于突发性的利好消息，因而对其进行判断也较为困难。但不可否认的是，它是一个较为强烈的底部信号，投资者需要高度关注并有效把握。

第一，当价格已经下跌一段时间后出现 V 形底形态，则反转信号的可靠性较高，投资者可以在底部放量反弹时积极做多买进，但要控制好仓位。

第二，在 V 形底形成过程中，价格上涨的同时会伴随着成交量的明显放大。成交量越大，看涨信号越强烈，之后上涨的空间就越大。

图 6-40 所示为豆一指数的 1 小时 K 线走势图。2018 年 12 月，豆一指数的 1 小时 K 线图上出现了 V 形底形态。

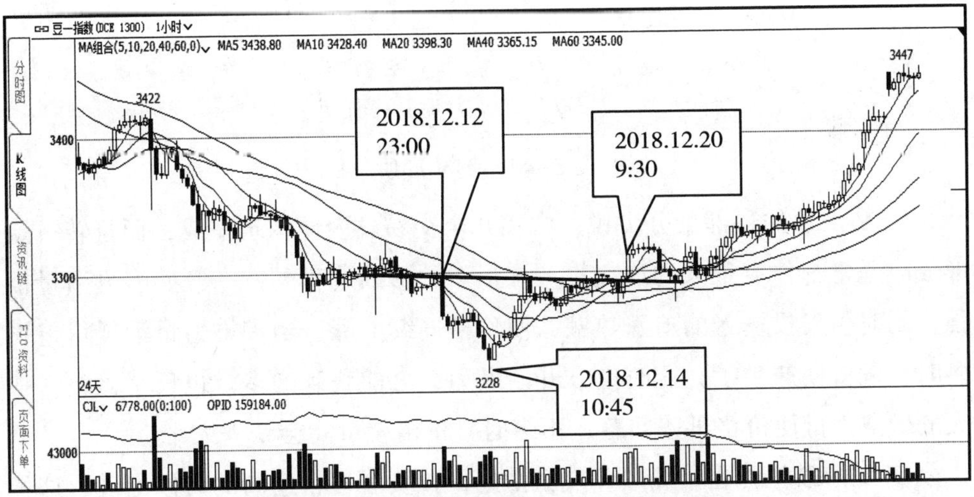

图 6-40　豆一指数 1 小时 K 线走势图

豆一指数从 2018 年 10 月开始下跌，到 2018 年 12 月初进入了震荡整理阶段。

2018 年 12 月 12 日 23:00，该指数收出一根大阴线，多空双方的平衡被打破，价格开始快速下跌。

2018 年 12 月 14 日 10:45，该指数收出一根下影线很长的阴线，说明下方有强大的买盘支撑，预示着行情有可能反转。此后，该指数启动了一波上升行情。当指数上升至 V 形底下跌起始位附近时，价格重新开始震荡。

2018 年 12 月 20 日 9:30，该指数收出一根大阳线，预示着震荡趋势即将结束，该指数已经完成了筑底走势，未来反弹向上的概率很大，投资者宜积极入场做多。

2. 倒 V 形顶

倒 V 形顶又称尖顶，出现在一段上涨行情的末尾。其形态表现为：价格先经过一段快速上涨行情，上涨到一定高度后掉头向下，又开始了一段快速下跌行情，从而形成一个形状像倒置的英文字母 V 的顶部走势，如图 6-41 所示。

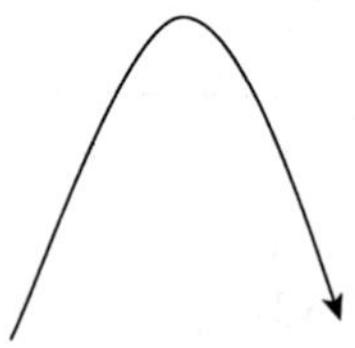

图 6–41　倒 V 形顶

倒 V 形顶的顶部十分尖锐，常在几个交易日内便构筑完成，而且转折点形成时通常都伴有很大的成交量。该形态的形成过程是：一开始多方力量很强，同时引发投资者的追涨热潮，使价格连续上涨。当多方力量消耗得差不多时，危机便产生了，这时空方开始发力，之前获利的多方也反手做空。强大的做空力量使价格迅速回落，不多时日价格就可能会跌去大半。

倒 V 形顶往往在市场炒作气氛浓厚，投资者盲目追高的时候出现，这种突然的转折常常会造成大幅下跌，令投资者措手不及。投资者应该对此形态保持警觉，以免错失卖出良机。

第一，当价格已经上涨了一段时间后，出现倒 V 形顶形态，则反转信号的可靠性较高，投资者看到此形态后应该及时做空。

第二，倒 V 形顶的卖点很难把握，一般情况下，从最高点快速向下回落的两三天里，经验丰富的投资者已经能预感到倒 V 形顶来临，此时应该果断多头平仓或做空开仓。当出现放量下跌时，投资者应该迅速跟进，卖出加仓。

第三，在倒 V 形顶形成的过程中，价格从顶部开始下跌时，会伴随着成交量的明显放大。成交量越大，看跌信号越强烈，之后下跌的空间就越大。

第四，形成倒 V 形顶时，前期上涨的速度越快，上涨幅度越大，后期下跌就会越猛烈，相应的回调跌幅也会越大。

第五，倒 V 形顶的顶部常常会出现尖峰日、倾盆大雨、乌云盖顶等 K 线或 K 线组合，投资者可以借助这些转势信号来识别倒 V 形顶。

如图 6-42 所示，2018 年 6 月沪铜指数的日 K 线图上出现了倒 V 形顶形态。

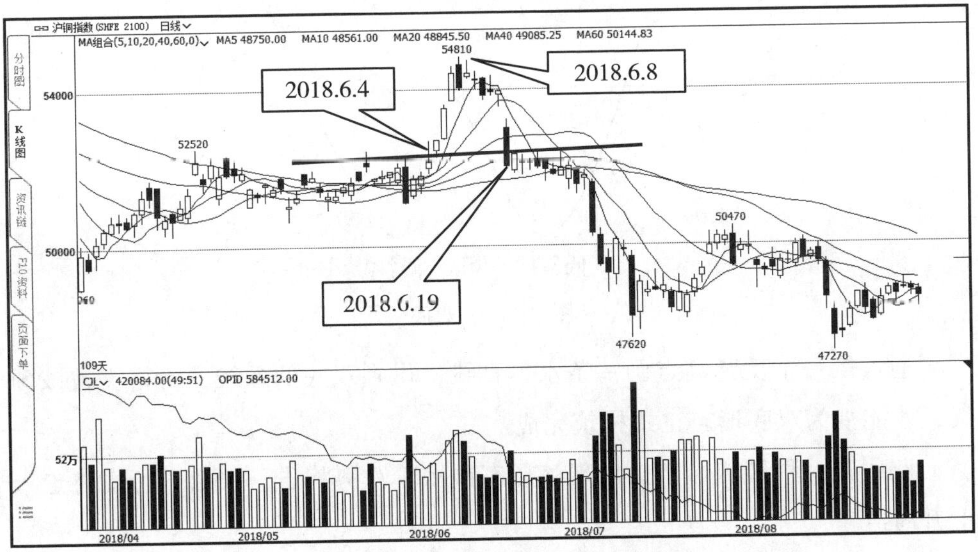

图 6-42　沪铜指数日 K 线走势图

沪铜指数在 2018 年 3 月下旬结束了横盘整理走势，重新进入上升通道。

2018 年 6 月 4 日，沪铜指数以一根跳空高开阳线吹响了加速上升的号角。此后，该指数出现了一波快速上升走势。2018 年 6 月 8 日，沪铜指数跳空高开低走，最终在 K 线图上留下一根大阴线。此后，该指数反转向下运行。

2018 年 6 月 19 日，该指数低开低走，收出一根大阴线。该阴线跌破了倒 V 形顶上涨起始位置，标志着倒 V 形顶形态完成。

投资者应该在开始快速下跌时果断做空。

三、双底与双顶模式

双底与双顶模式可以看出是 V 形顶底结构的重复，是一种相对可靠的顶底模式。

1. 双底

双底又称 W 底，出现在一段下跌行情的末尾。该形态有两个明显的价格低谷，且两个低谷的最低点大致处于同一水平位置，形状就像一个英文字母 W，如图 6-43 所示。

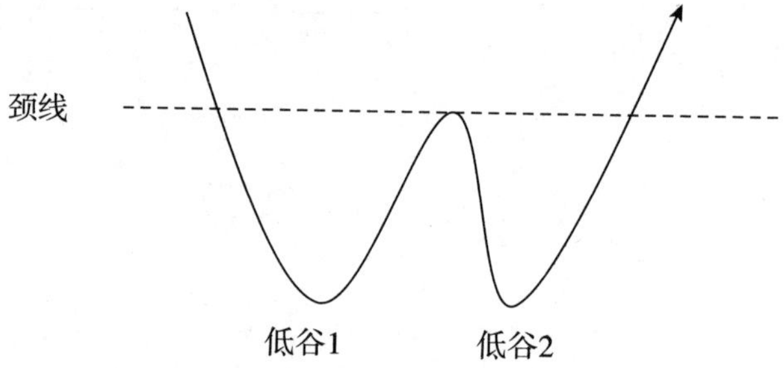

图 6-43　双底

通过第一个反弹高点画一条水平直线，得到双底的颈线。价格突破该颈线，才能视为双底形态正式构筑完成。

双底是一种转势形态，出现该形态预示着跌势将告一段落，行情将走入上升通道。

第一，双底形态是较为可靠的看涨信号，投资者看到此形态后应考虑做多。

第二，通常情况下，当价格第二次探底，且所探得的低点高于前一个低谷的低点时，称为二次探底不破底价。激进的投资者可以把握做多时机，适量买入，并把前一个低谷的低点设为止损点。

第三，双底形态第一个明确的买入时机出现在价格突破颈线位置时，表明双底基本形成，投资者可积极买入，同时将止损位设在颈线位置。

第四，价格突破颈线的同时，应该伴随着成交量的放大。如果成交量太小，则突破效果会大打折扣，后市极有可能出现横盘震荡走势。

第五，在双底形成过程中，如果第二个低谷的成交量小于第一个低谷的成交量，第二个低点高于第一个低点，则看涨信号更为强烈。

第六，如果在高价位区域出现类似双底的形态，那么极有可能是下跌中继矩形整理形态，这时投资者切勿将其按照双底形态进行操作。

如图6-44所示，2019年3月下旬，白糖1909合约15分钟K线图上出现了双底形态。

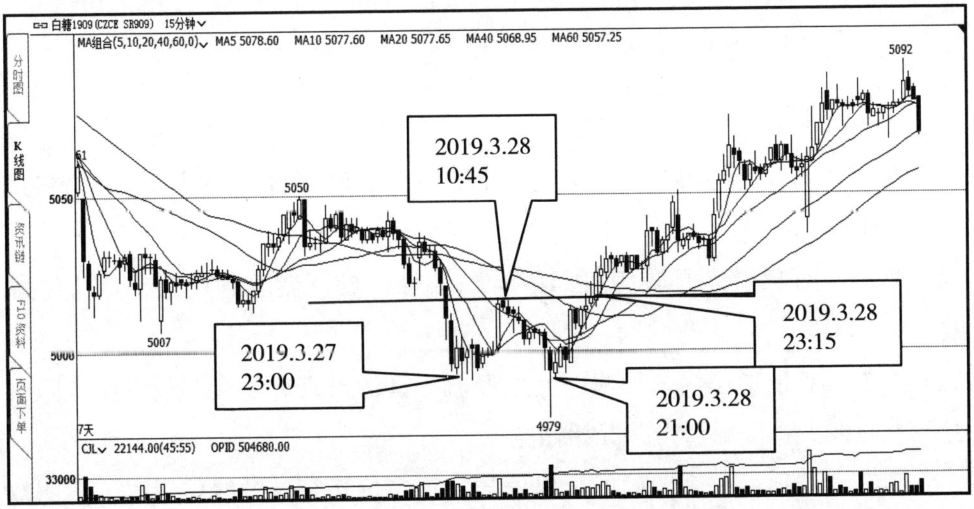

图6-44 白糖1909合约15分钟K线走势图

2019年3月27日23:00，处于下跌行情中的白糖1909合约收出一根下影线很长的阴线，并创出近期最低价，然后合约价格开始回升，从而形成第一个低谷。这一回升持续的时间并不长，2019年3月28日10:45，该股上升遇到阻力，重新开始下跌。

2019年3月28日21:00，该合约价格收出一根带长下影线的中阴线，其后再次开始回升，从而形成了第二个低谷。2019年3月28日23:15，该合约价格突破颈线位置，双底构筑完成，这是一个明确的做多买入信号。

其后，该股出现了回调，但在颈线位置遇到支撑再度上涨，此后，投资者可以追加做多。

2. 双顶

双顶又称 M 顶，出现在一段上涨行情的末尾，该形态有两个明显的价格高峰，且两个高峰的最高点大致处于同一价位，形状就像一个英文字母 M，如图 6-45 所示。

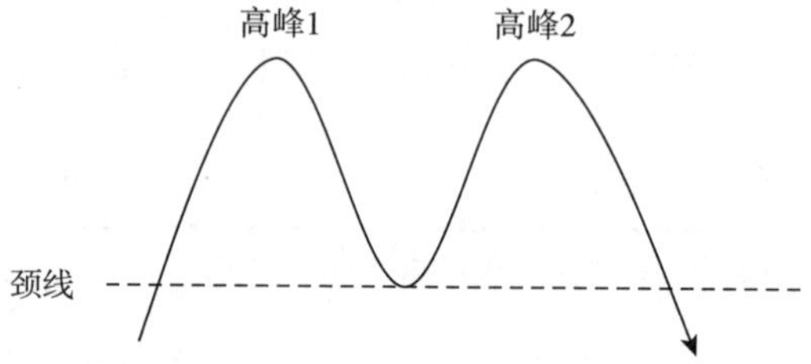

图 6-45　双顶

双顶是一种转势形态，出现这一形态预示着涨势将告一段落，行情将进入下跌通道。

第一，双顶形态是较为可靠的看跌信号，投资者看到此形态后应考虑做空。

第二，双顶形态尚未形成，一些经验丰富的投资者便会提前嗅出危险，将手中的多头仓位平仓，并开始做空。

第三，双顶第一个明确的卖出信号出现在价格突破颈线位置时，表明双顶基本形成，投资者应把握时机，尽快平掉多头仓位。

第四，在双顶形成过程中，如果第二个高峰的成交量小于第一个高峰的成交量，第二个顶点低于第一个顶点，则看跌信号更为强烈。

第五，如果在低价位区域出现与双顶类似的形态，那么极有可能是下跌中继矩形整理形态，这时投资者切勿将其按照双顶形态进行操作。

如图 6-46 所示，2019 年 3 月初，豆油 1905 合约的 1 小时 K 线图上出现了双顶形态。

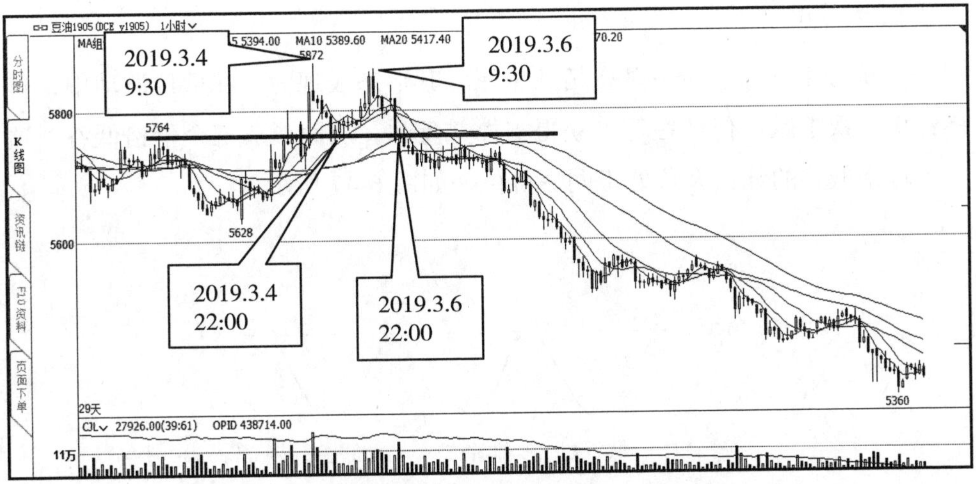

图 6-46　豆油 1905 合约 1 小时 K 线走势图

2019 年 2 月底，震荡整理之后的豆油 1905 合约开启了新一轮上涨行情。经过一番持续快速上涨，2019 年 3 月 4 日 9:30 收出一根上影线很长的小阴线，此后开始回调，从而形成双顶的第一个高峰。

2019 年 3 月 4 日 22:00，豆油 1905 合约价格在下跌过程中获得支撑转而反弹。但这次反弹持续时间较短，3 月 6 日 9:30，该合约价格重新下跌，形成第二个高峰，不过这次的高峰低于前一个高峰。至此，该股出现双顶形态的可能性较大。从第二个顶点下落的过程中，投资者应改变多头思维，实施做空操作。

2019 年 3 月 6 日 22:00，该合约价格跌破颈线位置，收出一根大阴线，双顶构筑完成，投资者应全力开始做空。

四、多重顶底模式

多重顶底模式可以看成是对双顶底模式的确认，其看涨或看跌意义更为强烈。在实战中，可能会出现三重顶底、四重顶底，甚至更多重顶底模式，但其基本分析方法相似，本节仅以三重顶和三重底为例进行讲解，供读者参考。

1. 三重底

三重底出现在一段下跌行情的末尾，其形态表现为：在低位波动中，价格经历三次下跌，但都在低点获得支撑并反弹，从而形成三个价格低谷，这三个价格低谷的低点大致处于同一价位，如图 6-47 所示。

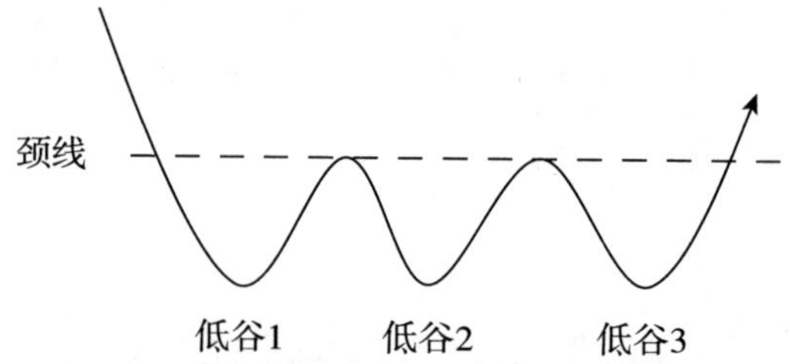

图 6–47　三重底

三重底既可视为头肩底形态的变异，又可看作双底的扩展。相对于双底和头肩底而言，三重底比较少见，却是一种非常坚实的底部形态，形成该形态后，上涨力度是三种形态中最强的。

将三重底两次反弹的高点相连，便是三重底的颈线。与头肩底和双底一样，只有价格冲破了颈线，三重底形态才能被确认。

三重底是一种坚实的底部形态，在形态形成过程中，空方力量不断衰竭，多方力量开始凝聚，出现该形态表示未来将会有一波可观的上涨行情。

第一，三重底形态是较为可靠的看涨信号，投资者看到此形态后应考虑做多。

第二，在三重底形态尚未构筑成功时，如果价格第三次向上反弹，势头强劲且伴随着成交量的放大，则说明形成三重底的可能性很大。这时，激进的投资者可以适量入场做多建仓，同时将止损位定为三个低谷中的最低点。

第三，当价格突破颈线位置时，表明三重底形态已经基本成熟，投资者应该把握这一时机积极做多，并把颈线位置设为自己的止损位。

第四，三重底的三次上攻过程中，成交量如果呈现逐次放大的势态，则后市上涨的可能性更大。最后一次上攻时，应该是带量突破颈线，这样上涨信号才更有效。

第五，如果在高价位区域出现与三重底类似的形态，那么极有可能是下跌中继矩形整理形态，这时投资者切勿将其按照三重底形态进行操作。

如图 6-48 所示，2018 年 11 月下旬，PTA 指数的 1 小时 K 线图上出现了三重底形态。

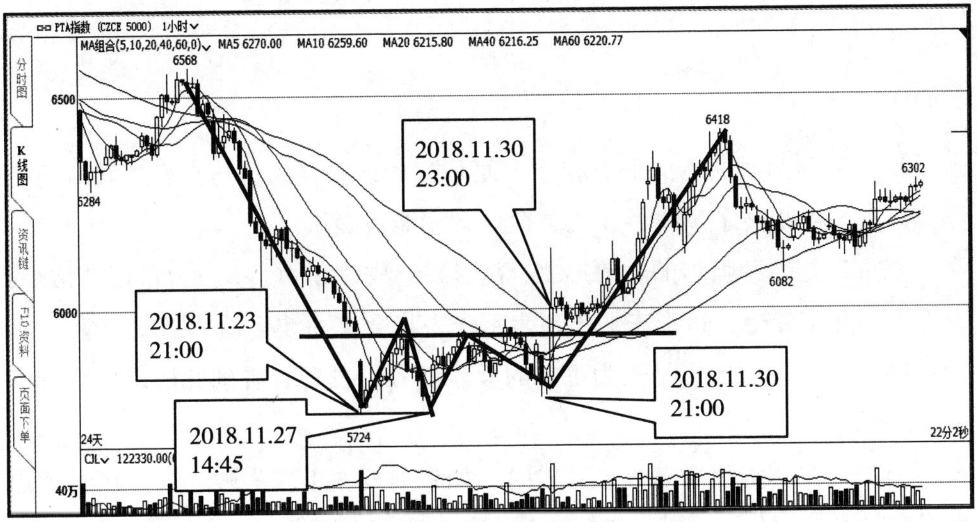

图 6-48 PTA 指数 1 小时 K 线走势图

2018 年 11 月中旬开始，PTA 指数开始了一波快速下跌走势。此后，在 2018 年 11 月 23 日 21:00、11 月 27 日 14:45、11 月 30 日 21:00 三次探底反弹。投资者可将指数两度反弹的高点连接起来构成一条颈线。

2018 年 11 月 30 日 23:00，该指数放量向上突破了颈线位置。至此，三重底形态正式成立，投资者可考虑追涨做多。

2. 三重顶

三重顶又称三尊头，出现在一段上涨行情的末尾。其形态表现为：在高位波动中，价格经历了三次上升，但都在高点受到阻力而回落，从而形成三个价格高峰，这三个高峰的顶点大致处于同一价位，如图 6-49 所示。

三重顶既可视为头肩顶形态的变异，又可看作双顶的扩展。相对于头肩顶和双顶，三重顶比较少见，却是一种非常强势的反转形态，该形态形成后的下跌力度也是三种形态中最强的。

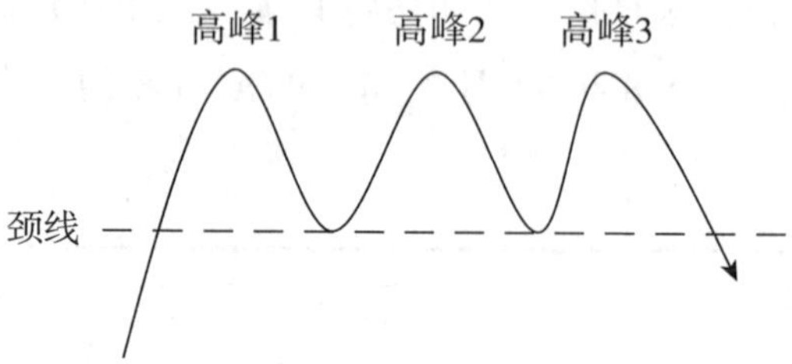

图 6-49　三重顶

将三重顶两次回落的低点相连，便是三重顶的颈线。与头肩顶和双顶一样，只有价格跌破了颈线后，三重顶形态才能被确认。

三重顶是一种强烈的转势形态，在形态形成过程中，多方力量逐渐枯竭，空方力量开始凝聚，该形态的出现表示未来将会有一波可怕的下跌行情。

第一，三重顶形态是较为可靠的看跌信号，投资者看到此形态后应考虑做空。

第二，在三重顶形态尚未完成时，如果前两次上攻失败，第三次上攻出现成交量萎缩的状况，或是未能达到之前的高度，则说明多方缺乏上攻动能，形成三重顶形态的可能性极大。此时，投资者应进行减磅操作。

第三，当价格跌破颈线位置时，表明三重顶形态已经构筑完成，投资者应该积极转变多头思维，开始做空。

第四，在三重顶的三次回落过程中，成交量要呈现出逐次减小的势态，否则极有可能造成形态失败。在最后一次回落时，如果成交量非常小，则更能显示出下跌行情的征兆。

第五，如果在低价位区域出现与三重顶类似的形态，那么极有可能是上涨中继矩形整理形态，这时投资者切勿将其按照三重顶形态进行操作。

如图 6-50 所示，2019 年 3 月，豆二 1905 合约的 15 分钟 K 线图上出现了三重顶形态。

2019 年 3 月中旬，豆二 1905 合约的价格出现了一波上攻走势。其后，该合约价格进入顶部区域。在顶部区域的波动中，该股分别于 3 月 14 日

10:00、3 月 15 日 9:15、3 月 18 日 9:15 三次触顶回落。投资者可将价格反弹向上的低点连接构成一条颈线，价格跌破颈线，表明三重顶形态正式形成。

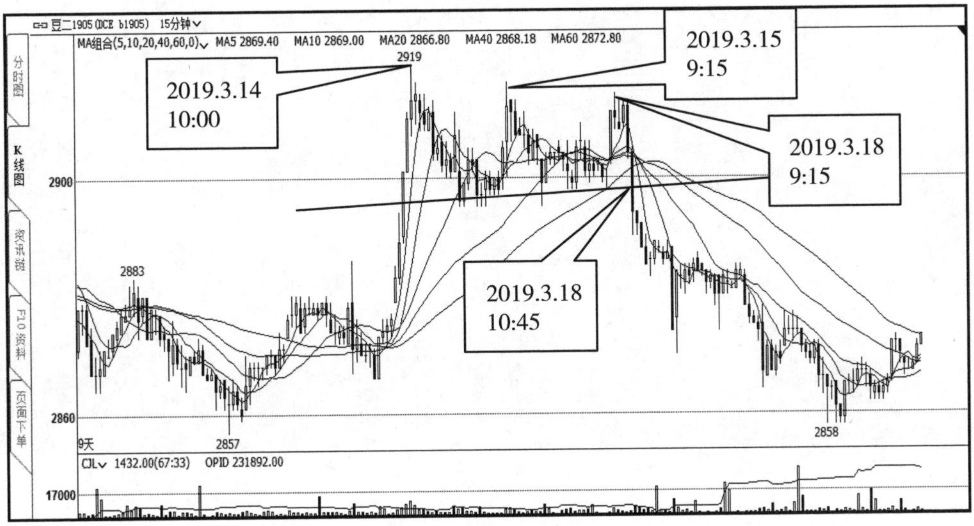

图 6-50　豆二 1905 合约 15 分钟 K 线走势图

2019 年 3 月 18 日 10:45，该合约价格在前一交易周期下跌的基础上再度低开低走，在 K 线图上留下一根阴线，同时，这根阴线跌破了三重顶的颈线位。此时，投资者应转变多头思维，积极做空。其后，该合约价格一路走低。

第七章

核心技术指标分析

在期货交易实战中，投资者可以借助各类技术指标辅助分析，用以判断市场走势。由于技术指标众多，本章仅列举其中经典、常用的四种期货分析技术指标，供读者参考。

第一节　均线及其分析要点

移动平均线简称“均线”，它代表一段时间的市场平均成本，均线往往对价格有着重要的支撑或阻碍作用。

均线的计算非常简单，某一时段的均线就是该时段内所有交易日的收盘价之和与总的交易天数的算术平均值，将这些均价用曲线连接起来就构成了均线。例如，30 日均线就是由连续 30 个交易日收盘价之和除以 30 后得到的算术平均值连接而成（若 K 线分析周期为 1 分钟，则 30 个交易日将变成 30 分钟，以此类推），如图 7-1 所示。

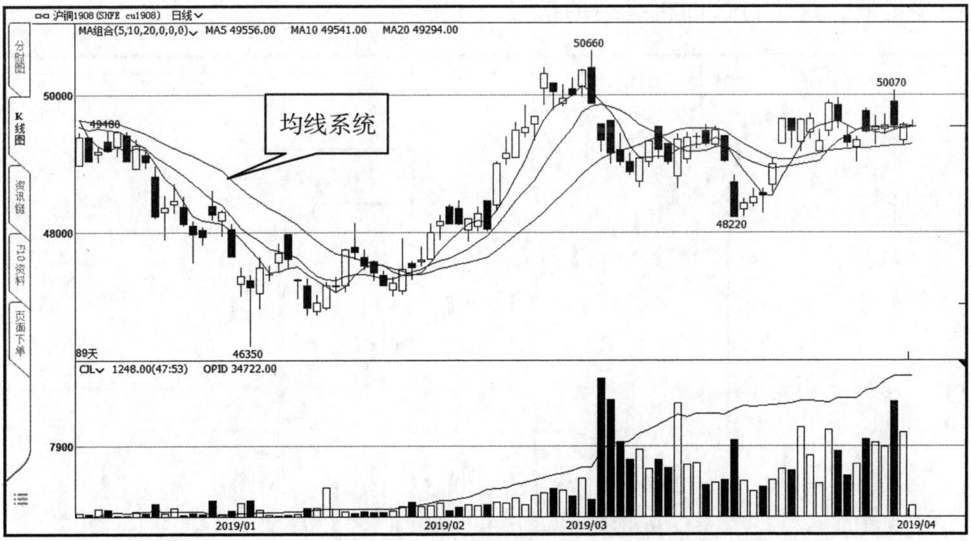

图 7–1　均线指标示意图

一般情况下，除了通常所说的移动平均线之外，还有加权移动平均线，就是将距离计算日的日期远近作为权数，计算日当天所占的比重最大，日期最远的比重最小。

一、价格对均线的突破

价格对均线的突破有两种：其一，自上而下突破；其二，自下而上突破。关于价格对均线的突破需要重点关注以下几点。

第一，通常情况下，价格自上而下突破均线，说明价格有结束上升趋势转为下跌趋势的可能；反之，价格自下而上突破均线，说明价格有结束下跌趋势转为上升趋势的可能。

第二，当价格自下而上突破均线时，若成交量与持仓量同步放大，则可增强突破的有效性；价格自上而下突破则不需要成交量放大相配合，不过，若此时持仓量出现大幅下降，则可能增加价格走低的可能。

第三，价格若偶尔形成对均线的突破后很快又回到突破前的状态，则不能认定为有效突破，投资者可以保持之前对价格走势的判断。

如图 7-2 所示，郑煤指数自 2018 年 10 月由高点回落，成交量与持仓量同步走低，这是行情即将终结的信号。

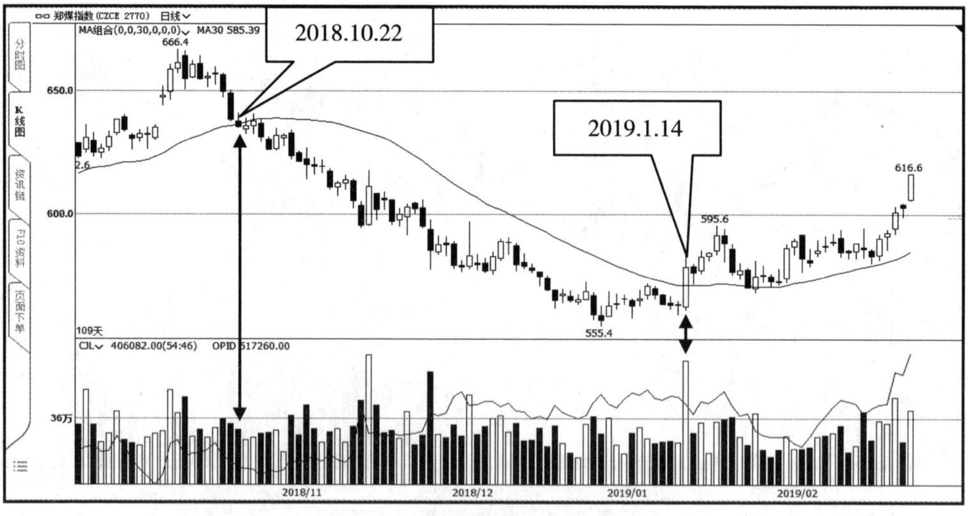

图 7-2 郑煤指数日 K 线走势图

2018 年 10 月 22 日，指数自上而下跌破 30 日均线，成交量与持仓量持续走低，说明资金离场信号较强，投资者宜转变看多思维，积极做空。

2019 年 1 月 14 日，郑煤指数出现放量上攻迹象，指数自下而上完成了对 30 日均线的突破，同时成交量大幅增加，随后持仓量也开始上行，这是典型的趋势反转信号。其后，郑煤指数结束了下跌趋势，开始出现了震荡上升走势。

二、均线的支撑与阻力

支撑与阻力是均线对价格最重要的影响，也是均线分析的基础。

1. 均线支撑

期货合约价格自上而下回落到某条均线位置时，如果获得支撑开始回升，那么投资者就可认定支撑有效，可进行多头操作，如看多开仓或空头平仓。此时，还需注意以下几点。

第一，K 线自上而下回调到均线位置时，要确保价格没有跌破均线，或者跌破均线后立即回到了均线之上。

第二，K 线自上而下回调到均线位置时，成交量要同步萎缩。当价格遇支撑重新上涨时，成交量最好能够放大。

第三，均线的方向要向上倾斜。均线方向如果向下倾斜，则不宜看多。

如图 7-3 所示，2018 年 1 月 23 日，豆二指数自下而上突破了 30 日均线，说明指数存在由弱转强的可能。此后，该指数经历了几个交易日的上升后出现回调走势。2018 年 2 月 6 日，指数回调至 30 日均线附近时，因受均线支撑而重新上涨，此时，投资者可进行做多操作。

2. 均线阻力

价格自下方上涨到某条均线位置时，如果遇到阻力开始回落，那么意味着卖出信号出现，宜进行做空操作。投资者利用均线阻力作用做空期货合约时，需注意以下几点。

图 7–3　豆二指数日 K 线图

第一，K 线上涨到均线位置时，若没有突破均线，或者突破均线后立即回到了均线下方，则说明均线阻力较强。

第二，K 线上涨到均线位置时，成交量如果同步放大，投资者需保持观望，因量价齐升，有可能成功突破均线。

第三，均线方向如果是向下倾斜的，那么均线对价格的阻力作用会更强。

如图 7-4 所示，豆粕指数自 2018 年 10 月 22 日跌破了 20 日均线后，开始一路震荡下行。在指数下行过程中，曾经多次出现反弹走势，当指数反弹至均线位置时，均受均线阻力而重新下跌。特别是 2019 年 1 月 7 日，该指数曾一度向上突破 20 日均线，不过随后又跌回均线下方，说明此次突破属于无效突破，更可强化 20 日均线对指数的阻力作用。

在实战中，期货合约价格走势受某条均线的影响较大，投资者可着重研究该均线。例如，期货合约价格受 30 日均线影响较大，即多次遇 30 日均线受到支撑或阻力作用，则可认定该均线对该合约价格走势有重要影响。

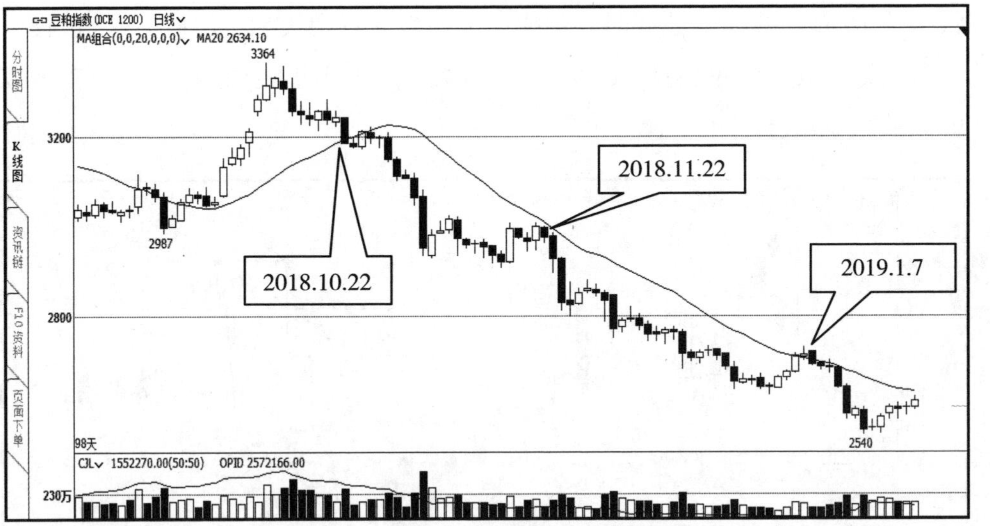

图 7–4 豆粕指数日 K 线走势图

三、均线的金叉与死叉

均线的金叉与死叉是两种非常重要的形态，也是投资者执行开仓操作的重要临界点。

1. 均线金叉

均线金叉即均线黄金交叉，是指短期均线自下而上穿过长期均线形成交叉。遇到均线金叉时，做多要点如下。

第一，形成金叉时，短期均线与长期均线的方向必须都是向上的，且价格一定要位于交叉点的上方。

第二，如果价格位于交叉点上方很远的地方，投资者不宜看多开仓，因价格距离均线太远，很可能会出现回调。

第三，发生金叉时，如果成交量能够同步放大，那么将增加价格进一步上涨的概率。对于投资者来说，均线金叉尤其是较长周期的均线出现黄金交叉，通常会有一波上涨，这也是短线做多的最佳时机。

如图 7-5 所示，2019 年初，处于下跌走势中的玻璃指数开始反弹，带动 5 日均线、10 日均线向上移动。2019 年 3 月 27 日，5 日均线上穿处于横向状态的 10 日均线，与此同时，价格向上突破 5 日均线和 10 日均线，且收于金叉上方，成交量也出现了放大态势，这属于典型的看多信号，投资者可考虑少量做多开仓。

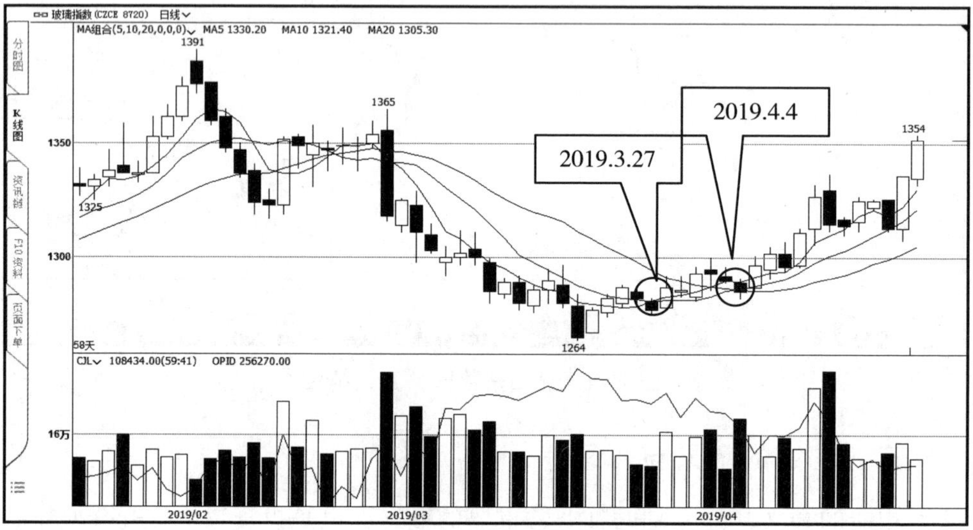

图 7–5 玻璃指数日 K 线走势图

其后，该指数一路上行，10 日均线拐头向上，并于 4 月 4 日向上突破 20 日均线，再度形成金叉，此时做多信号更为明显，投资者可以加仓做多。

2. 均线死叉

均线死叉即均线死亡交叉，指短期均线自上而下穿过长期均线形成交叉。遇到均线死叉时，多转空或做空开仓操作要点如下。

第一，形成死叉时，短期均线与长期均线的方向必须都是向下的，且价格一定要位于交叉点下方。

第二，如果价格位于交叉点下方很远的地方，投资者不宜做空，因价格距离均线太远，很可能会出现反弹。

第三，发生死叉时，如果成交量能够随之放大，那么将增大价格进一步下跌的概率。

第四，不同均线死叉往往对行情有不同的指导意义。短期均线出现死叉，中长期均线依然向上，表示短期上升行情结束，中期洗盘调整行情已经开始。中期均线出现死叉，长期均线依然向上，表示中期波段上升行情结束，长期波段调整行情已经开始；长期均线出现死叉，短中期均线已经完全在长期均线之下，表示大级别上升行情结束，弱势或极弱势行情已经开始。

如图 7-6 所示，2019 年 1 月底，处于上涨行情末期的棕榈油指出现疲软迹象。2019 年 2 月 21 日，该指数跳空低开收出一根小阴线，5 日均线和 10 日均线同步向下跌破 20 日均线，形成死叉，这是较为明显的看空信号。

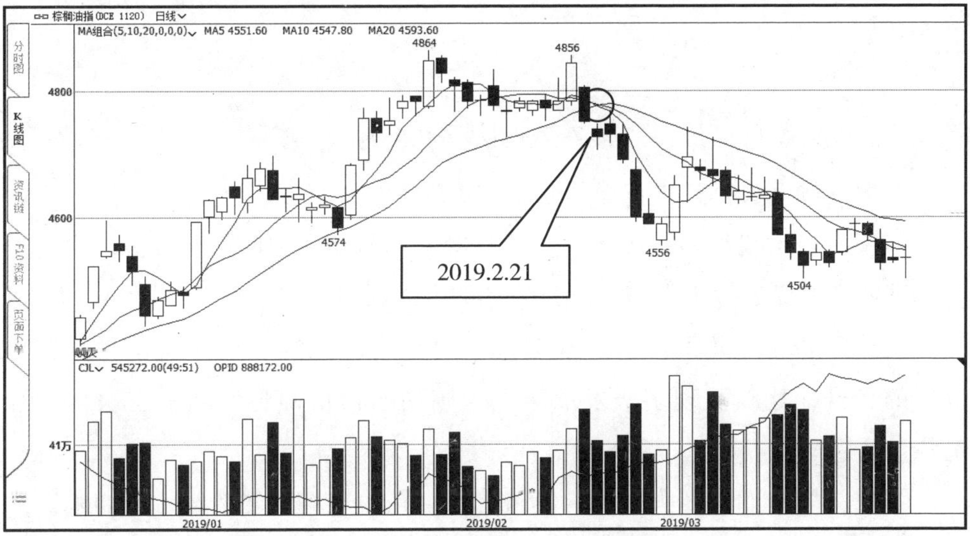

图 7–6　棕榈油指日 K 线走势图

此后，尽管指数出现了小幅反弹，但反弹至均线位置时，因受均线阻力而重新下跌，说明均线死叉为有效的看空信号，投资者可进行做空操作。

四、均线多头排列与空头排列

多头排列与空头排列是价格出现单边运行趋势时均线呈现的特定形态。

1. 均线多头排列

多头排列指短期均线、中期均线和长期均线按照自上而下的顺序排列，均线向上倾斜，如图 7-7 所示。均线多头排列表示多方力量强大，价格进入了单边上升趋势，投资者积极做多将会有不错的收益。

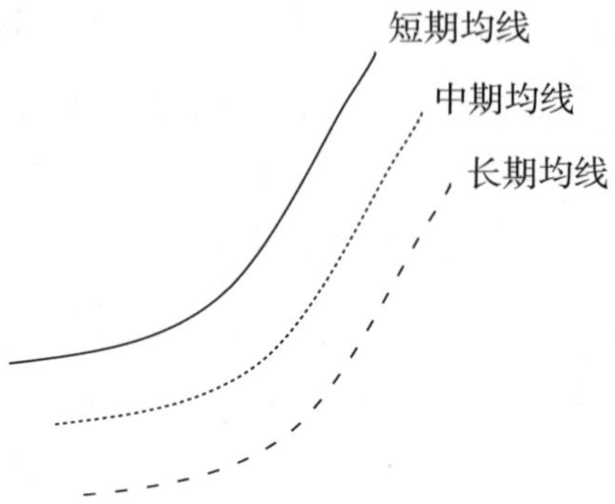

图 7–7　均线多头排列

根据均线多头排列进行操作时，应该注意以下几点。

第一，当均线呈多头排列时，投资者可在前期和中期积极做多，尤其是多头排列刚形成的首个交易日，是最佳的介入时机。

第二，若各条均线经过一段时间的黏合（时间越长越好），此后随着价格的上升，均线呈现多头发散排列，则说明价格即将启动一波快速上升走势。

第三，均线如呈多头排列，价格往往会在短期均线之上运行，如果价格回落并在某条均线附近获得支撑再度上涨，投资者仍可适量做多。

第四，当价格上涨到高位后，均线虽然仍呈多头排列，但是已经有走平或掉头向下的迹象，此时投资者应该对做多持谨慎态度。

如图 7-8 所示，2019 年 3 月，白糖 1905 合约成功筑底后开始震荡上行，特别是进入 2019 年 4 月，该合约价格振幅明显缩小，1 小时 K 线图中各条均线出现了黏合状态，说明价格正在选择突破方向。

2019 年 4 月 9 日 23:00，合约价格放量向上突破多条均线，并站稳在各条均线之上。此时，MA5、MA10 和 MA20 构成的均线系统呈多头排列，说明价格短期涨势基本确立，投资者可积极做多。

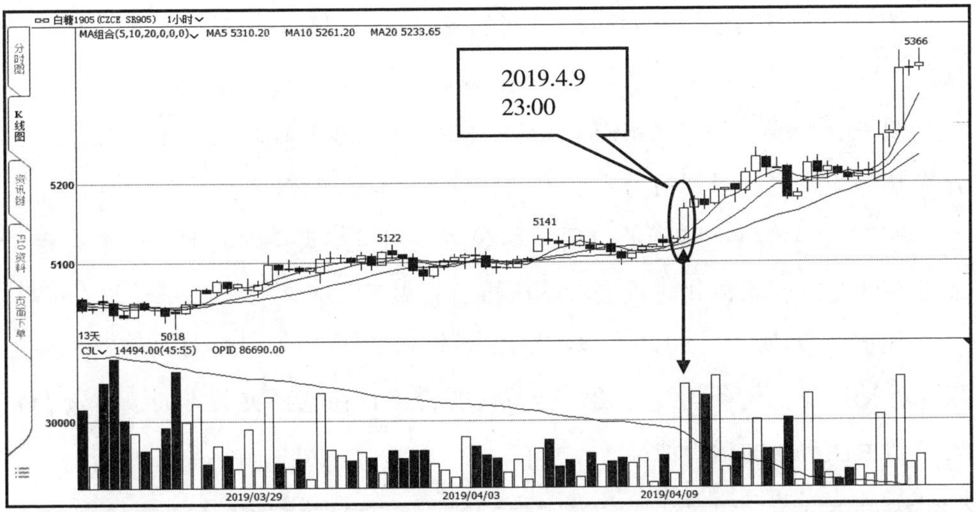

图 7–8　白糖 1905 合约 1 小时 K 线走势图

2. 均线空头排列

空头排列指长期均线、中期均线和短期均线按照自上而下的顺序排列，三条均线向下倾斜，如图 7-9 所示。均线空头排列表示空方力量强大，价格进入了持续的下跌行情，通常是中线做空信号。

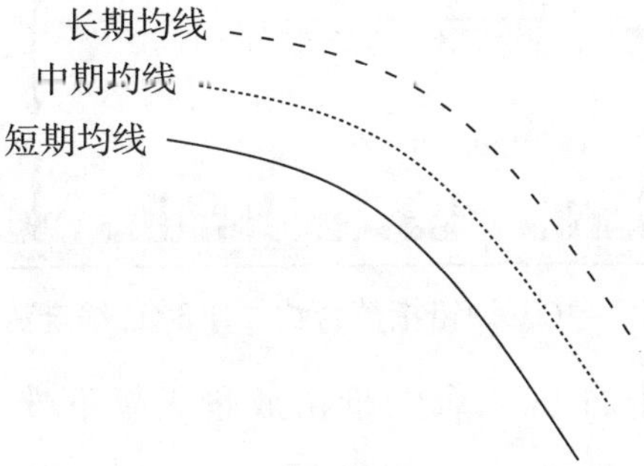

图 7–9　均线空头排列

根据均线空头排列进行做空操作时，应该注意以下几点。

第一，当均线呈空头排列时，投资者可以在前期和中期积极做空，尤其是空头排列刚形成的首个交易日，是最佳的入场做空时机。

第二，若各条均线经过一段时间的黏合（时间越长越好），此后随着价格的下跌，均线呈空头发散排列，则说明即将启动一波快速下跌走势。

第三，均线如呈空头排列，价格大多会运行于短期均线之下，如果反弹并在某条均线附近遇到阻力再度下跌，持股者应果断做空。

第四，当价格下跌到低位后，均线虽然仍呈空头排列，但是已经有走平或掉头向上的迹象，此时投资者不应再盲目做空。

如图 7-10 所示，2019 年 4 月初，沪铅指数 1 小时 K 线图中出现了高位横向移动态势，各条均线开始黏合，说明价格正在选择突破方向，投资者需要密切关注市场的运行情况。

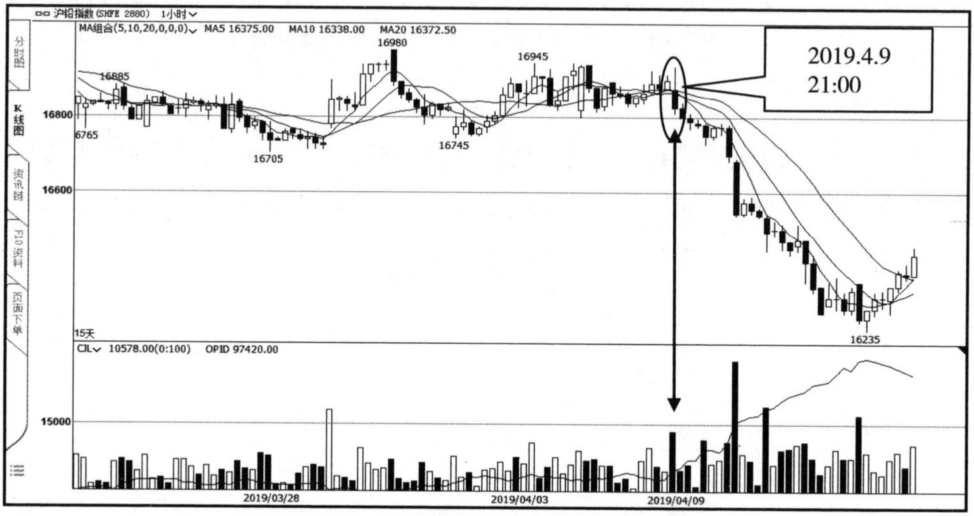

图 7–10 沪铅指数合约 1 小时 K 线走势图

2019 年 4 月 9 日 21:00，合约价格放量大幅下挫，与此同时，MA5 日均线向下跌破 MA10 和 MA20，此后 MA5、MA10 和 MA20 呈空头排列，意味着该股已进入空头市场，整体趋势将转弱，投资者可考虑入场做空。

此后，该指数出现了一波规模较大的下跌行情。

第二节　MACD 指标及其分析要点

MACD 指标（Moving Average Convergence and Divergence，指数平滑异同移动平均线）是由杰拉尔德·阿佩尔（Gerald Appel）在移动平均线基础上发展出来的一种技术指标。大多数期货交易软件中，MACD 指标都是默认的首选指标，如图 7-11 所示。

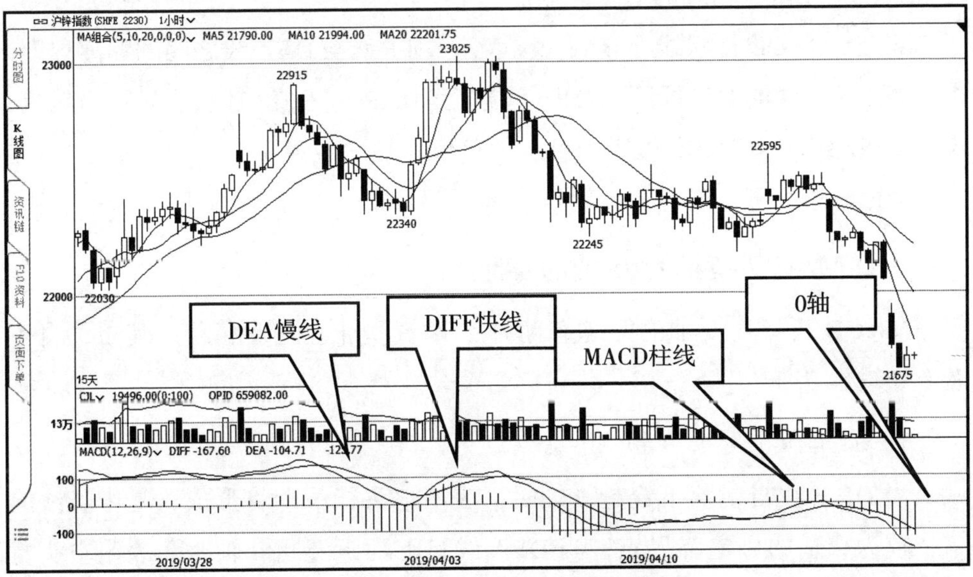

图 7-11　MACD 指标示意图

MACD 指标主要由 DIFF 快线、DEA 慢线、MACD 柱线、0 轴四部分构成。

DIFF 是快速平滑移动平均线（EMA1）与慢速平滑移动平均线（EMA2）之间的差值，快慢只是时间参数不同，快速是短期的，慢速则是长期的。DEA 是 DIFF 的移动平均线，也就是连续一段时间内 DIFF 的算术平均值，因此 DEA 有自己独立的时间参数，即平滑天数（M）。

根据经验，一般将快速移动平均线的时间参数（短期参数）设为 12 天，将慢速移动平均线的时间参数（长期参数）设为 26 天，将平滑天数（M）设为 9 天。这三个参数也是期货交易软件中的默认参数。

概括起来，MACD 指标具有以下几个特性。

第一，DIFF 线是快速平滑移动平均线，其变动较为灵敏；DEA 线是慢速平滑移动平均线，较为平缓；两条线都围绕 0 轴上下波动。

第二，MACD 指标显示的两条曲线都不是市场价格的移动平均线，而是两条移动平均线差距的平滑移动平均线。它能克服移动平均线假信号频繁的缺点，又保留了均线的诸多优点。

第三，MACD 柱状线即 BAR 线，表示 DIFF 线与 DEA 线之间的偏离程度，BAR 线越长，说明 DIF 线距离 DEA 线越远。BAR 为正值，柱状线显示为红色，表示 DIFF 线在 DEA 线之上；BAR 为负值，柱状线显示为绿色，表示 DIFF 线在 DEA 线之下。

一、MACD 指标对 0 轴的穿越

MACD 指标对 0 轴的穿越有两种：其一，自上而下穿越；其二，自下而上穿越。

1. 自上而下穿越 0 轴

当 DIFF 线自上而下穿越 0 轴时，表明空头行情即将形成，是中长线第一个较为合适的做空临界点；当 DEA 线自上而下穿越 0 轴时，表明空头行情逐渐变强，是中长线第二个较为合适的做空机会。

如图 7-12 所示，2018 年 11 月中旬后，玉米指数出现了一波触顶反转快速下跌行情。MACD 指标也随之不断走低，DIFF 快线自高位向下运行，并于 2018 年 12 月 3 日率先穿越 0 轴，说明市场已经完全由空头主导。12 月 5 日，DEA 慢线也穿越了 0 轴，更加说明市场的弱势，多头持仓者应立即多翻空或平仓。

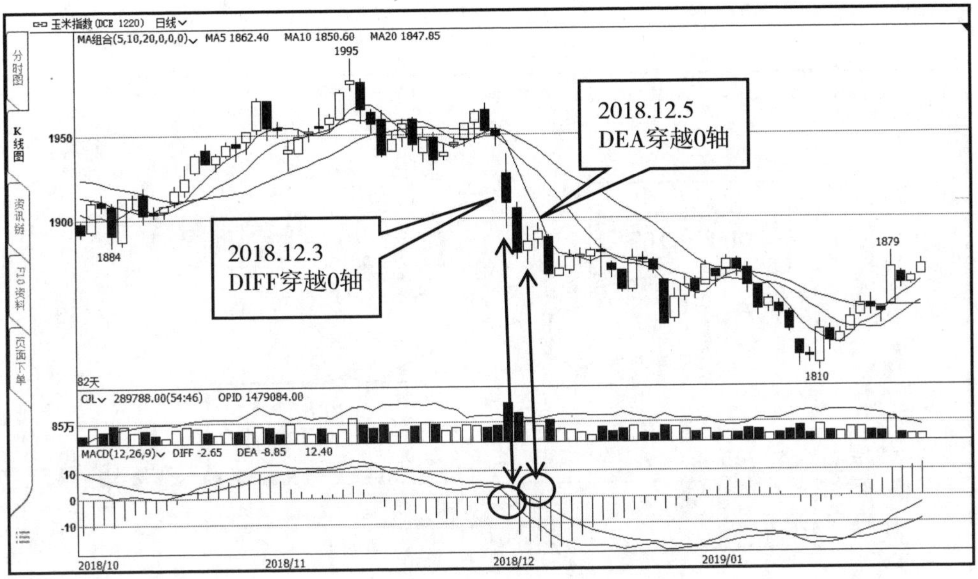

图 7–12　玉米指数 MACD 走势图

通过图 7-12 可以观察到，当 DEA 慢线穿越 0 轴时，价格下跌幅度已经比较大了。因此，在很多情况下，DEA 慢线穿越 0 轴只能作为多头最后一次平仓的参考指标。投资者在 DIFF 指标拐头向下、与 DEA 形成死叉以及穿越 0 轴时，多头持仓者就应该做出平仓操作或者多翻空操作。

2. 自下而上穿越 0 轴

当 DIFF 线自下而上穿越 0 轴，表明多头行情即将形成，是中长线第一个较为安全的做多买入点；当 DEA 线自下而上穿越 0 轴，表明多头行情逐渐变强，是中长线第二个较为安全的加仓买入点。

如图 7-13 所示，沪锌 1906 合约价格在 2019 年 1 月初结束调整，出现了一波快速震荡上涨行情。MACD 指标也随之不断走高，DIFF 快线自低位向上运行，并于 2019 年 1 月 18 日率先向上穿越了 0 轴，说明市场已经完全由多头主导，投资者可适当建立多头头寸。1 月 23 日，DEA 慢线也向上穿越了 0 轴，更加说明市场强势，投资者宜加仓做多。

通过图 7-13 可以观察到，DIFF 向上穿越 0 轴后，如果 DIFF 快线并没有加快向上运行的迹象，则一定要等到 DEA 慢线向上穿越 0 轴后再入场做多，以规避可能遇到的风险。

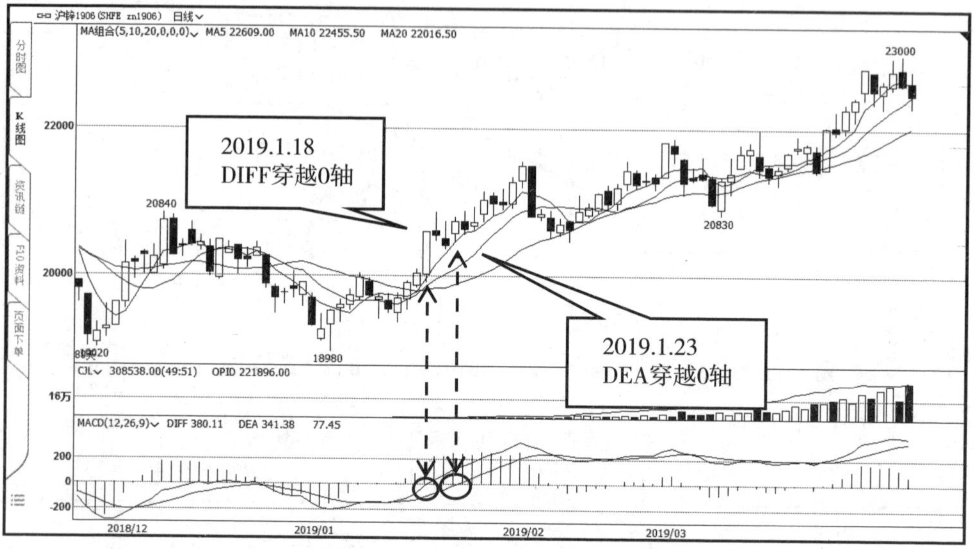

图 7–13　沪锌 1906 合约 MACD 走势图

二、MACD 指标金叉与死叉

MACD 指标中 DIFF 快线与 DEA 慢线的交叉，是 MACD 指标研判中的核心内容。

1. MACD 指标金叉

当 DIFF 和 DEA 均为正值，DIFF 线向上突破 DEA 线，在 0 轴上方形成金叉，表示市场买盘非常踊跃，上涨行情仍将继续，此时投资者可以入场做多。

当 DIFF 和 DEA 均为负值，DIFF 线向上突破 DEA 线，在 0 轴下方形成金叉，表示市场做空气氛有所缓解，做空者可减少头寸，做多者可少量建立多头仓位。

总而言之，MACD 指标在 0 轴上方形成金叉才是可靠的多头信号。

如图 7-14 所示，2019 年年初，随着白糖价格向好，白糖指数也同步开始了上涨行情。MACD 指标自底部反弹向上，1 月 11 日 DIFF 快线向上穿越

DEA 慢线形成金叉，其交叉点位于 0 轴下方。这种情况说明此时已经有看多资金开始入场，可尝试建立多头仓位；持有空头仓位的投资者，出于安全考虑最好减仓，一旦 MACD 指标向上穿越 0 轴则需平仓。

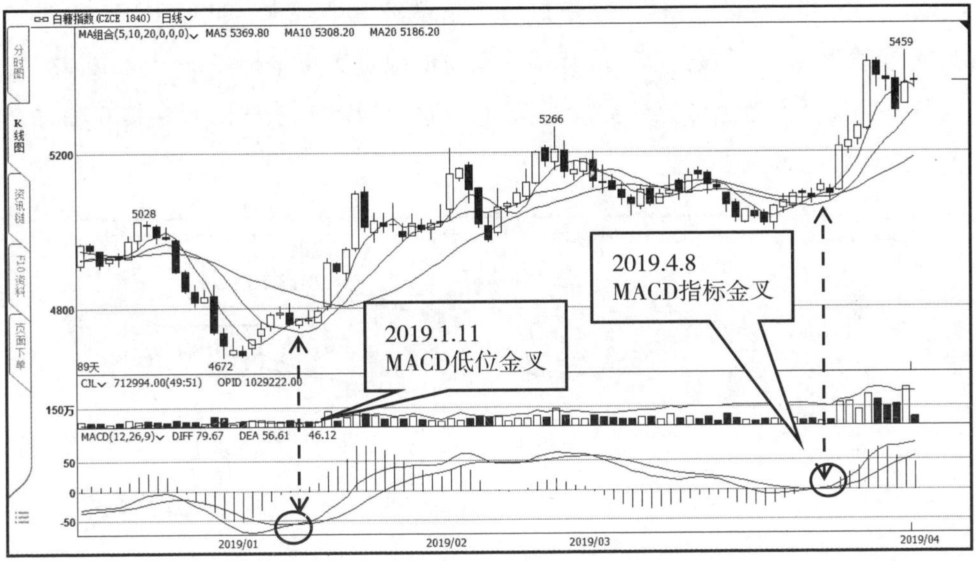

图 7–14　白糖指数 MACD 金叉示意图

其后，白糖指数出现了一波震荡上升走势，MACD 指标随之向上穿越 0 轴。随着白糖指数的回调，MACD 指标回调至 0 轴附近，并于 4 月 8 日在 0 轴附近再度形成金叉，这属于强烈的看涨信号，持有多头仓位的投资者可以加大仓位，持有空头仓位的投资者则需立即平仓。

2. MACD 指标死叉

当 DIFF 和 DEA 均为负值，DIFF 线向下跌破 DEA 线，在 0 轴下方形成死叉，表示市场上做空力量较为强大，下跌行情仍将持续，此时投资者应该积极做空。

当 DIFF 和 DEA 均为正值，DIFF 线向下跌破 DEA 线，在 0 轴上方形成死叉，表示市场上的做多氛围有所松懈，持股者有高位回吐的想法，价格可能滞涨回落。此时多头持仓者出于安全考虑，需要平掉一些仓位，准备入场做空者可先建立少量仓位。

如图 7-15 所示，郑煤指数在 2018 年 10 月初走出了一波暴涨行情，MACD 指标中的 DIFF 快线和 DEA 慢线同步上升。2018 年 10 月 19 日，该指数在连续几个交易日出现回调的基础上，DIFF 快线自上而下穿越 DEA 慢线，形成高位死叉，意味着指数后市下跌的概率很大，此时 DIFF 快线和 DEA 慢线仍位于 0 轴上方，持有多头仓位的投资者可平掉一部分仓位，准备入场的空头投资者也可以建立少量头寸。随后，DIFF 快线向下穿越 0 轴时，多头持仓者可考虑平仓。

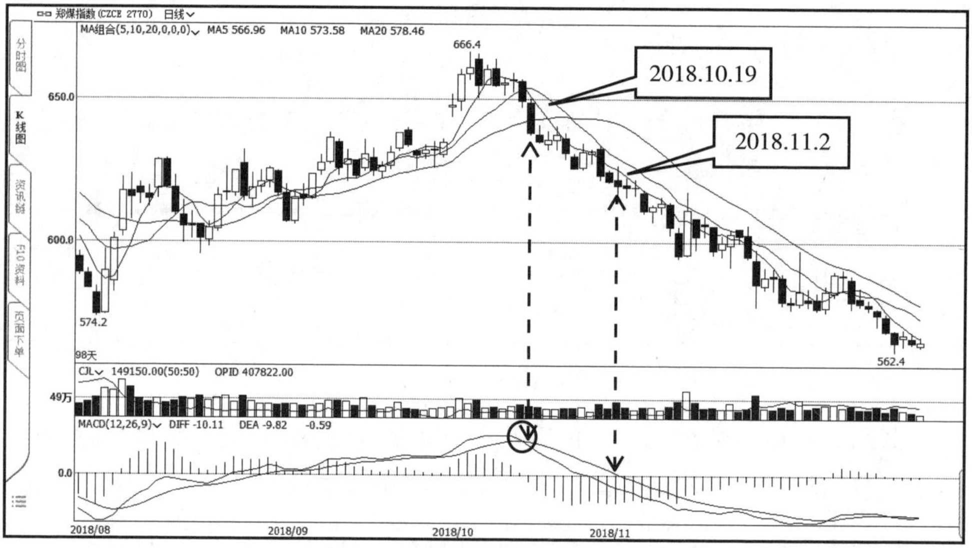

图 7–15　郑煤指数 MACD 指标走势图

2018 年 11 月 2 日，郑煤指数经过几个交易日的连续下跌，MACD 指标的两条指标线全部下穿 0 轴，多头持仓者宜立即多翻空，空头持仓者可加大仓位。

三、MACD 指标背离

MACD 指标背离包括顶背离和底背离两种，属于趋势即将反转的典型信号。不过，发生背离并不意味着趋势立即反转，只能说明在不久的将来可能会反转。

1. MACD 指标顶背离

当价格创出新高时，MACD 指标的两线数值却未能同步创出新高，这就形成了顶背离现象，是看空信号。有时出现一次顶背离后，价格就会下跌，有时则在出现两三次顶背离后，价格才开始下跌。多头持仓者可以在每次顶背离时分批减仓，待发现价格滞涨下跌时再平仓出局，此时往往是空头开始介入的良机。

如图 7-16 所示，PTA 指数在 2019 年年初走出了一波震荡上涨行情。该指数在 2 月 13 日和 3 月 7 日分别创下了两个短期高点，且后一个高点远远高于前一个。与此同时，DIFF 快线创下的两个高点却没有形成一个比一个高的态势，说明指数与 MACD 指标出现了顶背离，未来指数下跌的概率很大。

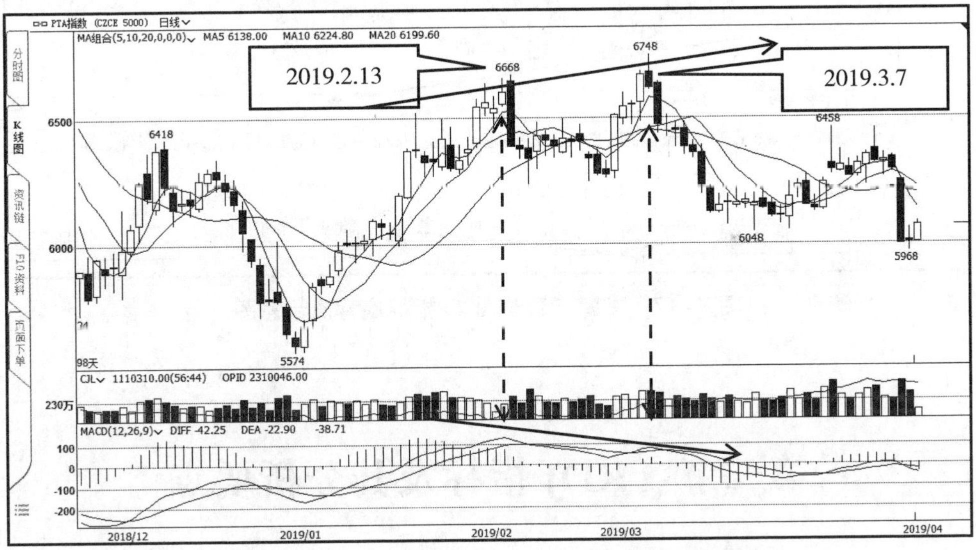

图 7–16 PTA 指数 MACD 指标顶背离示意图

2. MACD 指标底背离

当价格创出新低时，MACD 指标的两线数值却未能同时创出新低，这就形成了底背离现象，是看多信号。出现底背离时，看多的投资者可以分批建仓。为了安全起见，稳健的投资者应耐心等待价格止跌回升后再加大仓位。

如图 7-17 所示，郑醇指数从 2018 年年初走出了一波震荡下跌行情。该指数在 2018 年 3 月 1 日和 4 月 4 日分别创下两个短期低点，且后一个低点远远低于前一个低点。与此同时，DIFF 快线创下的两个低点没有形成一个比一个低的态势，说明价格与 MACD 指标出现了底背离，未来价格反弹向上的概率极高。

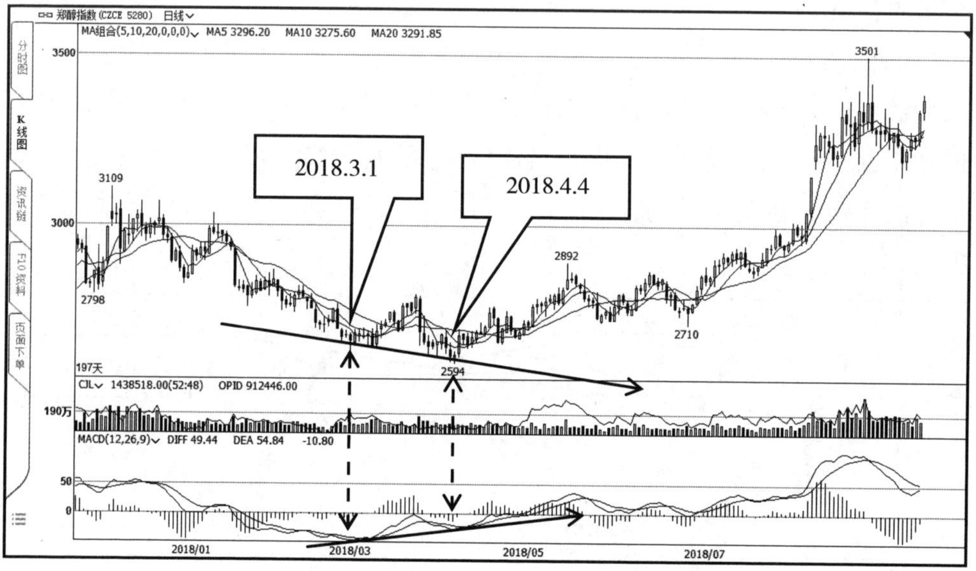

图 7-17　郑醇指数 MACD 指标底背离示意图

第三节　KDJ 指标及其分析要点

KDJ 指标亦称随机指标，该指标以其超强的灵敏性，成为短线交易者寻找交易时机的最佳帮手。KDJ 指标主要用来反映市场上买卖力量的强弱和超买超卖现象，能够在价格尚未上升或下降之前发出准确的多空信号。

该指标由乔治·兰恩首创，是根据统计学原理，将某个周期内出现过的最高价、最低价及最后一个收盘价作为基本数据，来计算最后一个计算周期的未成熟随机值RSV，然后根据平滑移动平均线的方法确定K值、D值与J值，并绘制成相应的曲线图来研判行情，如图7-18所示。

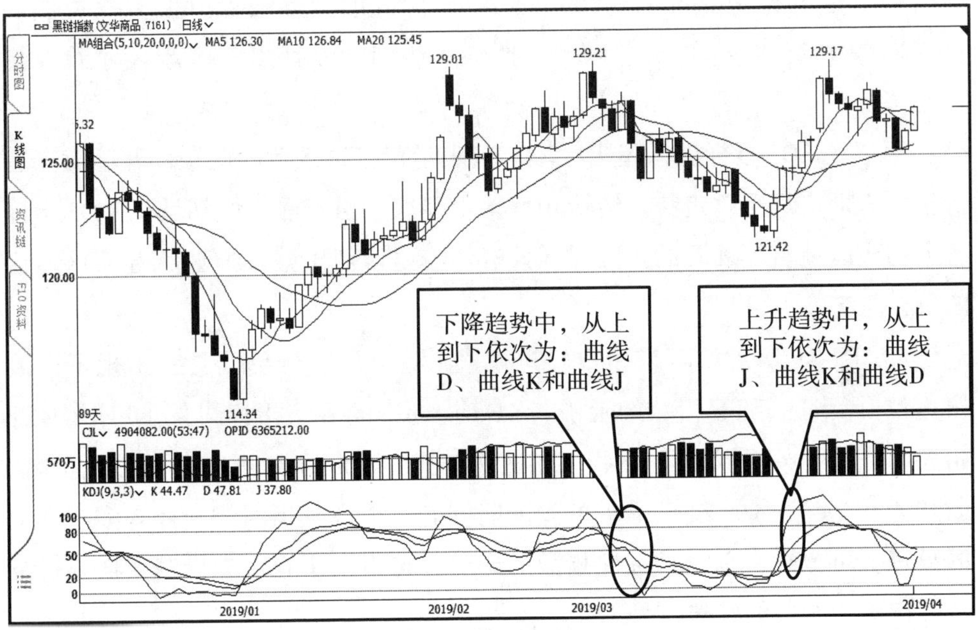

图7-18　KDJ指标示意图

KDJ指标主要由曲线K、曲线D、曲线J、50中轴线四部分构成。KDJ指标是一种深受投资者喜爱并且被广泛应用的技术指标之一。KDJ指标在运行过程中会出现各种形态，这些形态对未来价格走势有特定的指示含义。其中，对短线交易有重要指导意义的形态包括KDJ指标超买与超卖、KDJ指标金叉与死叉等。

一、KDJ指标超买

KDJ指标超买指在价格上涨过程中，买盘逐渐放大，KDJ指标逐步走高，当买盘放大到一定程度无法继续放大时，KDJ指标上升的难度会越来越大，此时说明指标已经进入超买区域，未来有下跌风险。

KDJ指标出现超买，说明上涨行情很难持续，未来价格有下跌风险，做多的投资者可考虑减仓。通常情况下，KDJ指标超买具有如下几个特征。

第一，价格经过一段时间的上涨后，KDJ 指标中的曲线 J、曲线 K 和曲线 D 先后进入超买区域，即 80 线上方区域。

第二，尽管 80 线被看成超买区与徘徊区的分界线，但很多投资者仍然将曲线 K 进入 90 线以上区域，曲线 J 达到 100 线以上区域，才看作指标超买。

第三，KDJ 指标进入超买区域，只表示价格进入危险区域，并不意味着价格会立即出现下跌走势。恰恰相反，很多次价格暴涨行情都是在 KDJ 指标进入超买区域后才展开的。因此，投资者需要特别注意 KDJ 进入超买区域后的价格走势。

如图 7-19 所示，苹果指数经过调整后，在 2018 年 10 月底出现了一波快速拉升行情。随着指数的上涨，KDJ 指标中的各条指标线从 11 月 8 日开始先后进入超买区域，即 80 线以上区域。其中，曲线 K 进入 90 线以上区域，曲线 J 一度超过 100 线，说明指数短期可能会出现筑顶态势，持有多头仓位的投资者可减仓，并密切关注指数的走势，持有空头仓位的投资者还要进一步等待更为明确的转势信号。

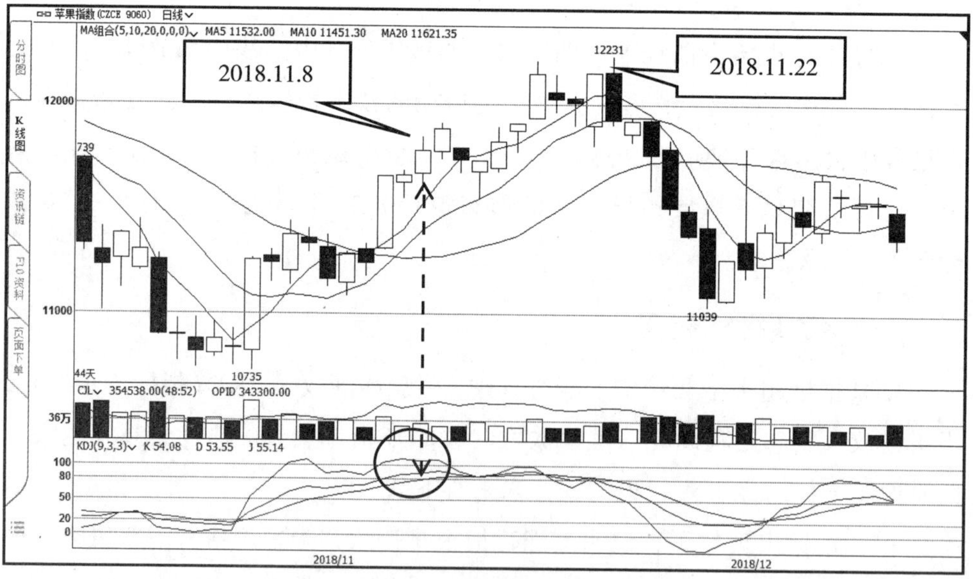

图 7-19　苹果指数日 K 线走势图

此后，苹果指数又经历了一波上攻后才开始回落，因此，投资者不能见到 KDJ 指标超买就做空，而要等到做空信号更为明确时再出手。

二、KDJ 指标超卖

KDJ 指标超卖指在价格下跌过程中，卖盘逐渐放大，KDJ 指标逐步走低，当卖盘放大到一定程度无法继续放大，KDJ 指标下降的难度会越来越大，此时说明指标已经进入超卖区域，未来有反弹的可能。

KDJ 指标出现超卖，说明下跌行情很难持续，未来价格有反弹的可能。通常情况下，KDJ 指标超卖具有如下几个特征。

第一，价格经过一段时间的下跌后，KDJ 指标中的曲线 J、曲线 K 和曲线 D 先后进入超卖区域，即 20 线下方。

第二，尽管 20 线被看作超卖区与徘徊区的分界线，但很多投资者仍然将曲线 K 进入 10 线以下区域，曲线 J 达到 0 线以下区域，才看作指标超卖。

第三，指标超卖说明价格下跌趋势结束的可能性正在增加，但不意味着价格立即从下跌转为上涨。其实，KDJ 指标发出超卖信号时，很可能是价格跌势最猛烈的时候，也是多头投资者避之唯恐不及的时刻。

如图 7-20 所示，玻璃指数自 2019 年 2 月 11 日开始了一波快速下跌行情。随着指数的下跌，KDJ 指标中各条指标线在 3 月 11 日先后进入超卖区域，即 20 线以下区域。其中，曲线 K 进入 10 线以下区域，曲线 J 一度达到 0 线以下区域，说明指数短期可能会出现筑底态势，空头持仓者可考虑适当减仓，多头先不要介入，还需要等待进一步明确的做多信号。

2019 年 3 月 20 日，玻璃指数出现了反弹走势，KDJ 指标各条指标线也走出了超卖区域，此时多头可考虑建仓，空头则需要平仓。

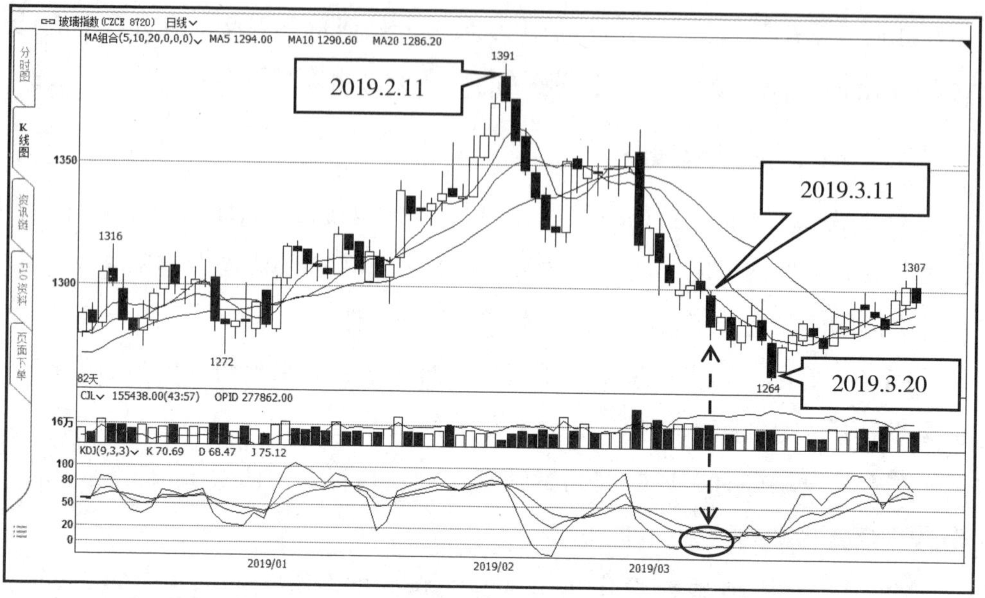

图 7-20 玻璃指数日 K 线走势图

三、KDJ 指标金叉

通常情况下，大家习惯将曲线 K 自下而上穿越曲线 D 形成的交叉称为金叉。也就是说，交叉之后，曲线 K 会逐渐走高，价格也会逐步走高，但是，不可否认其中有大量的交叉并没有带来价格的上涨。质量较高的金叉，才是投资者最需要关注的形态。

一般情况下，质量较高的金叉应该满足以下几个条件。

第一，曲线 K 和曲线 J 同时自下而上穿越曲线 D，交叉点最好位于 20 线上方，说明价格已经启动反弹或上涨，短期内存在一定的反弹或上涨空间。

第二，若曲线 K 与曲线 D 在底部多次形成金叉，则可增强做多信号的准确性。

第三，出现金叉时，K 线应以阳线收盘，且成交量同步放大。

第四，出现金叉时，若 K 线同步上穿某条重要均线或阻力位，则可增强做多信号的准确性。

如图 7-21 所示，沪铝指数自 2018 年下半年开启了一波震荡下跌走势，KDJ 指标随之进入超卖区域，说明此时空头力量较强。2019 年 1 月 16 日，沪铝指数触底反弹，与此同时 KDJ 指标在 20 线附近形成金叉，说明此金叉含金量很足，投资者可考虑做多建仓。

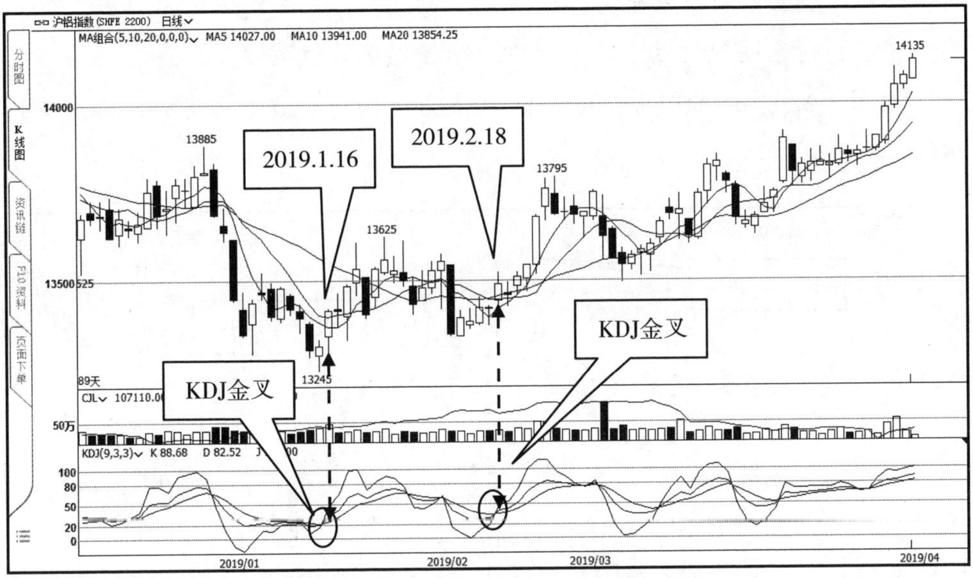

图 7-21　沪铝指数日 K 线走势图

其后，该指数上扬一段时间后再度回调。2 月 18 日，该指数再度反弹，KDJ 指标二度出现金叉，且交叉点位于 20 线上方附近，这是一个成色十足的金叉，做多投资者可考虑加仓入场。

四、KDJ 指标死叉

曲线 K 自上而下穿越曲线 D 形成的交叉称为死叉，也就是说，交叉之后，曲线 K 会逐渐走低，价格也会逐步走低。有时候形成死叉后，曲线 K 并没有迅速走低，而是转头向上与曲线 D 再度交叉，价格也随之再度上涨。投资者要注意判断死叉的质量，合理控制仓位。

当价格上涨至高位或正处于高位盘整阶段时，曲线 K 下穿曲线 D，此时出现死叉，往往预示着价格将出现一波下跌走势，此时投资者可进行做空操作。不过，若出现下列情形之一，投资者可考虑保留部分多头仓位。

第一，出现死叉时，30 日均线和曲线 D 仍旧呈上升态势，价格没有跌破明显的支撑位，若没有跌破 10 日均线更好。

第二，出现死叉前，在价格上涨过程中，成交量持续放大；出现死叉时，价格回调，成交量呈萎缩态势。

第三，价格明显处于上涨趋势中，市场做多气氛浓厚。

如图 7-22 所示，沪铜指数 2018 年 5 月经历了一波上涨走势，KDJ 指标也同步上升。

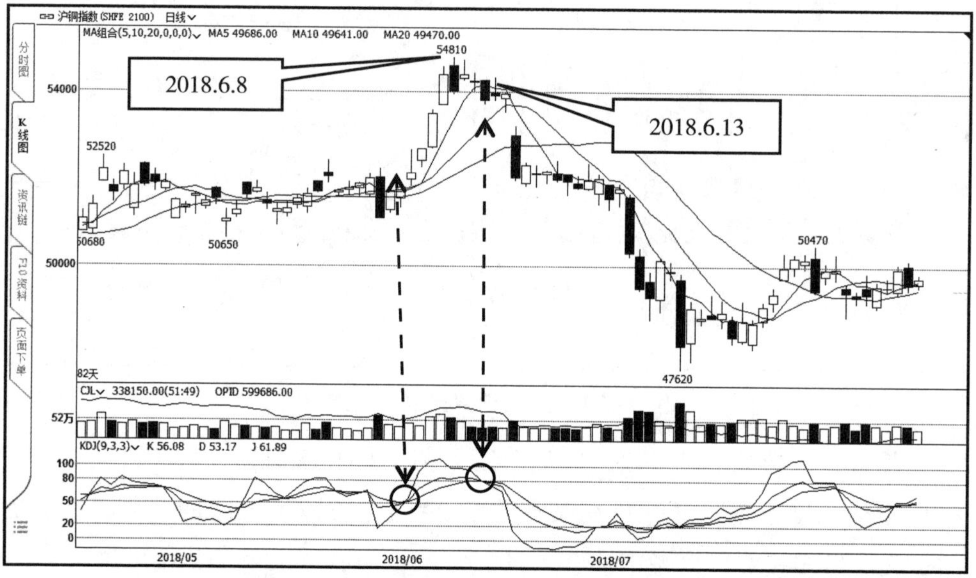

图 7–22　沪铜指数 KDJ 指标走势图

2018 年 6 月 8 日，沪铜指数出现回调，KDJ 指标开始自高位回落。6 月 13 日，沪铜指数以大阴线报收，曲线 K 自上而下穿越曲线 D 形成高位死叉。出现该死叉时，KDJ 指标已经出现了明显的下降趋势，且交叉点在 80 线附近，这属于典型的看空信号，持有多头仓位的投资者最好立即获利了结或者执行多翻空操作。此后，沪铜指数出现了一波规模较大的下跌走势。

第四节　布林线指标及其分析要点

布林线又称布林带（BOLL），由约翰·布林格（John Bollinger）发明，并以其名字命名。该指标根据统计学中的标准差原理求出价格的信道区间，从而划定价格的波动范围，并预测未来可能的走势，同时利用波带显示价格的高低价位，如图 7-23 所示。

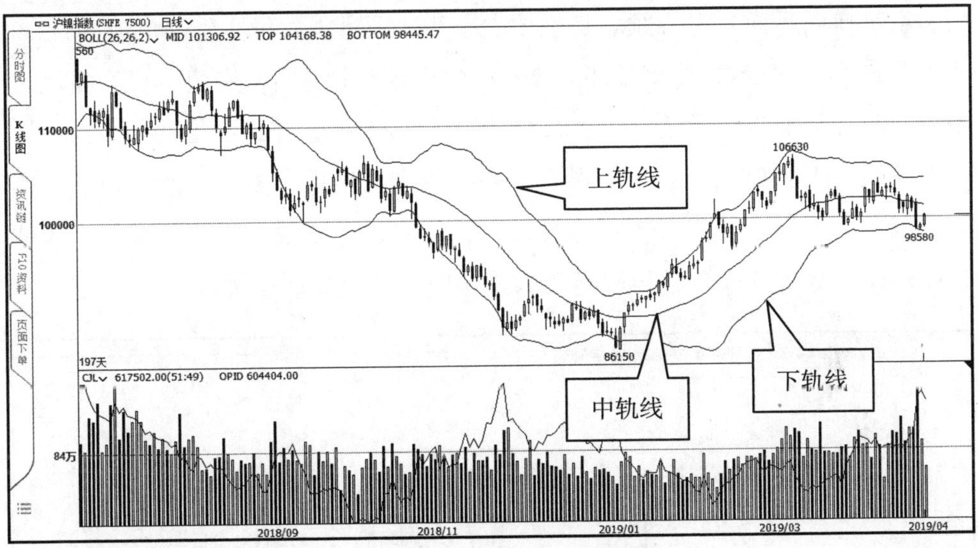

图 7-23　BOLL 指标示意图

布林线由三条曲线组成，分别是上轨线、中轨线和下轨线。其中上轨线和下轨线之间的区域构成了布林线指标的价值通道，即布林通道，中轨线为价格波动的中轴线。

布林线（BOLL）指标具有如下几个特性。

第一，布林线属于路径指标，价格在布林线上轨和下轨之间的带状区域内波动，其上下轨之间的范围并不固定，随着价格的波动而变化。价格涨跌幅度加大时，布林线的带状区变宽；涨跌幅度狭小或盘整时，布林线的带状区变窄。

第二，布林线的上下轨显示价格运行的最高价和最低价。下轨线对价格有支撑作用，上轨线对价格有阻力作用，中轨线有时是支撑线，有时是阻力线。

第三，布林线指标可以显示超买和超卖，价格向上突破上轨线就进入了超买区，价格向下跌破下轨线就进入了超卖区。

一、K 线向上突破中轨线

K 线经过一段时间调整后启动上升，当 K 线放量向上突破布林线中轨线时，则意味着市场即将启动一波上升行情。若 K 线向上突破中轨线时，布林线的喇叭口同步向右上方倾斜且呈放大态势，则可强化做多信号的有效性。

如图 7-24 所示，棕榈油指自 2018 年下半年出现回调走势，成交量随之萎缩，布林线喇叭口开始放大。2018 年 10 月 15 日，棕榈油指的指数向上突破中轨线，喇叭口却出现收缩形态，并且成交量出现了萎缩，此时投资者需要防范主力的诱多行为，不可轻易做多。此后，指数很快跌破布林线中轨线再度走低，且布林线喇叭口越来越大，说明下跌趋势还将延续。

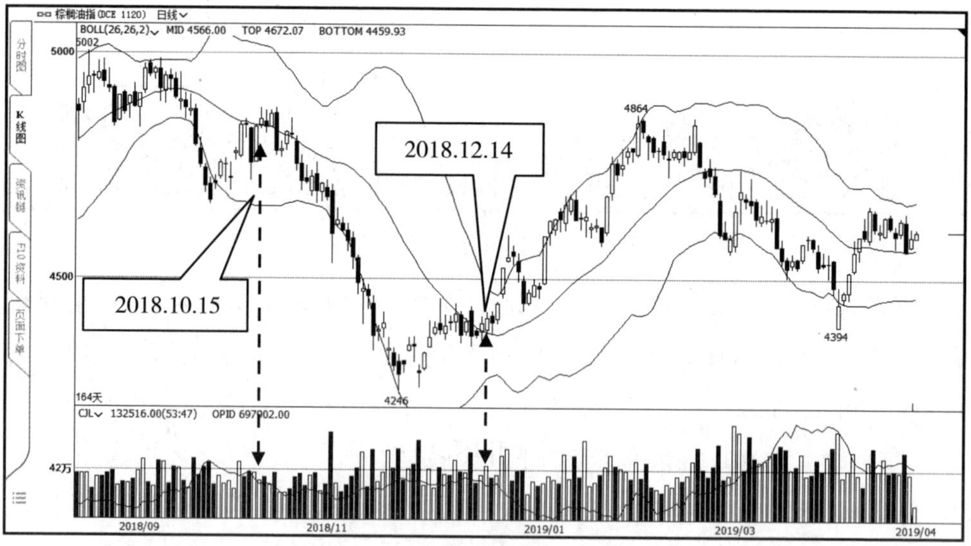

图 7–24　棕榈油指日 K 线走势图

2018 年 12 月 14 日，该指数在之前反弹的基础上放量向上突破布林线中轨线，布林线喇叭口出现收缩，说明指数运行方向有可能改变，投资者可入场做多，做空的投资者应积极平仓或转开多头仓位。

二、K 线遇下轨线支撑反弹

K 线经过一段时间下跌后，遇到布林线下轨线获得支撑，此时布林线的喇叭口同步由放大转为收缩，则可认为布林线下轨线对价格支撑有效，未来有反弹向上的可能。若 K 线下跌至下轨线位置时，偶尔跌破下轨线后立即回归下轨线上方，则仍可认定下轨线对价格有支撑作用。此后价格继续上升且能够突破中轨线，则可考虑加仓做多。

如图 7-25 所示，豆粕指数自 2017 年 12 月 6 日开始回调，成交量随之萎缩，布林线喇叭口开始放大，说明该价格正处于下行趋势。此时持有空头仓位的投资者可加大持仓力度，不利于多头入场操作。此后，豆粕指数沿下轨线下行了一段时间。

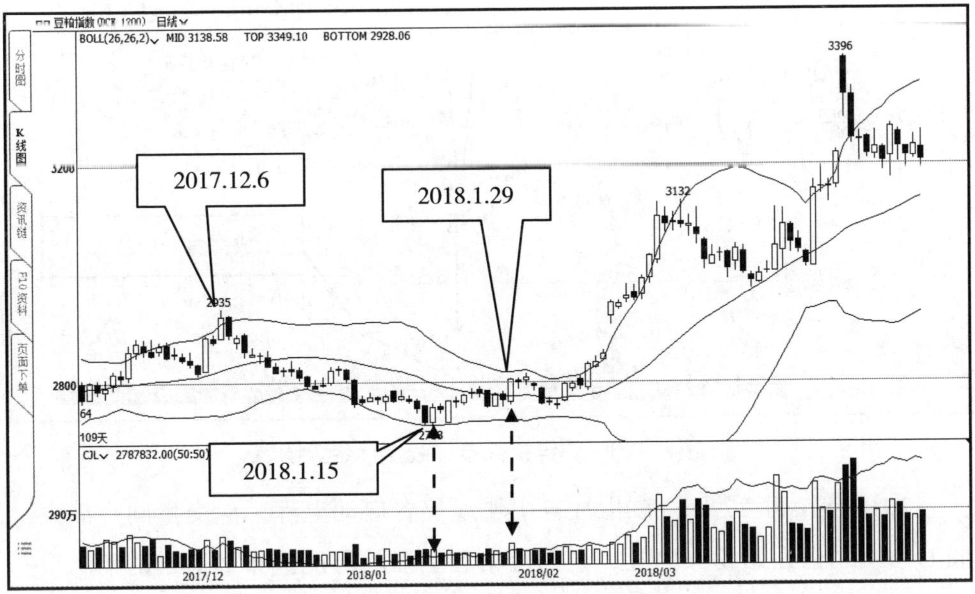

图 7–25　豆粕指数日 K 线走势图

2018 年 1 月 15 日，该指数脚踩下轨线反弹向上，成交量开始温和放大，布林线喇叭口开始收缩，说明价格有可能结束下跌态势，激进的多头投资者可考虑少量建仓。2018 年 1 月 29 日，该指数放量向上突破中轨线，投资者可考虑加仓买入。

三、喇叭口放大与价格上涨

当布林通道经过一段时间的收缩逐渐敞开时，上轨线会向上移动，下轨线会向下移动，表示价格的波动幅度正在增加，会引发一波较大的行情。此时投资者应该注意观察价格与中轨线的方向，如果价格与中轨线同时向上，而且成交量同步放大，表示价格会进入上涨行情，是做多信号。

如图 7-26 所示，沪锌指数自 2015 年下半年出现了下跌走势，布林通道逐渐由收缩转为放大。

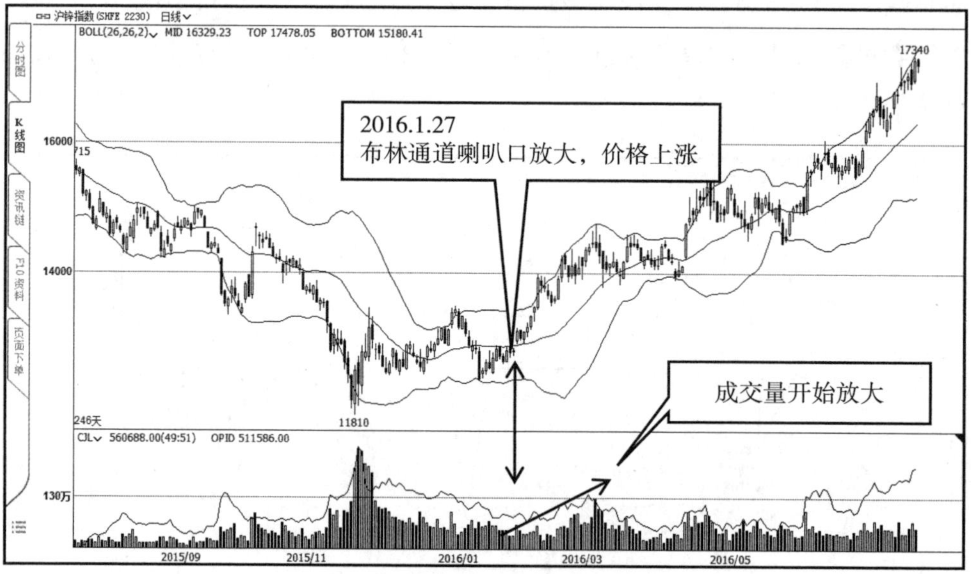

图 7-26　沪锌指数布林线指标走势图

2016 年 1 月 27 日，该指数自中轨线位置启动上涨，成交量同步放大，同时中轨线也开始拐头向上，说明价格有上涨的可能。布林通道的喇叭口开始放大，价格波动幅度开始加大，鉴于价格已经启动上涨，可以预判未来价格上涨的概率非常高，投资者可积极入场做多。

四、喇叭口放大与价格下跌

当布林通道经过一段时间的收缩逐渐敞开时，上轨线会向上移动，下轨线会向下移动，表示价格波动幅度正在增加，会引发一波较大的行情。此时如果价格与中轨线同步向下，表示价格进入下跌行情，是做空信号。

如图 7-27 所示，豆油指数在 2018 年 10 月由盘整转为下跌走势，该指数的布林通道逐渐由收缩转为放大。

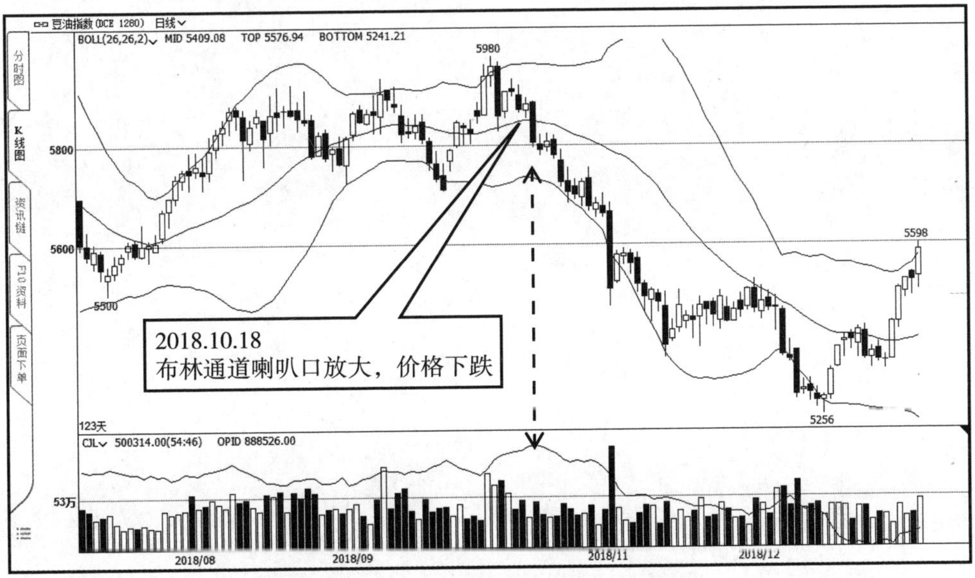

图 7–27　豆油指数布林线指标走势图

2018 年 8 月底，豆油指数进入高位盘整区域，布林通道的喇叭口开始收缩。进入 10 月，豆油指数自高位开始下跌，10 月 18 日该指数直接跌破了中轨线，此时布林通道已经显露放大迹象，说明价格波动幅度加大，中轨线开始拐头向下运行，说明价格有下跌的可能。持有多头仓位的投资者宜立即平仓或多转空，持有空头仓位的投资者宜加仓。

第八章

价格趋势、支撑与阻力

在期货交易中，“顺势而为”是投资者需要遵循的一项基本原则。

第一节　趋势与趋势线

价格的运行趋势主要有三种：上升、下降和水平。

在价格运行过程中，如果每个波峰与波谷都高于前一个波峰与波谷，那么就是上升趋势；如果每个波峰与波谷都低于前一个波峰与波谷，那么就是下降趋势；如果前后的波峰与波谷基本持平的话，那么就是水平趋势，或者称为横盘趋势、震荡趋势。这里重点研究上升趋势和下降趋势。

一、上升趋势及其交易含义

在日常交易中，对于上升趋势的识别与应用，更多地需要借助上升趋势线来实现。上升趋势线就是价格在上升过程中回调低点的连线。

价格沿上升趋势线上行，则未来继续上攻的可能性比较大。当价格回调遇趋势线，会受到一定的支撑而重新上攻；价格向下跌破上升趋势线，则意味着上升趋势将要结束，会开启下跌走势。

1. 上升趋势线的基本画法

绘制上升趋势线时，需要掌握以下几个要领。

第一，上升趋势线是以两个回调低点为关键点位所画的直线，因而投资者所选的第二个低点必须高于第一个低点。通常情况下，这两个低点应该是价格两次回调后重新上涨的转折点。

第二，两个下跌低点之间必须有一定的距离，不能是两个紧挨的低点。

第三，通过两个上升低点连线所画的上升趋势线，必须经过第三个低点确认有效。

第四，绘制上升趋势线时，必须以 K 线实体为出发点，即以阳线的开盘价或阴线的收盘价为基点。

如图 8-1 所示，郑煤指数自 2013 年随着煤炭价格的走低而出现了一波规模较大的下跌行情。该指数自 2015 年年底开始了震荡筑底走势，2016 年年初启动反弹。指数上升的高点一个比一个高，回调的低点一个比一个高，投资者可以用 1 月 18 日的低点与 2 月 18 日的低点画出一条上升趋势线。

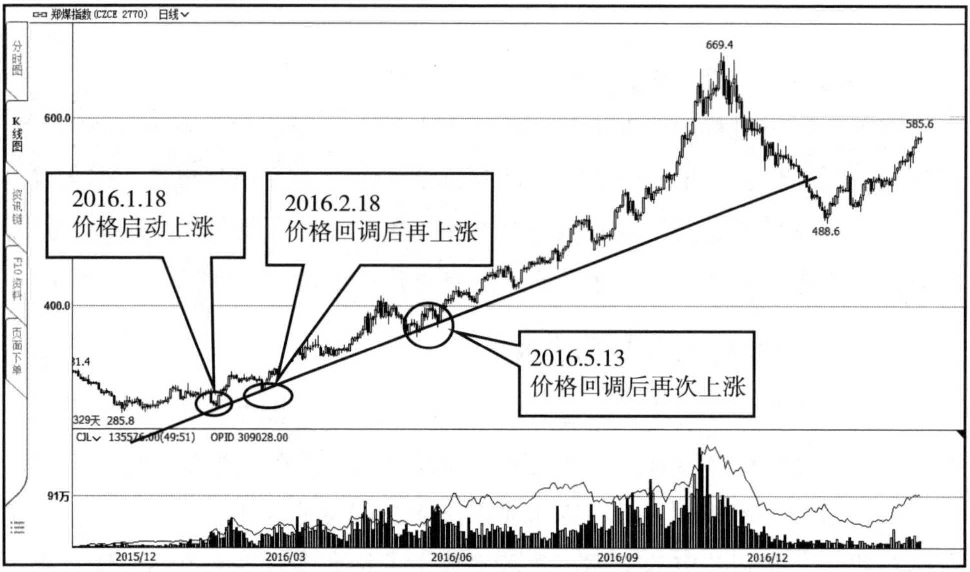

图 8–1 郑煤指数日 K 线走势图

2016 年 5 月 13 日，价格回调后受上升趋势线的支撑而重新上涨，说明此趋势线具有一定的支撑作用。此后，该指数开始加速上攻，投资者可积极入场做多。

2. 绘制上升趋势线的要点

绘制上升趋势线时，需要注意以下几个要点。

第一，上升趋势线画好后，可能会穿越一根或多根 K 线实体，但只要该 K 线实体没有完整地位于趋势线以下，就可以认定该趋势线是有效的。事实上，价格在回调过程中形成的短期底部，往往相邻的几根K线价格趋近，这时选择其中的最低价与其他低点相连时，不可避免地会穿越某根K线实体。

第二，为了保险起见，针对一波上涨行情，投资者可绘制多条上升趋势线，随着价格的变动再不断修正、取舍，直至确认趋势线对价格确有支撑作用为止。

第三，绘制技术指标的上升趋势线时，可以直接以技术指标线两次回调后上涨的转折点为关键点。同时，第二个转折点必须高于第一个转折点，否则不能称为上升趋势线。

3. 上升趋势线的交易指导意义

上升趋势线可以告诉投资者以下内容。

第一，价格处于上涨趋势中，投资者可以一直持有多头仓位，也可以采用波段式操作，即开多头仓位后，价格回调时平掉部分仓位，当价格遇趋势线支撑重新上攻时再加开多头仓位。总之，价格处于上升趋势时，投资者不宜开空头仓位。

第二，价格沿上升趋势线上涨的末端往往会有一段加速上涨行情，即价格回调低点远远高于上升趋势线预设的价位，此时投资者可保持多头仓位。

第三，上升趋势线是价格在上涨过程中回调的支撑位，一旦价格有效跌破支撑位（即连续三个交易日位于上升趋势线下方），则说明上升趋势可能结束，多头持仓者宜执行平仓操作。

如图8-2所示，玻璃指数自2016年1月13日启动反弹走势后一路震荡上行，投资者可按照之前上升趋势线的画法为玻璃指数绘制一条上升趋势线。其后，该指数在回调过程中，多次受上升趋势线的支撑而重新上涨。

2017年10月，该指数连续三个交易日落于上升趋势线下方，说明该支撑位有失效的可能，投资者可减半仓。其后，指数重新向上突破上升趋势线，说明指数有重归上升通道的可能，多头持仓者可以补回部分仓位。

2018年3月21日，该指数再度跌破上升趋势线。鉴于已经是第二次跌破该趋势线，这条趋势线对指数的支撑作用将会减弱，投资者可再次减仓。

其后，若指数无法再返回上升趋势线内，则可平仓。

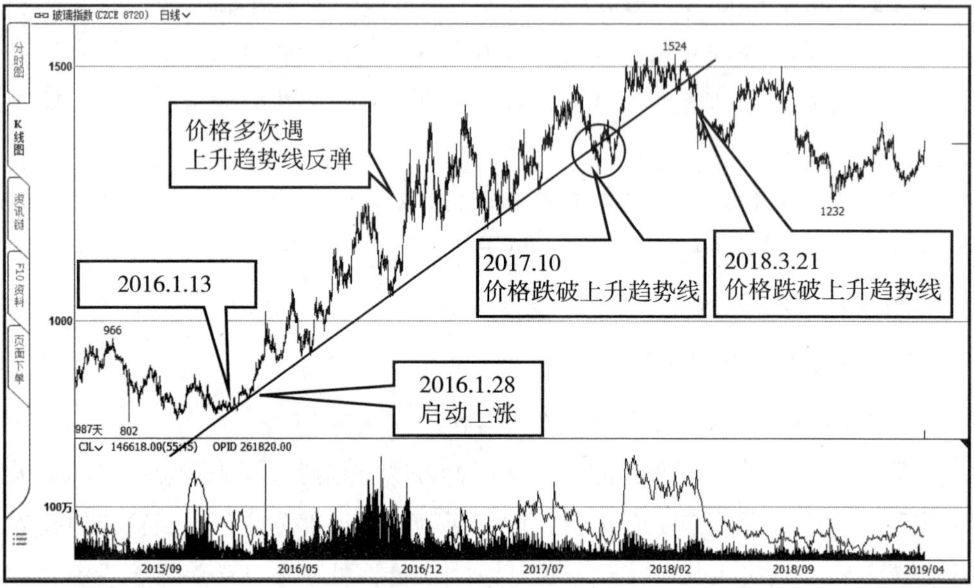

图 8-2　玻璃指数日 K 线走势图

二、下降趋势及其交易含义

与上升趋势相同，对下降趋势的描述主要借助下降趋势线来完成。

价格沿下降趋势线下行，则未来继续下跌的可能性比较大。当价格反弹遇下降趋势线，会受到一定的阻力而重新下跌；价格向上突破下降趋势线，则意味着下降趋势将结束，可能开启反弹走势。

1. 下降趋势线的基本画法

绘制下降趋势线时，需要掌握以下几个要领。

第一，下降趋势线是以两个反弹高点为关键点位所画的直线，投资者选择的第二个高点必须低于第一个高点。通常情况下，这两个反弹高点应该是价格两次反弹后重新下跌的转折点。

第二，两个反弹高点之间必须有一定的距离，不能是两个紧挨着的高点。

第三，通过两个反弹高点连线所画的下降趋势线，必须经过第三个低点确认才有效。

第四，绘制下降趋势线时，必须以K线实体为出发点，即以阳线的收盘价或阴线的开盘价为基点。

如图8-3所示，豆一指数从2017年8月11日开始走出了一波下跌行情，价格沿下降趋势线运行。

图8-3 豆一指数日K线走势图

2017年8月11日，豆一指数冲高回落收出一根带上影线的阴线，预示价格将要走低。2017年10月11日，该指数在经历了几个交易日的反弹后，拉出一根中阴线形成短期高点，投资者可用这一高点与前一次价格启动前形成的高点画出一条下降趋势线。2018年1月9日，价格反弹后遇下降趋势线，受趋势线阻力重新下跌，说明此趋势线具有一定的阻力作用。

2. 绘制下降趋势线的要点

绘制下降趋势线时，需要注意以下要点。

第一，与上升趋势线相似，下降趋势线画好后，可能会穿越一根或多根K线实体，但只要该K线实体没有完整地位于下降趋势线以上，就可以认定该趋势线有效。事实上，价格在反弹过程中形成的短期顶部，往往相邻的几根 K 线价格趋近，这时选择其中的最高价与其他高点相连时，不可避免地会穿越某根 K 线实体。

第二，为了保险起见，针对一波下跌行情，投资者可以画多条下降趋势线，随着价格的变动不断修正、取舍，直至确认趋势线对价格确有阻力作用为止。

第三，绘制技术指标的下降趋势线时，可以直接以技术指标线两次反弹后下跌的转折点为关键点。第二个转折点必须低于第一个转折点，否则不能称为下降趋势线。

3. 下降趋势线的交易指导意义

下降趋势线可以告诉投资者以下内容。

第一，如果价格波动范围较大，投资者可考虑轻仓多空转换来博取波段收益。在下跌趋势中，应以做空为主，价格出现反弹时，可少量做多，并在价格上升至趋势线附近时果断平仓。

第二，价格沿下降趋势线下跌的末端往往会有一段加速下跌行情，即价格反弹高点要远远低于下降趋势线预设的价位，此时投资者可加大空头仓位，避免开多头仓位。

第三，价格沿下降趋势线下跌时，如果没有特别强大的外力作用，下跌会非常容易，而且还会有加速迹象。

第四，下降趋势线位置就是价格在下跌过程中反弹的阻力位，如果价格放量突破趋势线阻力位（价格连续三个交易日位于下降趋势线上方），则可以认为趋势有改变的可能。投资者宜密切关注价格动向，在合适的时机做多。

如图 8-4 所示，郑煤指数自 2013 年年底开启了一波震荡下跌走势。2014 年年底，该指数呈加速下跌态势。指数在下跌过程中有若干次反弹，投资者可绘制一条下降趋势线。其后，该指数每次反弹至下降趋势线附近时，均因下降趋势线的阻力作用转而重新下跌。

2016 年 4 月 6 日，该指数经过多日盘整后，向上突破了下降趋势线，此后连续多个交易日位于下降趋势线上方，说明突破下降趋势线有效。投资者可在其后价格启动上升时开始入场做多，之前做空的投资者宜立即平仓。

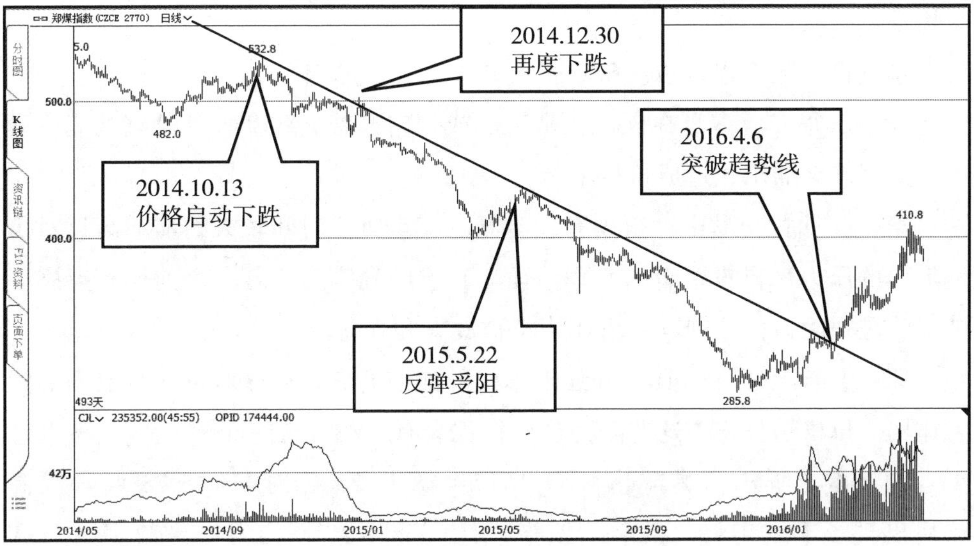

图 8-4　郑煤指数日 K 线走势图

第二节　重要阻力位与支撑位

阻力位与支撑位是投资者研判价格运动趋势与方向的主要参照指标。当价格上行至阻力位附近时，很可能会受到获利盘或抛盘的影响而走低。不过，市场上的力量总是不断转化的，若价格能够突破某一重要阻力位，之后这个阻力位又会转变为支撑位。同样，价格向下跌破支撑位后，这个支撑位也会转变为阻力位。

前面介绍的上升趋势线和下降趋势线，实质上是两个重要阻力位与支撑位。上升趋势线为价格上升时的支撑位，下降趋势线为价格下行时的阻力位。

一、前期高点的阻力与支撑

在所有阻力位中，前期高点永远是最重要的一个。价格若能突破前期高点，则意味着一波新的行情已经展开，反之，就会使得前期高点的压力进一步增强。

前期高点之所以难以突破，主要有以下几个原因。

第一，很多看多盘在该位置被套牢或割肉，若这些套牢盘没有被充分释放，则可能会涌出，造成价格下行。

第二，期货交易中，很少有长时间的套牢盘，时间较久的前期高点对价格形成的压力来自投资者的心理，而非真实的套牢盘。若一个前期高点屡屡被证明是强阻力位，则其阻力作用将被放大和强化。

第三，被反复证明具有较强阻力位的前期高点，往往对价格有更强的阻力作用。价格一旦突破这些阻力位，往往会有一波可观的涨幅。

如图 8-5 所示，黑链指数自 2017 年 8 月 25 日创下 145.75 点阶段高点后出现了下跌走势。其后，该指数几次反弹上升，2017 年 12 月 4 日和 2018 年 2 月 26 日两次反弹高点距离 2017 年 8 月 25 日的高点还有一段距离时就转头向下。2018 年 8 月 17 日，指数再度上升至前期高点附近，但又一次受到前期高点的阻力转而重新下跌。由此可见，前期高点对价格具有很强的阻力作用。

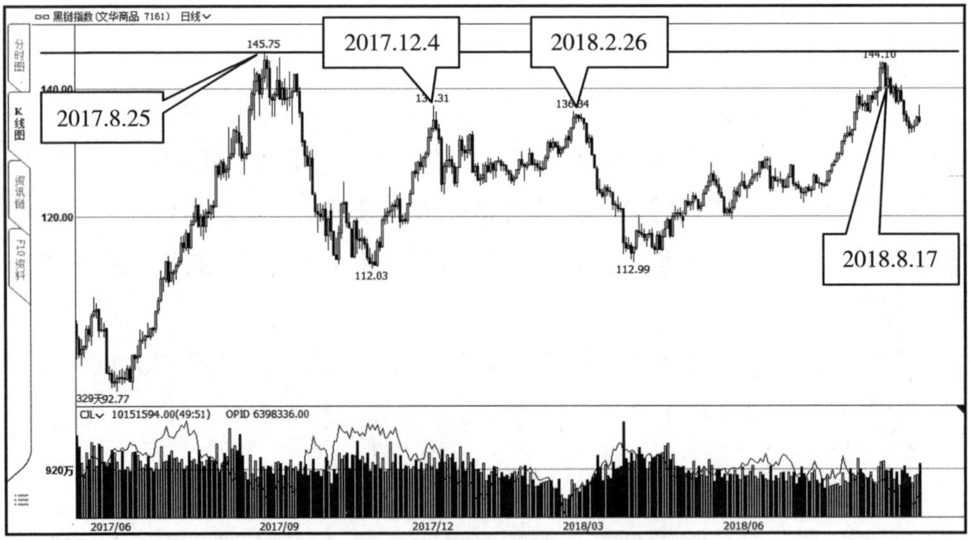

图 8-5　黑链指数日 K 线走势图

前期高点对价格的阻力作用，在价格突破该位置后，就会从阻力作用变成支撑作用。若价格出现回调，回调至前期高点附近时，将会有做多盘涌入，从而推动价格进一步走高。

如图 8-6 所示，铁矿指数自 2016 年 4 月 25 日创下阶段高点后开始调整走势。之后，当指数反弹至前期高点附近时再度下跌，由此可见，前期高点对价格有较强的阻力作用。

图 8–6 铁矿指数日 K 线走势图

2016 年 11 月 7 日，铁矿指数发力向上突破前期高点，之后该指数迎来一波快速上升行情。当指数回调至前期高点附近时，因受前期高点的支撑转而重新上升，说明前期高点位置已经从强阻力位转化为强支撑位了。

二、前期低点的支撑与阻力

在所有支撑位中，前期低点非常重要。价格遇到前期低点后开始反弹，意味着一波反弹行情已经展开。若价格跌破了前期低点，则意味着一波规模更大的下跌可能会到来。

前期低点之所以具有较强的支撑作用，主要有以下几个原因。

第一，很多看空盘在该位置被套牢或割肉，若这些套牢盘没有被充分释放，则可能会涌出，造成价格上行。

第二，期货交易中，很少有长时间的套牢盘，一些时间较久的前期低点对价格形成的支撑作用，主要来自投资者的心理，而非真实的套牢盘。若一个前期低点屡屡被证明是强支撑位，则其支撑作用将被放大和强化。

第三，被反复证明具有较强支撑作用的前期低点，往往对价格有着更强的支撑作用，一旦价格跌破这些支撑位，往往会有一波较大规模的跌幅。

如图 8-7 所示，棕榈油指 2015 年下半年出现了一波快速杀跌走势。2015 年 8 月 27 日，该指数创下 4090 点的阶段新低，此后出现了一波反弹走势。

图 8-7　棕榈油指日 K 线走势图

该指数经过一段时间的反弹后，因受做空盘的影响再次下跌。11 月 20 日，该指数下跌至前期低点附近时重新上攻，说明 4090 点具有较强的支撑作用。其后，棕榈油指直接反弹向上，走出了一波震荡上升走势。

与前期高点的作用相似，当价格向下跌破前期低点后，该位置的支撑作用将会转化为阻力作用，价格再度反弹至该位置附近时，会因阻力作用转而重新下跌。通常情况下，前期支撑作用越明显的位置，后期所起的阻力作用也会越大。

如图 8-8 所示，橡胶指数在 2017 年 6 月 8 日创下一个阶段低点后反弹向上，该指数经过一段时间的上升后出现了下跌走势。当指数两度下跌至前期低点附近时，均受前期低点位置的支撑转而重新上攻，说明该位置对指数具有较强的支撑作用。

图 8–8　橡胶指数日 K 线走势图

2018 年 3 月 23 日，橡胶指数大幅下跌并跌破了前期低点，该位置由支撑作用转化为阻力作用。其后，指数几度上攻至该位置附近，均因受到阻力转而出现下跌走势，由此可见该位置的阻力之强。

三、高位震荡区的阻力

当期货合约价格上升一段时间后开始盘整时，上升或下跌幅度都不大，但这种情况必然会在某一时刻被打破，之后会迎来一波较大的上升或下跌行情。这个高位震荡区域（期间可能会出现一个阶段高点），将会成为未来价格走势的阻力位或支撑位。也就是说，当价格自下而上来到这个密集区时，会遇到较强的阻力。若价格能够向上突破这一区域，那么该区域的阻力作用会转化为支撑作用。

如图 8-9 所示，豆一指数从 2012 年 9 月 4 日的高点下跌后，在 4255 点到 4727 点之间震荡了很长时间，形成高位震荡区域，区域内的高点均低于 2012 年 9 月 4 日的高点。

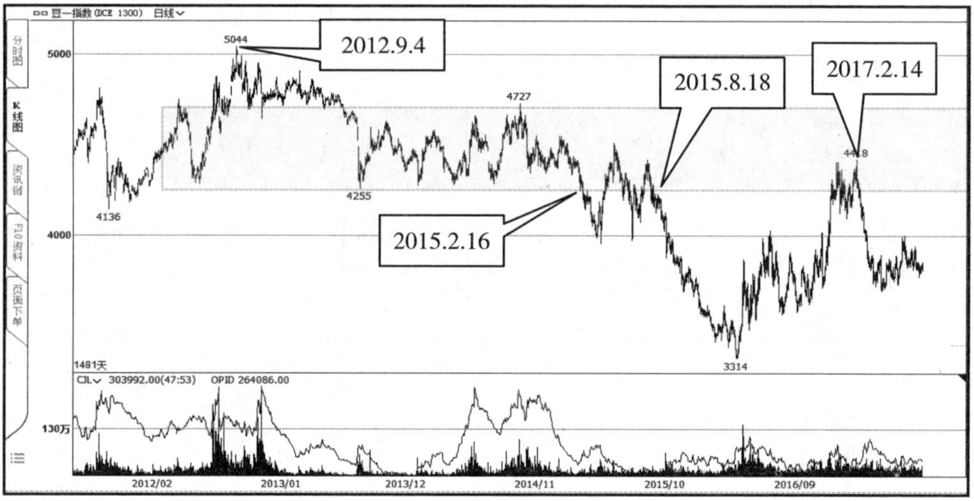

图 8–9　豆一指数日 K 线走势图

2015 年 2 月 16 日，该指数跌破震荡区域后重新上攻，但受到该区域的阻力作用，于 2015 年 8 月 18 日再度跌破并远离了该区域，从此以后，该指数开始了一段时间较长的下跌走势。

2017 年 2 月，该指数经过一段时间的反弹后，重新来到震荡区域附近，又一次因该区域的阻力作用而重新下跌，由此可见该震荡区域的阻力作用之强。

四、相对高点与相对低点的支撑

通过相对高点与相对低点的水平线也是非常重要的阻力与支撑线，这条线类似于 X 线（关于 X 线，可以参见《股票画线技术入门与技巧》一书）。

将上升行情中回调的低点与下跌行情中反弹的高点相连，可以得到一条全新的趋势线。当价格回调时遇到这条线，可能会受到支撑作用而上行；反之，若价格上升时遇到这条线，可能会遇阻而回落。

在绘制这条线时，需要注意以下几点。

第一，选择的高点和低点为相对高点和相对低点，即绘制该线并不要求绝对高点与绝对低点。

第二，相对高点与相对低点要在K线的两侧，即绘制的趋势线要从K线中间穿过，如图8-10所示。

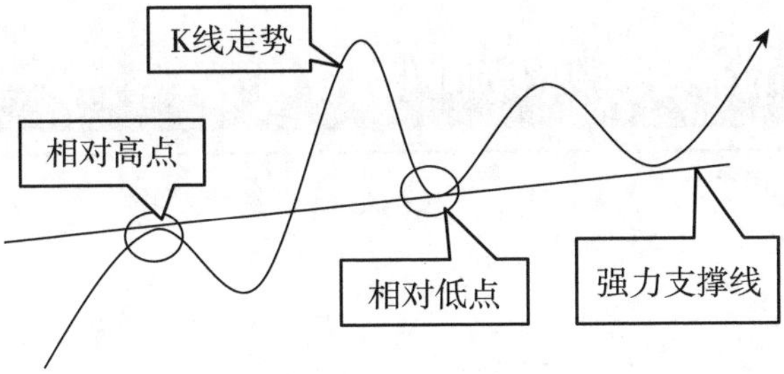

图8–10　相对高点与相对低点连线

第三，与其他支撑线一样，若价格向下跌破该线，则该线的支撑作用会转化为阻力作用。

如图8-11所示，PTA指数在2017年下半年开始了一波上升走势，该指数在2017年7月17日和9月4日连续创下两个阶段高点后出现回落走势。其后，该指数突破前两个高点后又开始了调整走势，于2017年12月15日创下阶段低点后反弹向上，投资者可将该相对低点与之前两个相对高点连接获得一条强力支撑线。

2018年4月9日，指数再度回调至该支撑线附近时，因受支撑作用转而重新上攻，由此可见该支撑线有较强的支撑作用。

图 8-11　PTA 指数日 K 线走势图

第九章

从技术分析到基本面分析

技术分析的目的是试图判断价格当前所处的运行趋势以及这种趋势未来能否延续，比如，期货价格未来走高的可能性很大，则可以看多。基本面分析则不然，基本面分析通常是对当前期货价格与实际价值进行比较，分析当前期货价格是高估还是低估。若低估则坚决看多买入，若高估则看空卖出。在基本面分析中，当前期货价格是一个客观存在的交易价格，而实际价值则是一个仁者见仁、智者见智的事情。每位投资者对基本面进行分析后，得出的结论会有所不同，因而采取的交易策略也会不同。

第一节　基本面分析要点及常见问题

很多投资者都会有这样的看法：基本面分析并没有什么用，明明分析的结论是价格会上涨，可实际上偏偏走低；明明供给过剩，价格却在走高。其实，这并不能说明基本面分析没有用，只能说明我们还没有真正掌握基本面分析的要点和基本面分析方法。

一、未来供给与需求变化

由于期货合约是未来商品交割价格的标的，因而在分析商品基本面时，不能只限于当前的供给与需求情况，而应着眼于未来的供给与需求情况。供给与需求的对应关系，是商品价格涨跌最直接、最重要的影响因素。

不过，在实战分析中，很多投资者可能会感觉，明明分析结果是商品供给减少，价格会上扬，为什么反而下跌呢？

这就要求投资者从多方位检讨供给与需求的变化。

第一，未来具有很强的不确定性。当前的需求与供给是否会传递到未来，这是投资者需要分析的第一个问题。有时候，供给减少只是当前情况，并不能代表未来仍然会不足。

第二，未来供给与需求是受多方面因素叠加之后的连锁反应，一种条件的改变带来的后果往往是不可预知的。例如，某一产量极大的钢铁厂破产，未来铁矿石需求是否会减弱，这是一个需要全面分析的问题：其一，一家对铁矿石需求极大的钢铁厂没有了，对铁矿石的需求势必会大量减少，铁矿石价格走低的概率很大；其二，由于该钢铁厂倒闭，其他钢铁厂扩充产能，弥补该钢铁厂倒闭留下的市场空白，从而带动铁矿石的需求，从这一点上来看，似乎铁矿石的价格并不会下跌很多；其三，如果这家钢铁厂倒闭后，其他钢铁厂并没有扩产，而是借机消耗多余库存，这时对铁矿石的需求就不那么强烈了。

总之，未来影响某一产品的需求与供给的因素很多，而且很可能会产生连锁反应，投资者要进行综合分析，而非依照某一单一信息做出判断。

第三，市场对分析结论并不认可。很多时候，投资者个人的分析结论并不代表市场主流看法，期货合约价格的变动主要靠资金推动，没有资金参与，价格很难走出预期行情。也就是说，如果市场上的主流资金并不按照投资者的判断操作，那么价格走势仍然难以令人满意。

二、利好与利空转化

在投资领域，大家总会听到一种说法：利好兑现即是利空。在期货投资领域尤其如此，一个很大的利好消息公布时，预想中的大幅上攻走势并没有出现，而是成了做空者的乐土。但“利好兑现即是利空”要看具体情况。

第一，已被反复炒作的利好消息。利好消息没有正式发布之前，市场上就已经开始流传，那么在价格方面必然会有所反应。随着利好消息不断被提及，价格也不断上升。当利好消息真正兑现时，其价格已经远远超过了其本身的价值，因此价格需要修正，做空者往往会利用这个机会将价格拉高后大肆做空，所以说“利好兑现即是利空”。

第二，对于突发性利好消息，由于市场之前没有任何预见，往往会对价格产生冲击。这个时候，利好消息才是真正的利好价格。

第三，利好或利空消息的成色决定了其对价格的影响程度。通常情况下，那些可能对市场造成长期或相对较长时间影响的消息，才会对价格产生直接影响，而一些影响相对较小的信息，往往会被主力利用，成为诱空或诱多的工具。

三、基本面与交易点位

通常情况下，投资者通过对一系列供给与需求的分析，得出一个大致的商品价格。这时，投资者会将自己计算得出的价格与市场价格进行对比。当发现市场价格被大幅度低估，可能会看多开仓；反之，若存在明显高估，则可能会看空开仓。其实，这是以个人主观观点代替市场趋势。

市场并不以个人意志为转移，也不会因为你计算得有多么精确就会按照你的计划走。当然，站在更长的时间点来看，也许投资者的计算是正确的，最终市场价格来到了投资者预测的位置，但是时间上不允许你那样操作。期货投资是一种杠杆投资，即使投资者所选的交易点位没有问题，但时间不对也不行，也许没等到市场回头，投资者已经爆仓了。所以，期货交易首先要顺应当前趋势，不能逆趋势而动，对这种趋势的判断要依赖技术分析。

在期货领域，基本面分析可以为投资者提供一个未来价格运动的方向，而技术分析则可以告诉投资者当前如何操作才能盈利。若眼前无法盈利，未来无论多么美好其实都不重要，因为在你还没有等到明天太阳出来的时候，可能就已经被冻死了。

期货合约的长期价格趋势是由基本面决定的，短期价格趋势则是由投资者的情绪决定的。投资者不能只看长期趋势而忽视短期趋势，更不能依据基本面分析来设定具体的交易点位和价格。

四、对影响力不足事件的预测

对影响力不足事件的过度解读，也是期货投资者在进行基本面分析时经常犯的一个错误。举个例子，大家知道同处美洲的巴西和美国都是大豆主产区，在大豆种植季节，如果巴西遭受了严重的旱灾，那么自然而然就会联想到大豆价格会上涨，大豆期货价格也会水涨船高。可是，如果巴西受灾的只是一个范围较小的区域，那么影响力肯定没有那么大，此时若美国大豆是丰收年，那么无疑会使大豆价格走低。也就是说，投资者看到一些可能影响商品价格的信息时，一定要先分析这个事件的影响范围有多大，该事件到底会在多大程度上影响商品的价格。

很多商品特别是期货交易标的商品，全球联动性特别强。在对这些商品进行基本面分析时，不能局限于某一地区（占据绝对优势的特殊区域除外）、某一国家出现的某种影响价格走势的因素，而应该从全球着眼，通过对总供给和总需求进行综合分析，以期准确地判断市场走势。

第二节　供给与需求分析

商品价格是由供给与需求关系决定的，当供给大于需求时，价格会走低，反之则会走高。但是，实战中还应具体问题具体分析。

一、供给与需求的基本关系

按照一般理解，供给量增加时，价格必然会下滑；反之，供给量减少时，价格又会上升。例如，随着全球人口增长，玉米的需求长时间处于稳定增长状态。某一年份全球玉米大丰收，供给量大大超过需求量，玉米期货价格势必会走低；反之，若某一玉米主产区遭遇了自然灾害，玉米减产很多，造成全球玉米供给减少，那么玉米价格就会走高。

通常情况下，商品供给增加时，价格会走低。但如果供给增加，同时需求增加的幅度更高，则价格不仅不会走低，还可能会走高。

大部分情况下，供给与需求的关系是动态平衡的。例如，全球钢铁需求量增加时，必然带动铁矿石需求量增加，那么铁矿石价格就会走高。与此同时，各大铁矿石供应商从自身利益考虑，也会加大铁矿石的开采力度，增加铁矿石供给量。铁矿石供给量增加与需求量的增加会形成新的平衡，价格也会逐渐趋于平稳。

在供给与需求平衡方面，著名的机构是 OPEC（石油输出国组织），该组织是为了协调各石油生产国的石油产量以获取石油定价权限、调控世界石油价格、保障成员国利益而组建的。当石油价格走高时，该组织会动员成员国增加石油产量；当石油价格走低时，则会通过减产阻止石油价格进一步下滑。当然，靠调控石油产量来调控石油价格的做法也不一定每次都有效，毕竟价格是由市场决定的，市场上还有很多大的产油国没有加入该组织，比如美国、俄罗斯。

在实战操作中，投资者需要对期货合约标的商品未来一段时间内的供给与需求情况进行大致分析，并预测未来供给与需求的对应关系，即供给处于过剩状态还是偏紧状态，特别是这种状态与当前状况相比是否更为严重。若存在过剩进一步增加的可能，则价格走低的概率较大；反之，价格有走高的可能。投资者若基于基本面分析来判断期货合约的价格走势，则需要收集各类供给与需求数据，并进行严谨的分析与测算。

二、需求的季节性特征

在现货市场上，很多商品的需求具有明显的季节性特征。在需求旺盛的季节，这类商品的价格较高，在需求萎缩的季节，价格则会回落。很多投资者喜欢将这种季节性波动带入期货投资领域，事实上，期货合约的报价很难呈现出明显的季节性波动特征。在旺季来临前，期货价格走势已经充分考虑并消化了旺季需求，不过，毕竟预期会与实际情况存在一定落差，这个落差也可能引发价格的变化。

当旺季实际需求远远大于预期数据时，市场就会表现得非常兴奋，从而推动价格进一步走高；反之，若实际需求低于预期数据（也许并不是很明显）时，市场就会非常失望，从而给空头一个发泄的机会，空头将占据主导地位。

商品需求旺季来临时，期货合约价格未必会走高，主要看之前的市场预期与实际需求的对比情况。

投资者可以将某一季节性需求强的商品均价以月份基准列出一个表格，再将各年相同月份的数据进行对比，以判断季节性需求对现货商品价格和期货商品价格的影响。

三、影响需求变动的因素

通常来说，需求变动分析需要聚焦于几点：其一，本期及未来基本需求量及需求变动量（包括区域内和区域外）；其二，大宗商品库存量及库存变动量；其三，国际需求量的变动等。

对于期货交易中的大宗商品来说，某些因素可能会对需求量产生较大影响。商品不同，影响需求的因素也有所不同。下面列举几个对需求量产生影响的常规因素。

第一，国家宏观经济政策。

对于钢铁、煤炭等产业来说，国家宏观经济政策的影响非常大。例如，淘汰落后产能、环保督查力度不断加强的大环境，将会在相当长的时间内影响煤炭、钢铁等产业。一些高污染、高耗能的产业面临淘汰或转型问题，这就会在短期内造成钢铁产量下降，同时对铁矿石的需求也会有所减少。

从长期来看，这种需求减少很可能是短期的，并不持续。一些大型钢铁企业可能会将淘汰落后产能看成其发展的机会，并借机扩充产能，以弥补被淘汰企业造成的市场真空。随着这些新增产能的兑现，对铁矿石的需求又会恢复。

第二，意外事件的影响。

不可抗力造成的灾害包括地震、洪水等，这些灾害往往会对市场造成重大冲击。例如，洪水或地震对某一地区的房屋、桥梁等基础设施造成了很大的破坏，那么，随之而来的灾后重建会拉动水泥、钢铁等物资的需求。由于这些灾害是突然发生的，市场并不会有任何预期，因而当这些不可抗力造成灾害时，市场必会产生相应的反应。

第三，外部环境变化产生的需求变动。

商品种类不同，需求变动的原因也有所不同。例如，人们消费观念的改变，可能对某种商品的偏好加强，从而导致商品需求旺盛，使得期货合约价格上行。投资者还需要考虑这种消费观念转变的范围，若只是某个地区一小部分人的消费观念转变，是不会引发某类商品价格变化的。再比如，从2018年开始国际经济增长乏力，加之新能源汽车代替传统的燃油汽车，使得全球石油需求减弱，国际原油价格下滑，原油期货价格也随之走低。

四、影响供给变动的因素

通常来说，供给变动分析需要聚焦于几点：其一，本期及未来基本的供给量及供给变动量（包括区域内和区域外）；其二，大宗商品库存量及库存变动量；其三，国际供给量的变动等。

与影响需求变动的因素相似，对供给产生影响的因素也包括如下几类。

第一，国家宏观经济政策。

国家宏观经济政策不只对需求产生影响，还会对供给产生影响。同样是淘汰落后产能的政策，很多小煤矿和小型钢铁厂面临转型，这就造成市场上煤炭和钢铁供给减少。随着煤炭和钢铁供给的减少，相关商品期货价格也会随之走高。

如图 9-1 所示，随着淘汰落后产能政策的推进以及环保督查力度的加强，很多小煤矿和中小型煤炭企业产量减少，煤炭、焦炭价格开始走高，郑煤指数自 2015 年 11 月 24 日开始出现了一波快速上升走势。随着大型煤炭企业产能提升，煤炭价格开始回归理性，期货合约价格开始在高位震荡盘整。

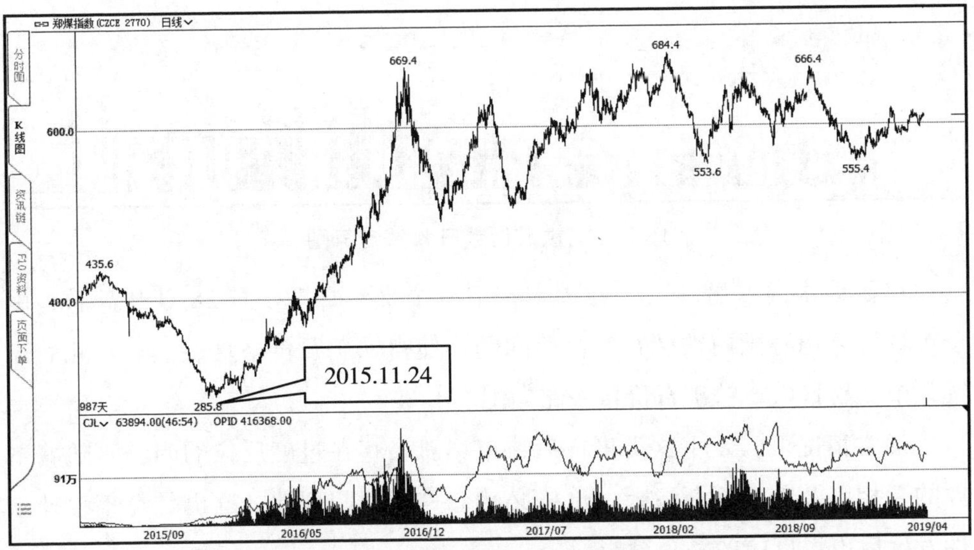

图 9-1 郑煤指数日 K 线走势图

第二，意外事件的影响。

不可抗力导致的自然灾害可能会对某些商品的供给造成影响。例如，玉米或黄豆主产区遭遇水旱灾害，某些重要的供应商遭遇突发性灾害，使得其出厂的产品减少等，这些因素都可能对相关商品的供给产生直接影响。由于这些意外事件市场不能提前预知，因而也不会提前在价格走势中反应。当这些意外事件发生时，期货合约价格往往会有较大幅度的震荡。

例如，2019 年 1 月 26 日，巴西矿业巨头淡水河谷发生溃坝事故。由于中国每年从该公司进口大量铁矿石，因而在矿难发生的下一个交易日，铁矿指数出现了暴涨行情，如图 9-2 所示。

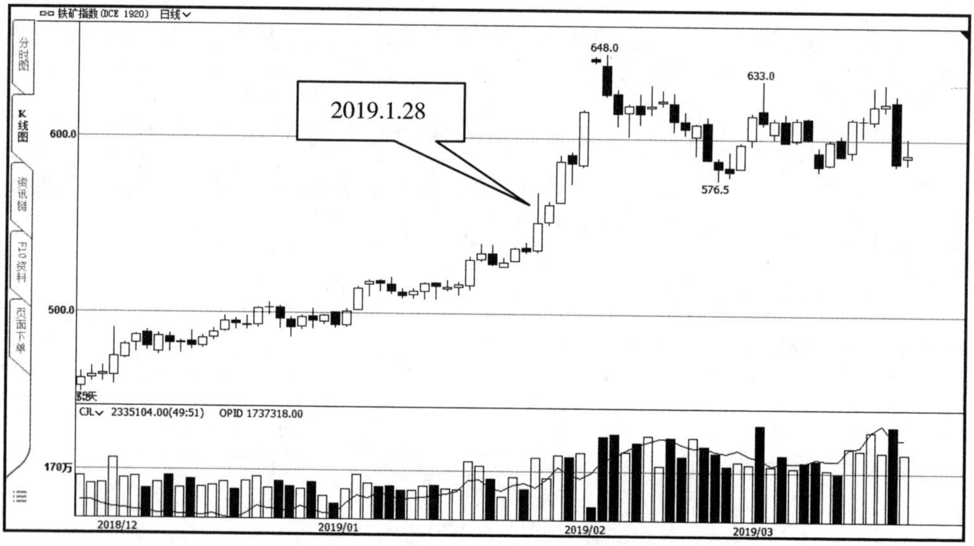

图 9-2　铁矿指数日 K 线走势图

巴西淡水河谷事件发生在周末，下一个交易日即 1 月 28 日开盘后，由于市场过分担心国内铁矿石的供给问题，使得铁矿石价格直接上攻。此后连续几个交易日内，铁矿石价格一路向上。

通常情况下，发生这类事件后，市场总会存在过度反应的问题。随着事件的真相以及影响逐渐清晰，价格必然会重新回归理性，这也是每年意外事件发生后市场反应的一个缩影。

第三，自身原因或外部环境变化产生的供给变动。

在大宗商品中，有色金属、能源产品占据了很大的比重，这些商品属于非再生资源，地球上可供开采的石油、金属（包括铁矿石、金、银、铜、镍等有色金属和黑色金属等）总量是固定的。即使发现了一些新的矿藏，也只能在短期缓解供应压力，因此这些资源的供给是趋向于紧张的，未来供给的价格也会呈现震荡走高态势。

五、特殊商品——黄金

对于大多数商品来说，投资者通过需求与供给的变化，大致能够描述其价格运行趋势，但有一个例外，这就是黄金。作为一种商品，黄金也有明确的供给量与需求量。例如，它被广泛应用于首饰加工和工业制造，投资者可大致计算出市场对黄金的需求量；同时，作为一种矿产资源，它可以根据金矿储量和开采量大致计算其供给量。然而，以上这些都不足以描述黄金价格的走势情况，因为除了具有商品属性之外，它还具有货币属性。黄金价格走势与人们的心理感知密切相关，与战争、政治环境、通胀情况、利率情况、货币波动、贸易平衡等都有着直接的关系。

中国有一句古话："乱世买黄金"。这句话在今天仍然有效。当世界局势不稳时，传统货币无法满足保值需求，黄金就成为最佳的避险工具。世界主要国家的央行也会根据本国经济情况，结合世界经济形势购买或抛售黄金，这在很大程度上会影响黄金的价格。

第三节　影响价格变动的其他因素

对于大多数商品来说，价格是由需求与供给决定的，但价格变动还会受其他因素的影响。

一、预期与市场价格变动

尽管期货市场与现货市场密切相关，但由于期货合约属于未来交付的现货合约，这就让期货合约带有了强烈的预期色彩。以股指期货为例，在上升趋势中，股指期货合约的点位通常会高于实际点位，点位之间的差距其实就是投资者的预期。若股市进一步上升，则该预期就会放大，股指期货的点位与实际指数点位的差距就会放大。反之，在下跌趋势中，股指期货的点位可能会低于实际指数点位，而且随着跌势的延续，这种差距有时还会放大。不过，当股指期货交割期临近时，期货合约的点位就会向标的指数点位靠拢，最终趋于一致。

事实上，因交割期的存在，使期货与现货价格之间存在差异，但这只是形成价差的一小部分原因，更主要的原因在于投资者的心理预期。若市场上的投资者普遍预期现货价格还将进一步上升，则期货合约价格就会出现明显、大幅度的上扬，反之，则可能出现下跌。这种预期造成的价格波动，多数会超过实际的价格波动幅度，因此期货交易吸引了大量的短线资金入场。这些短线资金看重的并非长期价格趋势，而是短期内由投资者心理预期推动的价格波动。

一般心理预期造成的价格波动包括以下几类。

第一，短期的价格波动。由于突发事件造成某种商品的供给或需求有较大的波动，致使投资者对该商品价格产生了强烈的看涨或看跌预期。巴西淡水河谷事件与铁矿石价格暴涨就是一个非常典型的案例。与铁矿石案例相似，所有短期价格暴涨或暴跌情况发生之后，都会出现一波修复行情，价格最终会回归理性。

第二，季节性的价格波动。很多商品具有明显的季节性需求特征，即在需求旺季，该商品价格较高，供给经常小于需求；在需求淡季，供给则明显大于需求。此类商品交易中，需求旺季来临前，由于投资者对现货价格上涨存在明显的预期，因而期货价格会呈现逐级走高的态势。不过，当需求旺季来临时，由于投资者心理预期已经兑现，这些商品的价格可能不会继续走高或者大幅走高，也可能会反向下跌。若现货需求季节到来后，实际交付价格低于市场预期，那么期货价格可能会出现大幅下跌的情况。

在交易中，投资者的心理预期往往还与其对相关商品的供给与需求预测数据有关，而获取相对准确的预测数据并不是一件容易的事。例如，投资者想要获得新一年度玉米价格的预测数据，则需要结合上一年的玉米种植面积、新一年度增加或减少的面积、上一年玉米总产量和单位产量、新一年的气象情况等，预判产量变化；根据上一年玉米的需求情况、新一年新增或减少的需求情况、玉米库存情况等诸多数据预判供给数据，根据这些数据推算玉米价格可能产生的波动情况。

二、通货膨胀或通货紧缩

通货膨胀或通货紧缩都可能对期货市场价格走势产生一定的影响。

我们对一些产品的基本面进行分析时，若忽略通货膨胀或通货紧缩，会使得测算数据与市场实际情况脱节。发生通货膨胀时，市场上的供应商必然产生囤货惜售的心理，从而使得物资价格出现非正常的上升。投资者在评估商品价格时，若没有将该因素考虑在内，则可能使自己测算的价格大幅低于市场价格。

通货紧缩会像通货膨胀一样影响投资者的判断。在通货紧缩时期，市场流通货币减少，会造成物资价格出现非正常的下跌。

三、对新闻事件的解读

尽管期货交易被认为是与现货市场紧密相连的，即期货价格会随着现货价格的波动而产生波动。但在实际交易中，现货市场很少受某一新闻事件或经济政策的影响而出现大幅价格波动，期货市场则不然。由于短期价格波动与投资者的情绪有关，因而当市场上出现某些新闻或对新闻事件的解读信息后，价格就会随之发生异动。

例如，有专家就某一期货品种或领域发表了影响力较大的谈话，就可能引发市场对该品种价格走势的无限遐想，可能担忧价格下跌，也可能憧憬价格上涨。随着市场对这些信息解读的深入，价格就会出现波动。当然，这种新闻事件很难从整体上影响期货合约价格的长期趋势，但可能在短期内造成价格波动。

第四节　价差分析

期货合约之间的价差变动为套利投资者提供了机会。同时，正因为价差套利机会的存在，有效地纠正了期货合约价格的不合理波动，使之回归理性。

例如，近期白糖合约和远期白糖合约之间的价差，因近期合约价格的暴涨而开始扩大，那么，投资者就会入场进行价差套利，最终这种价差会因为套利者增多而重新回归正常水平。

一、价差及价差交易的优势

价差交易是指在购买一个期货合约的同时卖出另外一个期货合约。价差套利的核心不在于两个合约价差的大小，而在于这种价差未来趋向于扩大还是缩小。也就是说，进行价差套利的实质是判断两个合约之间的价差变化。两个合约可以在同一市场，也可以在不同市场。实战中，建议投资者选择同一市场内给出的套利合约，大连商品交易所和郑州商品交易所就为投资者提供了各类产品的套利合约。

价差套利交易的存在可以作为期货商品交易的一个有益补充，其作用主要体现在以下几个方面。

第一，价差套利交易可以帮助投资者回避部分风险。对于很多希望控制风险的投资者来说，常规商品期货交易的保证金太高，风险太大，而价差交易一方面可以让投资者享受部分期货合约价格波动带来的收益，另一方面又可以回避期货合约价格波动带来的风险，毕竟参与价差交易需要支付的保证金要远远低于商品期货交易的保证金。

第二，价差交易直接选择了商品价格相对波动幅度作为交易对象，可以让投资者获得一个更好的投资回报，毕竟投资者投入的本金较少，却可以获得较高的价格波动产生的收益。

第三，作为投资者判断期货合约价格走势的一个辅助工具。通常情况下，价差套利的两份合约之间的价差会维持在一定水平，当价差出现大幅波动时，很可能是某一份合约的价格出现了非理性波动，投资者要仔细分析原因，在价格回归理性之前采取相应的措施。

二、价差交易的三个类别

经常利用价差进行套利的合约大致包括三个类别。

第一，同一市场内相同品种的跨期套利。这是一种常见的套利模式，也是目前市场上主流的套利模式，即投资者买入（或卖出）某一品种的近期合约，同时卖出（或买入）该品种的远期合约，通过双向平仓来实现获利。例如，投资者认为白糖6月合约和9月合约之间的价差可能会扩大，则可买入开仓两个合约的套利单，即买入9月份的合约，卖出6月份的合约。其后若两个合约之间的价差放大，则可以平仓卖出。

第二，同一市场内不同品种的跨期套利。即投资者做多某一商品后，同时做空与该商品相关的另一商品。通常情况下，投资者选择的两个品种应该具有某种相关性，例如，投资者认为相对于大豆来说，豆粕存在一定的溢价，则可以考虑做多大豆的同时做空豆粕。

第三，跨市场价差套利。即在某一个市场买入某一个商品的同时，在另外一个市场卖出该种商品。这种情况适用于不同市场之间同种商品出现幅度较大的价差时。当然，投资者在考虑价差时，还需要考虑不同市场之间的运输问题、保存问题等。也就是说，跨市场套利要比同市场套利复杂得多，这里不作过多介绍。

三、价差套利前的准备

价差套利交易的前提是能够在发现价差出现变化前介入并进行套利操

作，而价差出现变化的迹象，则需要投资者去搜寻和探索。

第一，与历史数据对比。

投资者需要借助历史价差数据来分析未来的价差变化，特别是历史同期的价差变化情况。例如，投资者需要分析豆粕1905合约和豆粕1909合约的价差变化情况，可以对照豆粕1805合约和豆粕1809合约的价差变化情况。当然，未来不会简单地重复历史走势，但历史走势仍然可以为未来走势的预测提供借鉴。

第二，特定历史时期的价差对比。

牛市时，随着合约价格走高，价差是否会放大？熊市时，随着期货合约价格走低，价差是否会缩小？这些需要投资者研究历史走势来获得结论，这些结论无疑会成为未来交易的参照和指导。

第三，分析季节性价差变化。

不可否认，各类农产品期货合约的价格存在季节性波动特征，但两个合约之间的价差不一定存在这种关系，这也需要投资者通过对历史数据的研究来获得结论。

第十章

主要期货品种分析要点

目前，已经在各大期货交易所上市的期货品种包括农产品期货、能源期货、金属期货、工业品期货以及金融期货等。未来，随着期货交易市场的逐步完善，必然会有更多的期货品种上市。

第一节　农产品期货分析要点

农产品期货品种包括黄豆、玉米、小麦、稻谷、菜籽等直接种植的农产品，涵盖由这些农产品加工而成的产品，如豆粕、豆油、白糖、淀粉、菜油。农产品期货是我国期货市场上主要的交易品种，本节选取其中交易比较活跃、交易量大的几个品种进行介绍，以便投资者了解和熟悉农产品期货交易的基本方法和技巧。

一、大豆

大豆又称黄豆，原产于我国，已有4700多年种植历史。19世纪后期，大豆种植从我国传入欧洲和美洲，目前，大豆种植在世界各地已经普及。我国的大豆种植有春播和夏播两种，其中东北、内蒙古等地以一年一季的春播为主，黄淮地区以夏播为主。目前，东北地区特别是黑龙江地区为大豆的主要播种区。大豆的用途主要分食用和榨油两种。大豆期货产品在大连商品交易所上市，按照大豆的用途，分为以食用品质非转基因大豆为标的的黄大豆1号合约和以榨油品质转基因和非转基因大豆为标的的黄大豆2号期货合约。

1. 大豆的供给与需求

目前，大豆产量最多、出口量最大的国家是美国，其次为巴西和阿根廷。我国自1996年开始成为大豆的净进口国。目前国际上大豆的供应地主要为美洲国家。黑龙江省为我国的大豆主产区，约占全国大豆总产量的34%，其次为河北、内蒙古、吉林等地。

随着我国居民生活水平的不断提升，国内对大豆（包括豆粕、豆油以及大豆的食用及工业等）的需求量也逐渐增加，国内生产的大豆远远不能满足消费者的需求，未来大豆的进口量还将进一步增加。

2. 影响大豆期货价格的因素

影响大豆期货价格的因素主要有供给、需求、国际大豆价格以及相关商品价格等四个方面。

（1）大豆的供给。

作为一种农产品，大豆的供给情况受制于种植面积、天气、生长情况以及收获进度等因素。每年大豆种植面积的增加与减少，直接决定了当年大豆的供给情况，天气情况则是另外一个影响大豆供给的重要因素。大豆种植季节，在大豆主要种植区若出现干旱或洪水，将会导致大豆产量巨幅下降。同时，大豆病虫害以及霜冻情况，也会造成大豆减产。长期持有大豆期货合约的投资者，需要及时了解大豆主要产区的基本情况，全面掌握大豆供给量的变化。若大豆供给减少，其价格势必会抬升。

（2）大豆的需求。

欧盟、中国、日本以及东南亚等国家和地区是大豆的主要进口区域，这些地区的进口量增加或减少，也会影响大豆的价格。同时，大豆以及大豆制品包括豆粕、豆油等商品的消费情况，也会对大豆价格产生一定的影响。

（3）国际大豆价格。

尽管我国农产品期货市场并未与国际接轨，但大豆作为大宗进口商品，其价格涨跌也不可避免地受到国际大豆价格的影响。

（4）相关商品价格。

大豆既可以作为食品，又可以作为榨油原料。无论何种用途，都会有相应的替代品存在，例如，用葵花籽或菜籽代替大豆榨油；用芸豆、绿豆等代替大豆食品。相关替代商品的价格，在一定程度上也能影响大豆的价格。当大豆价格过高时，市场可能会选择用其他商品替代大豆。

图 10-1 所示为豆一指数的日 K 线走势图。

图 10-1　豆一指数日 K 线走势图

由于受大豆出口疲软和国内供应相对充足的影响，豆一指数自 2017 年 2 月中旬触顶后出现一波下跌走势。KDJ 指标同步出现死叉，属于典型的看空信号。豆一指数在下跌过程中还出现了一波反弹整理走势，并于 2017 年 4 月到 9 月走出了典型的上升楔形形态。

2017 年 9 月，豆一指数跌破了上升楔形形态，至此，该指数重新回到下跌通道，说明该指数的下跌趋势还将延续。

对于准备长期持仓的趋势交易者来说，2017 年 2 月中旬开始建立空头仓位后，就可以长期持有仓位了。当然，也可以在 2017 年 4 月到 9 月适当减少空头仓位，并在 2017 年 9 月以后重新加大空头仓位。对于短线投机者来说，看多豆一指数是非常危险的，通过连续看空操作才能实现收益最大化。

二、豆粕

豆粕作为大豆的副产品，是动植物饲料产品中产量最大、用途最广的一种。豆粕不仅是养殖业饲料的主要来源，还可以作为食品、化妆品甚至药物的原料。

1. 豆粕的供给与需求

由于豆粕是大豆的副产品，因而大豆的主产区同时也是豆粕的主产区。美国、巴西、阿根廷和中国为豆粕的四大主产国。不过，由于豆粕需求量较为均衡，美国作为豆粕最大生产国，同时也是最大的需求国，使得该国豆粕出口量并不高，仅占总产量的1/4。欧盟、日本、中国对豆粕的需求量在逐年递增。

从国内来看，东北三省、河北、山东、内蒙古等大豆主产区也是豆粕的生产区，不过豆粕的主要消费区则在长江三角洲和珠江三角洲地区，也就是通常所说的“北方生产、南方消费”。

2. 影响豆粕期货价格的因素

影响豆粕期货价格的因素主要有供给、需求、国际豆粕价格以及相关商品价格等四个方面。

（1）豆粕供给。

豆粕作为大豆的副产品，其供给情况受制于大豆供给情况、豆粕库存量、生产量以及进口量等因素。由于豆粕的主要原料为大豆，因此当大豆供给充裕的时候，豆粕供给自然比较充裕，反之，则可能会紧张。豆粕是大豆压榨豆油后的副产品，因而豆粕生产可以持续一整年，当期豆粕的供给与当期豆粕产量以及历史库存量有关。若库存量和产量比较大，则供给将会非常充裕。

我国是豆粕进口国，豆粕进口量也会影响豆粕的供给情况。我国每年从美国进口大量大豆及豆粕，美国的关税等问题会对豆粕的供给和价格产生影响。

（2）豆粕需求。

国内豆粕的需求构成有几个方面：其一，养殖业与饲料工业双双强劲增长时，对豆粕的需求增长也会非常快。其二，由于国内会出口部分豆粕，因而豆粕的出口量增加时，势必无法满足国内的需求。其三，若豆粕结余的库存量持续下滑，则可能造成豆粕价格上升；反之，豆粕价格会下跌。

（3）国际豆粕价格。

国际市场上，豆粕需求量增加时，其价格必然上涨，国内豆粕厂商也可能会考虑增加出口量，从而导致国内豆粕价格上扬。特别是亚洲国家对禽肉、猪肉的需求比较旺盛，在一定程度上间接造成市场上对豆粕的需求增加。可以预见，未来相当长时间内，随着亚洲国家人民生活水平的提高，对豆粕的需求量还将增加。

（4）相关商品价格。

豆粕和豆油同样作为大豆的副产品，两者之间的价格变化总是会显现反向运动趋势。市场上，当豆粕价格走高时，大豆加工厂为了获得更多的豆粕，就会增加大豆加工能力，豆油的产量和供给量就会异常增加，从而导致豆油价格下滑；反之，若豆油价格走高，厂商同样会增加大豆加工能力，造成豆粕供给量增加，促使豆粕价格下跌。

另外，若豆粕价格大幅增加，市场可能会选择菜籽粕、花生粕来代替豆粕。正因为存在这种替代关系，总体上能够保持豆粕价格平稳。

图 10-2 所示为豆粕指数的日 K 线走势图。

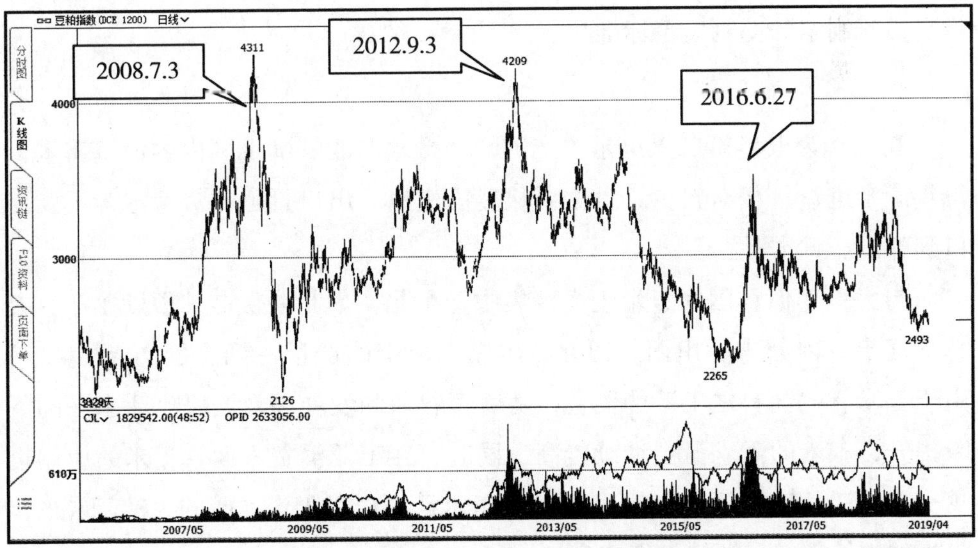

图 10-2　豆粕指数日 K 线走势图

豆粕指数2008年以来呈现出明显的横向震荡趋势。该指数在某一阶段创下新高后，很快又开始了震荡下跌走势，在底部震荡一段时间后，重新上行，如此反复，说明近些年来豆粕价格总体上处于一种稳定状态，并没有出现幅度较大的上升或下跌，或者也可以这样认为，当豆粕价格走高后，市场上的豆粕供应量随之增加，使价格重新步入下跌轨道。

三、玉米

玉米原产于美洲，已有7000多年种植历史。哥伦布发现美洲以后，玉米被引入西班牙。16世纪，玉米种植传入我国。目前，我国玉米种植已经相当普及，成为世界第二大玉米主产国。

目前，玉米主产国包括美国、中国、巴西、墨西哥、南非、印度和马来西亚。进口玉米的国家和地区主要集中于亚洲。

我国玉米种植分布比较广，主要分为春播和夏播两种。东北、内蒙古等地以一年一季的春播为主，黄淮地区以夏播为主。玉米用途主要分为工业消费和饲料两种，工业消费主要是用玉米来酿酒，生产酒精、淀粉、麦芽糖、调味品等。玉米期货产品在大连商品交易所上市，实际交割标准按照大连期货交易所制定的交割质量标准执行。

1. 玉米供给与需求

我国作为世界第二大玉米主产国，产量基本能够满足国内的消费需求，每年玉米进口量相对较少，且主要从美国进口。出口量也相对稳定，主要出口到韩国、日本。

与大豆相似，国内玉米主产区集中于东北、华北一带，其中黑龙江、吉林、辽宁、内蒙古、山西、河北、山东、河南的产量占到全国70%以上。由于玉米有“饲料之王”的美誉，随着畜牧业的发展以及人民生活水平的不断提升，玉米的需求量会继续走高。同时，在工业消费方面，玉米的应用也越来越广泛，特别是从2001年开始，玉米还被应用于汽油醇的生产。未来，玉米的整体需求量还将继续走高。

2. 影响玉米期货价格的因素

影响玉米期货价格的因素主要有供给、需求、国际玉米价格以及相关商品价格等四个方面。

（1）玉米供给。

玉米作为农产品，其供给情况受制于种植面积、天气、生长情况以及收获进度等。每年玉米种植面积的增加与减少，直接决定了当年玉米的供给情况，天气情况则是另外一个影响玉米供给的重要因素。玉米种植季节，在玉米主要种植区若出现干旱或洪水，将会导致玉米产量大幅下降。同时，玉米病虫害以及霜冻情况，也会造成玉米减产。长期持有玉米期货合约的投资者，需要及时了解玉米主要产区的基本情况，全面掌握玉米供给量的变化。若玉米供给减少，势必会抬升玉米价格。不过，投资者在分析玉米种植情况时，还要与大豆作区分，即玉米种植相对分散且广泛，大豆种植则相对比较集中，某一地区出现天气灾害，可能对玉米价格的影响较小。

（2）玉米需求。

国内玉米需求构成有几个方面：其一，当养殖业与饲料工业双双出现强劲增长时，对玉米的需求增长也会非常快。其二，玉米的工业消费增长情况以及新开发的玉米用途等，都可能提升对玉米的需求。其三，由于国内还会向外出口部分玉米，因而玉米的出口量增加时，势必无法满足国内需求。其四，玉米结余的库存量若持续下滑，则可能造成玉米价格上升；反之，玉米价格会下跌。

（3）国际玉米价格。

国际市场上玉米需求量增加时，必然会引发价格上涨，国内玉米经营商也可能会考虑增加出口量，从而导致国内玉米价格上扬。特别是亚洲国家对玉米的需求比较旺盛，在一定程度上间接造成了市场对玉米的需求增加。可以预见，未来相当长的时间内，随着亚洲国家人民生活水平的提高，对玉米的需求量还将增加。

（4）相关商品价格。

与玉米关系较近的期货产品包括小麦、豆粕等。其中，玉米与小麦的价格走势存在一定的关联，两者同为粮食品种，在消费方面具有一定的替代作用。玉米与豆粕同为饲料产品，也具有一定的替代作用。不过，玉米与这两种产品的替代作用与豆油与豆粕之间的替代作用相比并不明显。

图 10-3 所示为玉米指数的日 K 线走势图。

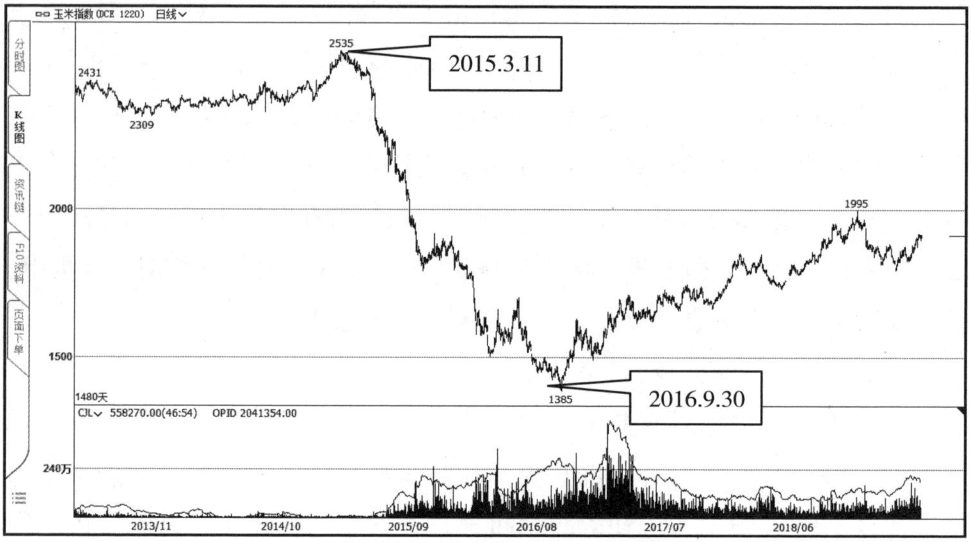

图 10–3　玉米指数日 K 线走势图

2015 年之前，玉米指数在高位运行了几年时间。此后，随着国内玉米种植面积增加，玉米供给量大幅提升，使得玉米价格开始了一波走低行情。

2016 年 9 月 30 日以后，对玉米种植面积的调控，使得玉米种植面积缩减，同时，市场对玉米的需求也开始愈发旺盛，玉米价格触底反弹，开始了震荡上升走势。

四、白糖

白糖是由甜菜或甘蔗经过加工制成的一种甜味食料。我国是世界上最早用甘蔗制糖的国家，至今有 2000 多年的历史。白糖既是人体主要营养来源，属于生活必需品，也是饮料、糖果、食品等含糖食品和制药工业中的原料。

我国北方地区，白糖主要以甜菜为原料，南方则主要以甘蔗为原料，目前甜菜提取白糖所占比例有逐渐下降的趋势。我国的糖产量位居巴西、印度与欧盟之后，不过每年仍需进口大量食糖。

1. 白糖供给与需求

我国作为食糖主产大国，目前人均年消费食糖量低于欧美和日本等国家和地区，也远远低于世界平均 23.65 千克的水平，未来我国食糖消费会呈现快速增长的势头。我国糖类生产的原料主要为甘蔗，其次为甜菜，新疆、黑龙江和内蒙古等地为甜菜糖产区，甘蔗糖产区集中在南方各省。

食糖消费与经济水平密切相关，华东、京津、华中、华南和东北地区的食糖消费量相对较高，其中华东、京津的食糖消费量最高。

2. 影响白糖期货价格的因素

影响白糖期货价格的因素主要有供给、需求、国际白糖价格以及相关商品价格等四个方面。

（1）白糖供给。

白糖作为一种农产品，其供给情况受制于甜菜和甘蔗种植面积、天气、生长情况等。每年甜菜、甘蔗种植面积的增加与减少，直接决定了当年糖类的供给情况，天气情况则是另外一个影响糖类供给的重要因素。甜菜或甘蔗种植季节，在甜菜或甘蔗主要种植区若出现干旱或洪水，将会导致糖类产量大幅下降。同时，甘蔗或甜菜的病虫害以及霜冻情况，也会造成糖类减产。长期持有白糖期货合约的投资者，需要及时了解糖类作物主要产区的基本情况，全面掌握白糖的供给量变化。

由于糖类主要原料为甜菜或甘蔗，因而当两者进入收获季节后，往往就是各大制糖厂集中制糖的时间。也就是说，每年 10 月以后到次年 4 月初，新糖就会陆续上市，此时白糖价格存在下行的可能。

同时，白糖的库存与进出口情况，也会对供给产生直接影响。若白糖库存量持续走低，则可能引发价格上行；反之，则会下跌。白糖进口量增加，价格往往也会下跌；出口量增加，则价格可能上涨。

（2）白糖需求。

国内白糖需求在节假日表现得特别明显，特别是春节期间，各种糖类食品以及白糖销量都会呈现大幅增加的趋势。通过之前的介绍也可以了解，我国食糖消费量远远低于世界平均水平，因而未来食糖需求还会持续走高。

（3）国际白糖价格。

国际市场上，糖类需求量增加时，必然会引发其价格上涨，国内糖类生厂商也可能会考虑增加出口量，从而导致国内糖类价格上扬。可以预见，未来相当长时间内，随着亚洲国家人民生活水平的提高，对糖类产品的需求量还将增加，未来白糖价格走高的可能性较大。

（4）相关商品的替代效应。

与白糖关系较近的替代产品主要是甜味剂产品，包括淀粉糖、甜蜜素以及糖精等。目前，随着甜味剂使用范围扩大，已经替代了一部分糖类需求。

图 10-4 所示为白糖指数日 K 线走势图。

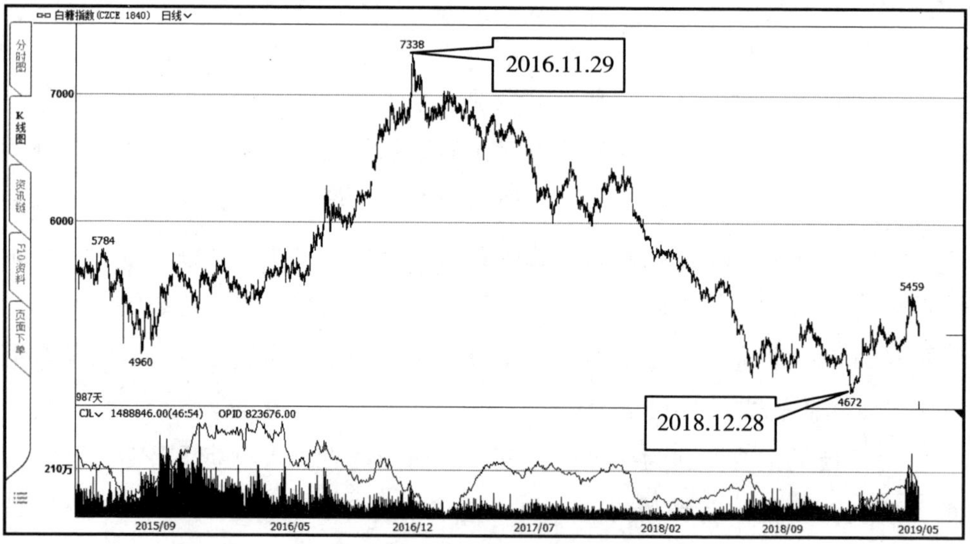

图 10-4　白糖指数日 K 线走势图

白糖指数自 2016 年 11 月底开始了一波震荡下跌走势，该下跌走势持续了两年多，此次下跌与外围市场环境存在密切的关系。其一，原油等能源价格持续走低，带动国际大宗商品价格持续走低（原油价格是整个大宗商品交易市场的风向标，当原油价格走低时，很多大宗商品的价格都会随之走低）；其二，整个糖类市场供应相对充足，国际白糖价格持续走低；其三，国内供给与需求相对比较稳定。这些因素使得白糖价格在低位运行。

第二节　原油及煤炭期货分析要点

原油与煤炭是当今世界两大主要能源，原油更是被称为“工业的血液”，由此可见其重要性。

一、原油

原油期货是指以远期石油价格为交易标的的期货合约。原油即未经过加工处理的石油，我国是世界上早期发现并应用石油的国家之一，沈括在《梦溪笔谈》一书中首次使用了“石油”这一名称。纽约商业交易所、迪拜商品交易所、伦敦国际石油交易所和新加坡交易所是四大著名的原油交易所。我国2018年3月26日开通原油期货交易，并在上海国际能源交易中心挂牌上市。

已知的石油探明储量中，委内瑞拉、沙特阿拉伯、加拿大、伊朗、伊拉克等国的可开采储量居世界前五，目前年开采石油量最多的国家分别为俄罗斯、沙特阿拉伯、美国、中国和挪威。

1960年9月，世界主要的几个产油国为了维护自身利益，联合成立石油输出国组织，简称欧佩克（OPEC）。该组织目前有14个成员国：伊拉克、伊朗、科威特、沙特阿拉伯、委内瑞拉、阿尔及利亚、厄瓜多尔、加蓬、赤道几内亚、利比亚、尼日利亚、阿拉伯联合酋长国、安哥拉、刚果，总部设在奥地利首都维也纳。欧佩克石油蕴藏量占世界总储量近80%，该组织目前在世界石油市场上具有很高的话语权，经常通过增加或缩减组织内成员国的石油开采量来调控国际油价。近年来，美国改变了以往对石油出口的态度，2018年，美国已经跃升为石油开采量最高的国家，并成为石油净出口国。

1. 原油供给与需求

目前，原油供给主要依赖于各大产油国的开采量和出口量。一方面，由于石油储量是有限的，未来随着开采量的增加，供应量势必会减少；另一方面，从短期来看，随着科技的不断进步，石油开采难度将不断下降，开采量将进一步提升。美国是最大的石油消费国，其能源政策的调整，使其从石油净进口国变为出口国，短期内势必增加国际石油的供给量。

随着我国工业水平的不断提升和居民消费水平的提升，国内对石油的需求量不断增加。近年来，国内石油开采量一直维持在 2 亿吨以下的水平，未来开采难度可能会进一步提升，我国每年需要进口大量石油以维持需求。

2. 影响原油期货价格的因素

影响原油期货价格的因素主要来自供给、需求、国际形势以及新能源的开发与利用等四个方面。

（1）原油供给。

原油供给主要依赖于各大产油国对石油的开采。目前，随着美国加大石油开采量，世界石油供给在短期内出现供应量增加的情况。不过，为了确保油价不至于过低，欧佩克可能会采取积极的限产减产等措施。总之，未来一段时间内，欧佩克、美国、俄罗斯的态度将会决定世界石油市场的供给情况。

我国石油开采难度增加，使得国内石油供给量难以提升，国内的石油需求将更多地依赖进口。目前，我国已经成为世界上最大的石油进口国，主要从俄罗斯、沙特、安哥拉等国进口。

（2）原油需求。

石油被广泛地作为工业能源，而且还是机械、车辆的动力来源，未来相当长的时间内，世界对石油的需求还会进一步增加。目前我国的工业化步伐正呈现加快态势，对石油的需求量也越来越大。我国对国际石油的需求量持续增加，在一定程度上推升了国际油价。

（3）国际形势。

国际原油价格波动总是与国际形势有着千丝万缕的联系。当国际形势趋紧，战争风险增加时，国际油价就会出现上升态势；反之，当国际局势缓和，油价就会相对平稳。由于世界主要产油国集中于中东地区，因而中东地区的局势会影响国际石油供应，从而决定油价波动。

世界经济走势与石油价格也会呈现同向运行的态势。当世界经济形势向好时，新增工业必然需要大量的石油能源，从而推动油价上升；反之，当世界经济衰退时，很多工厂停工，石油需求缩减，国际油价就可能回落。

（4）新能源的开发与利用。

出于环保以及对石油资源枯竭的担忧，世界各国加大了对新能源开发与利用的步伐。目前，能够利用的新能源包括太阳能、风能、生物质能、地热能、海洋能等。这些新能源越来越多地开始替代石油能源，这在一定程度上抑制了原油价格的上涨。当然，目前，新能源的开发与利用还处于较低水平，与世界各国对能源的需求还不成比例，未来一段时间内，石油仍是主要能源。

如图 10-5 所示，原油指数受美国石油出口增加的影响，自 2018 年 10 月初开始了一波震荡下跌走势。2018 年 12 月，欧佩克宣布在原有的石油限产基础上，每日再减产 80 万桶原油。由于欧佩克减产措施大大超过了市场预期，此后国际原油价格出现了触底反弹走势。

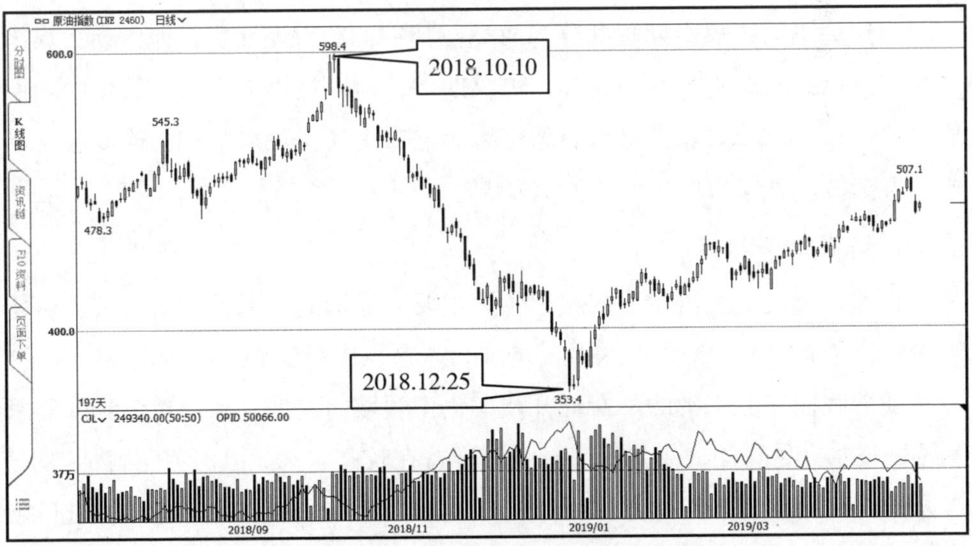

图 10–5　原油指数日 K 线走势图

二、煤炭

煤炭是一种比石油更早得以大规模使用的能源，也是自18世纪以来主要的能源之一。进入21世纪后，煤炭的重要性让位于石油，但其仍是主要能源之一，在整个能源消耗中仍占据较大的比重。

煤炭是地球上储备最丰富、分布地域最广的一种化石燃料。我国是世界上早期利用煤炭的国家之一，明代李时珍所著《本草纲目》一书中，使用了“煤”这一名称。煤的用途十分广泛，大致包括两类，即动力煤、焦煤。

动力煤主要用于发电、建材、蒸汽机动车、工业锅炉、生活用煤以及冶金用煤等。

我国虽然煤炭资源储量十分丰富，但焦煤的储量相对较少，仅占煤炭总储量的27%左右。焦煤主要用于炼焦炭，而焦炭主要用于炼钢，是钢铁行业的主要能源，被称为钢铁行业的“基本食粮”。

目前，世界上主要的煤炭生产国为中国、美国、印度、澳大利亚、印度尼西亚，主要的煤炭出口国为印度尼西亚、澳大利亚、俄罗斯、哥伦比亚、美国，主要的煤炭进口国为中国、印度、日本、韩国。由于我国对煤炭的需求量持续增加，煤炭进口量呈现逐年上升态势。

因用途不同，煤炭期货共分为两类：其一，动力煤期货，即以动力煤为主要交易标的的期货合约；其二，焦煤期货，即以焦煤为主要交易标的的期货合约。目前，动力煤在郑州商品交易所上市交易，焦煤则在大连商品交易所上市交易，焦煤的价格远高于动力煤。

1. 煤炭供给与需求

目前，煤炭的供给主要依赖于各大主要产煤国的开采量和出口量。由于煤炭储量是有限的，随着开采量的增加，未来供应量势必会减少。

随着我国工业水平的不断提升和煤化工领域的发展，国内对煤炭的需求量不断增加。尽管国内煤炭开采量一直维持在较高水平，但仍不能满足需求。未来一段时间内，我国每年仍需要进口大量煤炭。目前，我国煤炭的进口国主要包括印度尼西亚和澳大利亚，其中，动力煤主要从澳大利亚进口。

随着煤化工领域的发展，煤炭的用途变得更加广泛，需求也可能更多。从整个能源发展领域来看，煤炭有被其他能源替代的可能，当然这需要相当长的时间。

2. 影响煤炭期货价格的因素

目前，市场上的煤炭期货品种有两种，即动力煤期货和焦煤期货。两者的价格一般会呈现同涨同跌的现象，下面以动力煤为例介绍煤炭期货价格的影响因素。动力煤期货价格的影响因素主要来自供给、需求、国家政策以及新能源的开发与利用等四个方面。

（1）煤炭供给。

煤炭供给主要依赖于各大产煤国对煤炭的开采和已有的煤炭库存量。我国煤炭储量十分丰富，煤矿比较分散，煤炭的库存量占煤炭供给量比重很大。同时，由于国际油价走低，世界经济疲软，使得国际市场上整体呈现出煤炭供给大于需求的状况。

（2）煤炭需求。

由于动力煤被广泛用于工业动力能源以及居民取暖，所以，在工业发展增速较快时期，对煤炭的需求也会强劲增长。目前，我国通过对燃煤锅炉的限制，已经减少了部分取暖产生的需求，但若遇到异常寒冷的冬季，对煤炭的需求量还是会呈现上升势头。

未来，由于煤化工领域的不断发展和进步，可能会推动对煤炭的需求。

（3）国家政策。

国家供给侧改革对煤炭的供给产生了较大影响，目前实施的煤炭进出口配额制度，也在一定程度上调控着煤炭价格。未来，国家还可能进一步出台相关政策淘汰落后产能，关停部分小煤矿，这在一定程度上会影响煤炭供给，但随着煤炭进口量的增加以及国际煤炭价格走低，未来国内的煤炭价格可能会趋于稳定。

（4）新能源的开发与利用。

与石油相似，出于环保以及对煤炭资源枯竭的担忧，世界各国加大了对新能源开发与利用的步伐。目前，能够被利用的新能源包括太阳能、风能、生物质能、地热能、海洋能等。这些新能源越来越多地开始替代煤炭能源，在一定程度上抑制了煤炭价格的上涨。

如图 10-6 所示，我国自 2014 年开始加速推进关停落后产能小煤矿工作，使得煤炭库存出现了较大幅度的下降。2015 年年底，由于煤炭供给紧张，煤炭价格开始走高，郑煤指数随之大幅上扬。其后，随着我国进口煤炭量增加，煤炭价格开始自高位回落，但此后一直在相对高位徘徊。

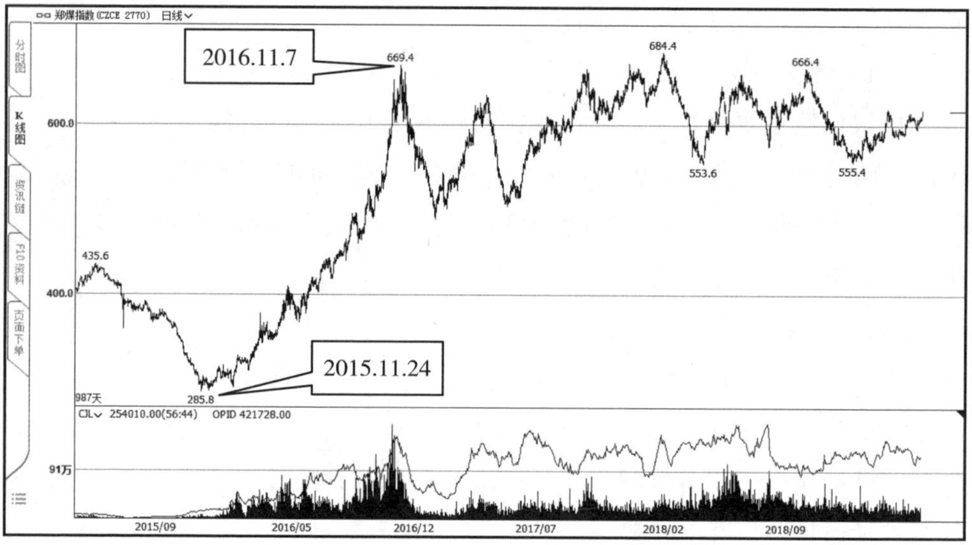

图 10-6　郑煤指数日 K 线走势图

第三节　金属期货分析要点

金属期货是期货市场中非常重要的一个品类，金属期货标的物中包括具有金属属性和货币属性的黄金、白银。

一、黄金

黄金是人类发现和利用较早的金属之一。由于黄金比较稀少和珍贵，同时也因其稳定性较好，常常成为制造首饰的首选材料，自古就有“金属之王”的称号。在古代，黄金与白银一起承担了货币职能。

目前，黄金不仅在首饰行业、航空航天、电子业、现代通信行业被广泛使用，而且还被各个国家的中央银行用作储备和投资的特殊通货。也就是说，黄金不仅具有金属属性，还具有货币属性。将黄金作为货币，具有抵抗通货膨胀的作用。

从目前已探明的储量来看，南非是世界上黄金储量最丰富的国家，其黄金储量占世界总储量的38%。其次为美国，占世界总储量的12%。俄罗斯、乌兹别克斯坦、澳大利亚、加拿大和巴西等国的黄金储量也比较丰富。我国山东、甘肃、江西、河南、内蒙古等地的黄金储量位居全国前列。

1. 黄金供给与需求

目前，世界上的黄金供给主要来自三个方面：其一，新开采的黄金，即世界各国每年新开采的黄金，目前年开采总量维持在2500吨左右。其二，回收黄金，即通过回收黄金首饰以及其他含黄金制品重新提炼黄金。当国际金价走高时，回收黄金就变得有利可图，回收黄金量也会相应增加。其三，中央银行出售的黄金。各个国家的中央银行都储备有大量的黄金，每年会向市场出售部分黄金。

黄金需求因其属性的特殊性可分为这样几类：其一，工业需求，如应用于首饰业、电子业、航空航天业，这是由金属材料本身特性决定的。其二，世界各大中央银行防范金融风险的一种手段。其三，投资需求，自古以来，黄金就被看成一种不会贬值的货币，在通货膨胀的背景下，很多投资者会选择黄金来保值。

2. 影响黄金期货价格的因素

影响黄金期货价格的因素主要来自供给、需求、国际形势、主要货币汇率等四个方面。

（1）黄金供给。

前面讲到过，世界黄金供给主要来自三个方面，其中，黄金开采量是整个黄金供给的决定性指标。随着黄金开采量的提升，黄金矿藏减少也会成为不可逆转的趋势，特别是随着开采量的增加，开采难度和成本也会出现上升趋势，这都为黄金供给增加了难度。以南非为首的黄金主要生产国同时也是最大的黄金出口国，其黄金出口量对世界黄金价格具有重要的影响。

（2）黄金需求。

随着美元与黄金脱钩，黄金的货币属性有所减弱，但在国际局势不稳定时，黄金仍是投资者保值的首选。由于黄金的特殊属性，无论是工业需求还是民间投资者，对黄金的追捧都可能带动黄金需求进一步上升。随着科技的进步，对回收黄金的再提取技术逐步走向成熟，未来再提取黄金量可望有所增加，以弥补对黄金的需求。

（3）国际形势。

国际形势是影响黄金价格走势的一个非常重要的因素，这一点与石油非常相似。当国际局势不稳时，无论是各国的中央银行还是民间，都倾向于储备黄金。当国际局势平稳时，经济可能会取得快速发展，这时候投资黄金就不是一个明智的选择，此时金价往往处于下行通道。

（4）主要货币汇率。

一直以来，黄金与美元之间都存在着某些特定的关系，即当美元坚挺时，黄金价格就会走低；反之，当美元出现贬值时，黄金价格就会上升。其实，也正因黄金与美元存在这种关系，才使得黄金成为各国中央银行防范金融风险的工具。

如图 10-7 所示，黄金价格与其他大宗商品价格走势相似，2015 年触底后，于 2016 年开始反弹向上，并在近几年内保持高位震荡走势。这与世界经济运行周期存在着密切的关系，即国际经济形势从 2016 年初开始逐渐好转，带动全社会对大宗商品的需求，黄金也与其他大宗商品一样，价格触底后开始反弹向上。

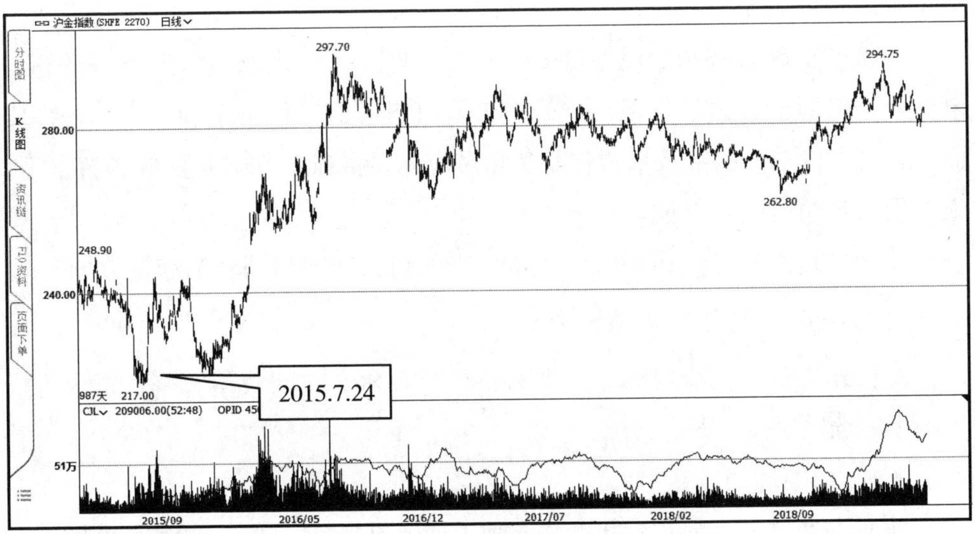

图 10-7 沪金指数日 K 线走势图

二、白银

白银与黄金一样，都兼具金属特性与货币属性。白银的用途也十分广泛，在全球的储量是黄金的 20 倍左右，韧性和延展性仅次于黄金。在古代，白银和黄金一起成为主要的货币材料和首饰材料，也是财富的象征。

由于白银储量相对黄金更为丰富，所以白银曾经作为很多国家的主流货币。从目前已探明的储量来看，秘鲁、澳大利亚、波兰、智利、中国、墨西哥是世界上白银储量较丰富的国家，墨西哥、秘鲁、中国是世界上白银产量最多的国家。我国白银储量最丰富的是江西、云南、广东、内蒙古、广西等地。

1. 白银供给与需求

世界上的白银供给主要来自两个方面：其一，新开采的白银，即世界各国每年新开采的白银，目前年开采总量维持在 2.7 万吨左右。其二，回收白银，即通过回收白银首饰以及其他含白银制品重新提炼白银。当国际银价走高时，回收白银就变得有利可图，回收白银的量也会相应增加。

墨西哥和秘鲁作为白银主要的生产国和出口国，其产量增减对世界银价具有举足轻重的作用。

白银需求因其特殊的属性可分为两类：其一，工业需求，如应用于首饰业、电子业、摄影业、医学领域，这是由金属材料本身特性决定的。其二，投资需求，自古以来，白银就被看作是货币和财富的象征，在通货膨胀的背景下，很多投资者用白银来保值。

我国白银需求连年增加，已经从原来的白银净出口国转为净进口国。

2. 影响白银期货价格的因素

白银期货价格的影响因素主要有供给、需求、主要货币汇率、黄金价格等四个方面。

（1）白银供给。

前面讲到过，世界白银供给主要来自两个方面，其中，白银开采量是整个白银供给的决定性指标。随着开采量的提升，白银矿藏的减少也成为不可逆转的趋势，特别是随着开采量的增加，开采难度和成本也会出现上升趋势，这都为白银供给增加了难度。以墨西哥、秘鲁为首的白银主要生产国同时也是主要的白银出口国，这两个国家的白银出口量对世界白银价格具有重要的影响。

（2）白银需求。

随着摄影业的不断革新，该行业对白银的需求量持续走低，但其他工业领域对白银的需求量仍然比较大。白银作为首饰材料的需求整体上呈现下降态势，但中国、印度等国家对白银的需求呈现逐年递增态势。

（3）主要货币汇率。

与黄金相同，白银与美元之间也存在着某些特定的关系，即当美元坚挺时，白银价格就会走低；反之，当美元贬值时，白银价格就会上升。

（4）黄金价格。

金银不分家。对黄金利好的因素，也同样会利好白银。当黄金价格上升时，白银价格上升的可能性很大；反之，则可能会下跌。

从历史经验来看，黄金与白银的比价总是在一定的区间内波动，黄金价格与白银价格之比高于 80 时，两者之间的价差就会开始缩小；黄金价格与白银价格之比低于 40 时，两者之间的价差就会开始放大。

如图 10-8 所示，沪银指数自 2016 年年初开始追随大宗商品价格大幅上升，到了 2016 年年中，沪银指数创出一个高点后开始震荡回调。投资者若将沪银指数走势与沪金指数进行对比，可以发现两者的运行趋势基本一致。从中可以看出，金银价格走势基本呈同向运行态势，在波动幅度方面，白银的波动幅度相对黄金会更大一些。

图 10–8　沪银指数日 K 线走势图

三、铜

铜是人类早期使用和利用的金属之一，历史上，铜经常用于制作货币。在近代，铜基本退出了货币舞台，更多地被应用于工业方面，如电器与电子设备、交通设备、工业机器和设备、医学、有机化学以及合金等领域。

世界铜资源主要集中在智利、美国和赞比亚。铜消费国家主要在欧美发达国家，中国的消费量呈逐年快速增长态势，目前已经成为第一大铜消费国。我国铜资源主要集中于江西、山西、云南、内蒙古、安徽、西藏、甘肃等地。

1. 铜的供给与需求

世界上铜的供给，主要由几大产铜国新开采的铜矿承担。由于智利、美国和赞比亚为主要产铜国，这几个国家的铜矿产量以及出口量对世界铜的供给产生重要的影响。

我国经济发展速度非常快，对铜的需求也呈现快速增长的势头，每年需要进口大量的铜，未来对铜资源的进口依赖程度还会不断加深。

2. 影响铜期货价格的因素

影响铜期货价格的因素主要有供给、需求、经济形势、汇率及关税政策等四个方面。

（1）铜的供给。

目前，铜的供给分为三个部分：其一，主要产铜国新开采的铜产量；其二，回收铜，即通过对废铜再加工提取得到的铜资源；其三，铜资源库存量，铜资源的库存量数据来自各大金属交易所指定仓库的铜库存数据，以及各铜矿生产商、贸易商和消费商的库存数据（这部分数据较难统计）。

总体来说，铜资源的供给主要靠新开采的铜产量。当然，若铜库存持续走低，也会推动铜价走高。

（2）铜的需求。

铜的工业用途很大，铜的需求总是与经济发展存在一定的关联。随着我国经济的发展，对铜的需求量还将进一步增大。从国内来看，铜的供给量与需求量平衡是建立在不断增加的铜进口量基础之上的，因而国内铜价受铜进口量数据影响比较大。

（3）经济形势。

经济向好时，工业生产能力就会提升，市场对铜的需求也会增加，铜价走高的概率就大；反之，当经济处于下行通道时，工业生产能力会下滑，市场对铜的需求就会减弱，铜价走低的概率就会增加。

（4）汇率及关税政策。

国际大宗商品多以美元计价，当美元与其他货币汇率出现波动时，必然会对铜价产生影响。同时，各国的关税政策也会影响铜价。

如图 10-9 所示，沪铜指数在 2015 年 11 月 24 日创下阶段低点，从 2016 年年初开始震荡整理，之后追随大宗商品的价格大幅上升。随着国际经济形势逐渐好转，沪铜指数一直在高位震荡。此后，由于铜价居于高位，铜矿生产商纷纷加大铜矿产量，使得铜供应量快速增加。2017 年 10 月，铜价在创出阶段高点后开始震荡回调。

图 10-9　沪铜指数日 K 线走势图

四、铁矿石

铁矿石是钢铁行业的主要原料。铁作为重要的金属材料，从四千多年前的古埃及时期就开始使用。我国从战国时期到东汉年间，铁器的使用才开始普及起来。

我国是世界上最大的铁矿石需求国，尽管铁矿石储量比较丰富，但仍需大量从国外进口。世界铁矿石资源集中于澳大利亚、巴西、俄罗斯、乌克兰、哈萨克斯坦、印度等国。其中，澳大利亚和巴西是我国主要的铁矿石进口国。

我国铁矿石资源主要集中于辽宁、河北、湖北、河南、安徽、山东、四川等地。总体来看，我国铁矿石资源中 80% 属于贫矿，且伴生资源较多，开采难度较大。

1. 铁矿石供给与需求

尽管澳大利亚、巴西、俄罗斯、印度、中国同属于铁矿石生产大国，但由于内部需求不同，对整个国际铁矿石市场的供给影响也不同。澳大利亚和巴西一直是世界铁矿石的主要出口国，俄罗斯和印度生产的铁矿石出于国家政策原因，大部分用于满足国内需求，出口很少。我国由于需求较为旺盛，国内生产的铁矿石难以满足需要，因而更多地依赖于进口。欧美国家及日本铁矿石储量有限，同时由于经济比较发达，对铁矿石的需求也较多，因此每年也需要进口大量的铁矿石。

2. 影响铁矿石期货价格的因素

影响铁矿石期货价格的因素主要有供给、需求、经济形势、国家政策等四个方面。

（1）铁矿石供给。

目前，澳大利亚、巴西为主要的铁矿石出口国，澳大利亚和巴西的淡水河谷、力拓、必和必拓、FMG 等四大矿山（合计产量占世界铁矿石总产量的 51% 左右）控制了大部分铁矿石出口量，在铁矿石定价方面具有较强的话语权。

四大矿山如果供给出现异常，则可能对世界铁矿石的供给和价格产生较大的影响。比如淡水河谷矿难，使得 2019 年 4 月铁矿石期货价格上扬。

目前我国铁矿石中贫矿较多，开采难度相对较大，若国际铁矿石价格上升，则国内铁矿石的开采量就会提升，也会增加一部分铁矿石的供给。

（2）铁矿石需求。

铁矿石需求往往与经济发展同步。近年来，随着我国经济的快速发展，对铁矿石的需求也逐年上升，国内铁矿石供给远远不能满足需求，因此每年需要从澳大利亚和巴西等国进口大量铁矿石。目前，我国已经成为世界上最大的铁矿石进口国，而且铁矿石的进口量仍在攀升。

钢铁库存量也是影响铁矿石需求的重要指标。当市场上钢铁库存较高时，就会减少对铁矿石的需求；反之，则会推升对铁矿石的需求。

（3）经济形势。

钢铁是工业的基础，也是经济运行态势的晴雨表。当经济形势向好时，市场上对钢铁的需求必然会增加，推动对铁矿石的需求，导致铁矿石价格上扬；反之，当经济不景气时，市场对钢铁的需求就会减少，降低对铁矿石的需求，铁矿石价格也会下行。

（4）国家政策。

国家政策对钢铁行业影响很大，会进一步影响铁矿石价格。从 2016 年开始，国家推进钢铁行业去产能，同时，环保部门要求钢铁企业减排等政策相继出台，钢铁企业的产能大幅降低，对铁矿石的需求也开始降低。我国是世界上最大的铁矿石进口国，因国内需求减弱，使得世界铁矿石价格逐步走低。

如图 10-10 所示，2015 年年底至 2016 年年初，随着国际大宗商品价格走高，铁矿石需求旺盛，受此影响，铁矿指数也随之大幅走高。2016 年年底，我国开始推进钢铁行业去产能化和消化多余的钢铁库存，整个钢铁行业对铁矿石需求降低，推动国际铁矿石价格开始下行。

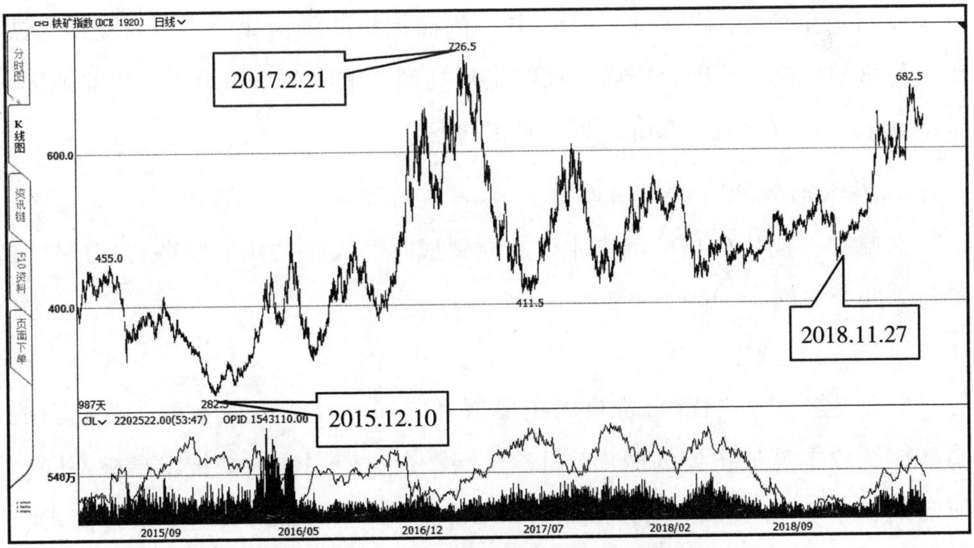

图 10-10　铁矿指数日 K 线走势图

此后，铁矿石价格一直处于震荡整理行情。2018年年底，钢铁行业生产能力逐步恢复，对铁矿石的需求大幅上升，促使铁矿石的价格开始上行。

五、钢材

目前已上市的钢材期货品种有三种：线材、螺纹钢以及热卷。线材是热轧型钢中断面尺寸最小的一种。一般直径5～9毫米共8种规格的成卷供应的热轧圆钢称为线材，螺纹钢是热轧带肋钢筋的俗称。热卷即热轧卷板，以板坯（主要为连铸坯）为原料，经加热后由粗轧机组及精轧机组制成带钢。

钢材是国家基础设施建设和工业生产建设必不可少的重要物资，其应用广泛，品种繁多。以上三种期货品种同属于钢材的范畴，只是规格与形状有所不同，未来可能会有更多种类的钢材期货上市交易。

1. 钢材供给与需求

中国是世界上最大的钢材生产国和消费国，同时也是钢材进口大国，每年从日本、欧洲进口大量钢材，同时向东南亚国家出口钢材。

钢材的生产必须以铁矿石为原料，因而钢材的价格波动不可避免地受铁矿石价格的影响。目前，国内钢铁产量从高到低依次为华东地区、华北地区、中南地区、西南地区、东北地区、西北地区。

2. 影响钢材期货价格的因素

影响钢材期货价格的因素主要有材料成本、人工费用、财务费用、经济形势等四个方面。

（1）材料成本。

材料成本是影响钢材价格的主要因素之一。在诸多成本中，铁矿石成本和能源成本是最主要的两项。因各大钢铁企业使用的高炉技术指标不同，所需的铁矿石也不尽相同，成本差异比较明显。能源成本主要来自焦炭、焦煤以及电力、水、气等。钢铁行业属于高耗能行业，这部分成本都是很大的数字。

（2）人工费用。

相比欧美国家，我国钢铁行业的人工成本处于低位水平，但由于钢铁行业需要投入的人力非常多，因而人工费用一直是钢材生产成本的重头。特别是近年来，我国工人工资上涨幅度较快，在一定程度上增加了钢铁企业的生产成本。

（3）财务费用。

钢铁行业需要大量的设备、材料、人工投入，维系日常生产需要大量资金。钢铁企业的负债率通常比较高，这些资金都是有成本的，这部分成本也需要计入钢材的生产成本中。

（4）经济形势。

钢材是经济建设中使用非常广泛的材料，也是不可或缺的材料。钢材价格与经济形势密不可分。当经济形势向好时，市场对钢材的需求就会变得非常旺盛，从而推动钢材价格走高；反之，当经济不景气时，钢材价格走低的概率很大。

目前已上市的三种钢材期货品种价格运行趋势相似，下面以线材为例，介绍其价格走势情况。

如图 10-11 所示，线材指数经过一段时间的下跌后，2018 年 11 月触底反弹，可以看出线材指数与国内经济形势同步。投资者对照图 10-10 中的铁矿指数可以发现，线材指数与铁矿指数同步出现触底反弹走势，这也印证了两者之间存在着同向运动的关系，即铁矿石价格上升时，钢材价格也会随之上升。

图 10-11　线材指数日 K 线走势图

第四节　工业品期货分析要点

本节介绍的工业品期货仅限于部分已上市的轻工产品期货和化工产品期货。

一、玻璃

玻璃是一种日常使用非常广泛的轻工产品。早在四千多年前的古埃及，人们就开始制造和使用玻璃了。玻璃的应用范围十分广泛，包括建筑、日用、艺术、医疗、化学、电子、仪表、核工业等领域。

1. 玻璃供给与需求

我国每年生产和消费大量的玻璃及玻璃制品，对玻璃的需求主要来自建筑行业、电子行业和汽车行业。不过，由于结构性供需不平衡，一方面平板玻璃产能过剩，另一方面每年仍需要进口大量的深加工玻璃，如电子玻璃、汽车玻璃以及高档建筑玻璃等。

目前，玻璃生产企业产能相对比较分散，华北地区产能增长比较快，东北、西北地区产能相对平稳。

2. 影响玻璃期货价格的因素

影响玻璃期货价格的因素主要来自供需关系、上游价格、经济形势等三个方面。

（1）供需关系。

玻璃企业的产能供给与市场需求之间总是存在一些矛盾。当玻璃价格向好时，玻璃企业就会扩充产能，使得整个市场供给大于需求，导致玻璃价格下滑。当市场供给明显大于需求时，玻璃价格走低，企业就会减少产能，促使供给与需求重新实现平衡，玻璃价格也会重新反弹企稳。

随着玻璃及其加工制品广泛应用于建筑、交通运输、装饰装修、电子信息、太阳能利用及其他新兴工业，玻璃的整体需求仍将继续上升。

（2）上游价格。

纯碱、煤炭、重油、天然气都是玻璃制造过程中所需的材料，这些材料的价格在一定程度上影响玻璃的价格以及玻璃企业的利润。当上游材料价格走高时，玻璃价格也会随之走高，但企业利润有时可能走低；上游材料价格走低时，玻璃价格也可能会回调，但企业利润可能会有所增加。

（3）经济形势。

与钢材相似，玻璃也是经济建设中使用非常广泛的材料。玻璃价格与经济形势密不可分。当经济形势向好时，市场对玻璃的需求就会变得非常旺盛，从而推动玻璃价格走高；反之，当经济不景气时，玻璃价格走低的概率很大。

如图 10-12 所示，2015 年下半年，玻璃指数随着国际大宗商品价格的走高以及玻璃需求旺盛的影响而大幅走高，此后，玻璃指数一直呈现出明显的震荡上升势头。2018 年年初，受经济形势影响，玻璃指数出现了明显的震荡调整走势。不过，对比其他大宗商品可以发现，玻璃指数回调的幅度十分有限，说明市场对玻璃的需求仍然居高不下。

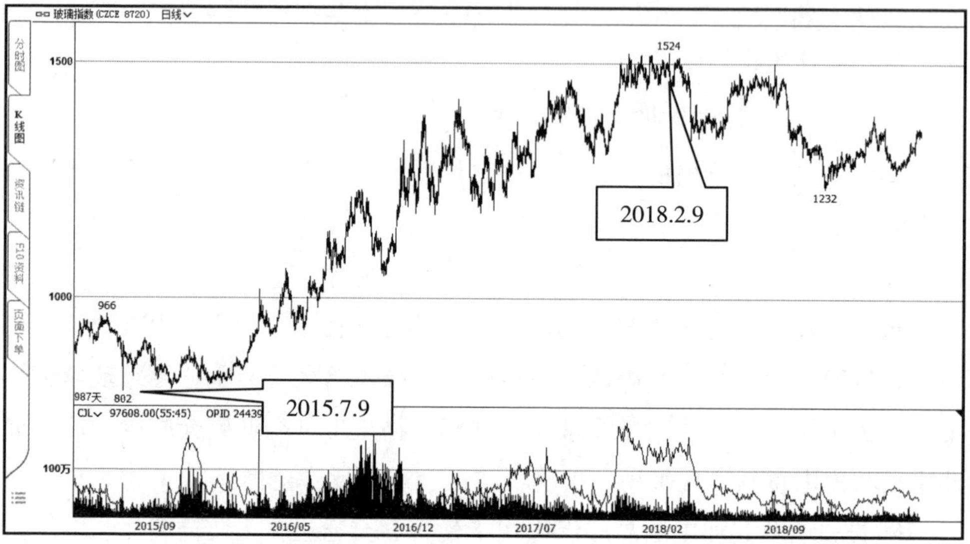

图 10–12　玻璃指数日 K 线走势图

二、塑料

塑料是以单体为原料，通过加聚或缩聚反应聚合而成的高分子化合物。塑料属于通用名称，具体包括聚乙烯（PE）、聚丙烯（PP）、高密度聚乙烯（HDPE）、低密度聚乙烯（LDPE）、线性低密度聚乙烯（LLDPE）、聚氯乙烯（PVC）等。目前，已在大商所上市的塑料期货合约包括线性低密度聚乙烯（LLDPE）、聚氯乙烯（PVC）、聚丙烯（PP）三种。

聚乙烯（PE）是五大合成树脂之一，是我国产量最大、进口量最多的合成树脂。

1. 塑料供给与需求

聚乙烯（PE）产能最大的地区主要集中在亚洲、北美、西欧和中东地区。世界上生产 LLDPE 前五的企业分别为陶氏化学、埃克森美孚、沙比克、中国石化和诺瓦化学。目前，加拿大和沙特是 LLDPE 净出口国，亚洲和西欧国家为净进口国。

我国 LLDPE 产能严重滞后于需求，供需缺口非常大，而且这种缺口还有进一步放大的趋势。我国 LLDPE 的生产厂商主要集中于中国石油和中国石化的下属企业。

2. 影响塑料期货价格的因素

影响塑料期货价格的因素主要有上游原料价格、石化库存、下游需求、替代商品价格、经济形势等五个方面。

（1）上游原料价格。

生产 LLDPE 所需原料包括原油、石脑油和乙烯等。当上游原料价格上涨时，生产 LLDPE 的成本自然也会上扬。很多经销商或贸易商对价格的上升往往会起到推波助澜的作用。当上游材料价格上升时，这些经销商或贸易商可能会大肆囤积原材料，导致下游生产 LLDPE 的企业只能支付更高的价格获得原料，从而推动整个塑料制品价格上扬。

（2）石化库存。

前面提到过，LLDPE 生产厂商多为中国石油和中国石化下属企业，这些企业会受到石化总体库存量的影响，而石化库存量直接关联着国内石化的具体定价。也就是说，当石化库存高时，迫于销售压力，存在降价空间；当石化库存低时，往往存在涨价的可能。

（3）下游需求。

下游企业对 LLDPE 的需求也是影响塑料价格的重要因素之一。当下游企业库存量高时，塑料价格走低的概率会加大；反之，则可能会走高。下游企业的开工率也是一个重要指标。出于环保或需求的原因，若很多下游企业开工率不足，塑料价格将难以在高位运行。

（4）替代商品价格。

当 LLDPE 市场价格走高时，下游企业可能会选择 LDPE 和 HDPE 替代 LLDPE，当然，前提是这两种商品价格相对较低。

（5）经济形势。

与其他大宗材料相似，塑料也是经济建设中使用非常广泛的材料。塑料价格与经济形势密不可分，当经济形势向好时，市场对塑料的需求就会变得非常旺盛，从而推动塑料价格走高；反之，当经济不景气时，塑料价格走低的概率很大。

如图 10-13 所示，自 2015 年年底，随着国际大宗商品价格的走高以及塑料需求旺盛的影响，塑料指数大幅走高。此后，随着石化企业产能的提升，石化库存量升高，塑料指数开始出现了长达几年的震荡下行走势。这一阶段塑料指数的走势，与石化企业去库存政策也有直接的关系。

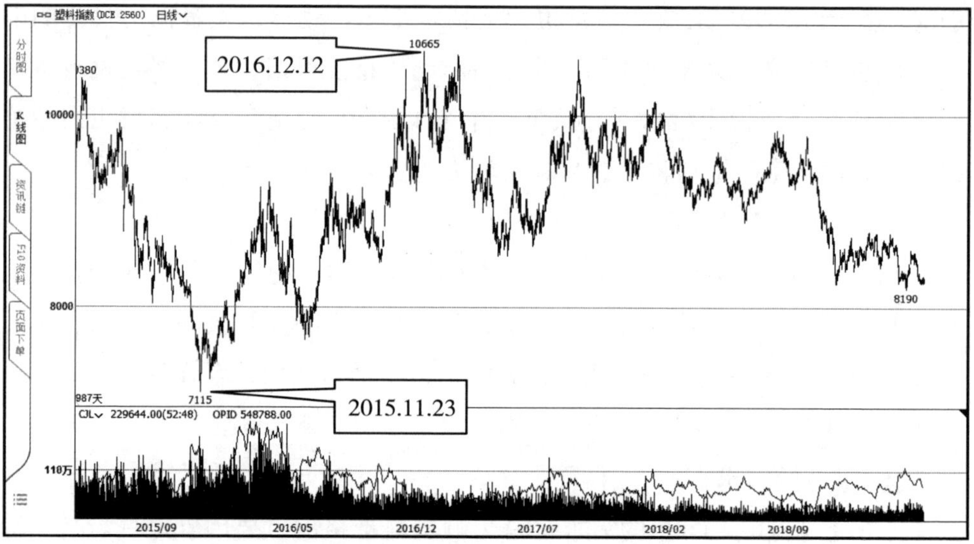

图 10-13　塑料指数日 K 线走势图

第五节　金融期货

金融期货是以约定的时间和价格买卖某种金融工具的具有约束性的标

准化合约。金融期货的标的物并非普通商品期货中的实物，而是某种金融工具。目前，市场上开通的金融期货品种主要有两类：一为股指期货；二为国债期货。

一、股指期货

股指期货全称为股票价格指数期货，是以某一股票价格指数为标的物的标准化期货合约。双方约定在未来的某个特定日期，可以按照事先确定的股价指数进行标的指数的买卖，到期后通过现金结算差价进行交割。

目前上市交易的股指期货品种包括三种：沪深300指数期货、上证50指数期货和中证500指数期货。股票指数中每一点位对应的价格为300元，例如，某一交易日沪深300指数的报价点位为3800点，则一份期货合约的总价格为3800×300=1140000元。目前，合约保证金为10%～12%，投资者买一手股指期货需要十几万元。交易所可能会根据实际需要适当调整保证金比例。

1. 股指期货标的物的构成

股指期货标的物都是反映某一类股票走势的指数，这些指数涵盖的股票范围有所不同。

（1）沪深300指数。

沪深300指数由上海和深圳证券市场中市值大、流动性好的300只股票组成，综合反映中国A股市场上市股票价格的整体表现。沪深300指数中，中国平安、贵州茅台、招商银行、格力电器、兴业银行为权重最大的五只股票，这些权重股的排名会因股价的波动而出现变化。

沪深300指数以2004年12月31日为基期，以该日300只成分股的调整市值为基期值，基期指数为1000点，自2005年4月8日起正式发布。

（2）上证50指数。

上证50指数由沪市A股中规模大、流动性好的具有代表性的50只股票组成，反映上海证券市场最具影响力的一批龙头公司的股票价格表现。上证

50 指数自 2004 年 1 月 2 日起发布，基期为 2003 年 12 月 31 日，基期指数为 1000 点。

（3）中证 500 指数。

中证 500 指数由全部 A 股中剔除沪深 300 指数成分股及总市值排名前 300 名的股票后，总市值排名靠前的 500 只股票组成，综合反映中国 A 股市场一批中小市值公司的股票价格表现。中证 500 指数中，泰格医药、顺鑫农业、金科股份、中炬高新、汤臣倍健为权重最高的五家公司，不过，由于中证 500 指数中包含的股票较多，权重也比较分散，这些权重股的排名会随着股价的变化而改变。

中证 500 指数与沪深 300 指数相同，都是以 2004 年 12 月 31 日为基期，基期指数为 1000 点。

2. 影响股指期货价格的因素

影响股指期货价格走势的因素包括股票指数、宏观经济、资金面情况以及经济金融政策等四个方面。

（1）股票指数。

股指期货以股票指数为标的物，股票指数的波动对股指期货价格的波动起着决定性作用。股票指数是由市场上多只股票组合通过加权获得的，反映的是整个股市的波动情况。换句话说，股指期货价格的波动直接受股市波动的影响。

（2）宏观经济。

股市被称为“经济晴雨表”。当宏观经济向好时，股市会率先启动上升走势，股指期货也会随之走高；反之，当宏观经济衰退时，股市会出现下跌走势，股指期货也会随之下行。总之，股指期货、股市与宏观经济形势总是同向运行的，但具体到转折点位时会有不同。从历史经验来看，股市总是在宏观经济企稳反弹前出现企稳反弹走势，股指期货也同样会跟随股市上涨。

（3）资金面情况。

当市场上资金比较充裕时，股票资产就会受到追捧，使得股票价格上扬，股指期货的价格也会随之走高；反之，当市场资金面紧张时，更多的投资者倾向于将股票资产兑现，股票价格下跌的概率就会增大，股指期货的价格也会随之下跌。

（4）经济金融政策。

经济金融政策对股市的影响非常大。这些政策包括国家宏观经济规划、金融政策、行业结构调整等，其中一些对资金面有影响的政策更可能对股市短期波动产生影响。

如图 10-14 所示，IF1906 合约在 2019 年年初随着股市企稳反弹走出了一波上升行情。

图 10–14　IF1906 日 K 线走势图

投资者可以同时观察此时段上证指数的走势，如图 10-15 所示。

对比图 10-14 和图 10-15 的走势可以发现，股指期货的价格走势与大盘指数基本吻合，只是波动幅度稍有不同。投资者可以通过研判股市运行趋势来预判股指期货的运行趋势。

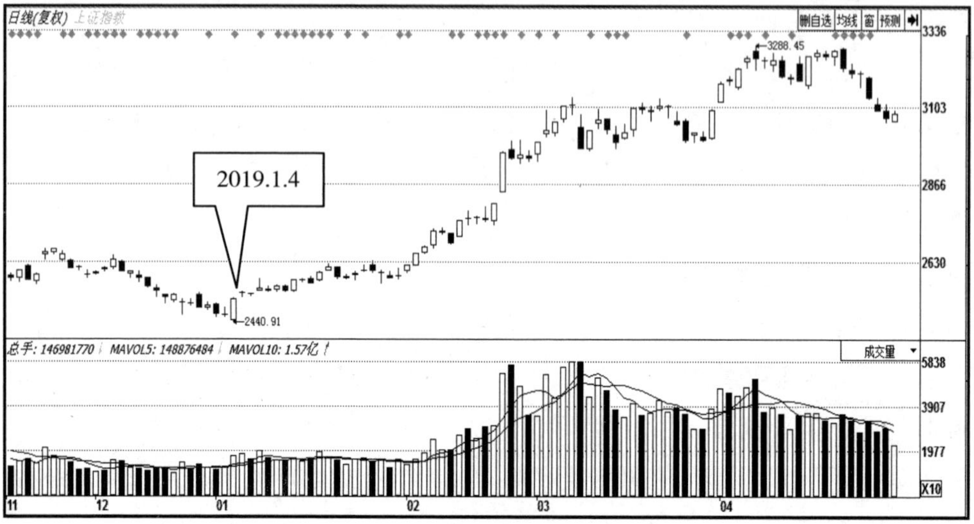

图 10–15 上证指数日 K 线走势图

二、国债期货

国债期货是一种以政府债券为标的物的标准化期货合约。国债期货交易双方按照交易所指定的交易规则，对未来特定时间内的国债合约进行报价，这一点与其他商品期货没有差别。不同的是，国债期货的价格走势受市场利率的影响非常大。

1. 国债期货标的构成

目前，我国发行的国债按照券面形式可分为三类：凭证式国债、不记名（实物）国债和记账式国债。其中，用于国债期货标的物的国债为记账式国债。记账式国债又名无纸化国债，准确定义是“由财政部通过无纸化方式发行的、以电脑记账方式记录债权并可以上市交易的债券”。投资者可通过银行柜台或证券所交易系统购买该类国债产品，目前，市场上交易的国债期货品种为：面值为 200 万元、票面利率 3% 的名义中短期国债；面值为 100 万元、票面利率 3% 的名义中期国债；面值为 100 万元、票面利率 3% 的名义长期国债。

（1）二债合约。

二债合约的交易标的物为“面值为 200 万元、票面利率 3% 的名义中短期国债”，通俗地说，就是两年期国债合约。

根据交易所要求，最终交割的国债应该符合以下标准，即发行期限不高于5年，合约到期月首日剩余期限为1.5 ~ 2.25年。也就是说，满足交割条件的国债为5年期以内的国债产品（即中短期国债产品），且在期货合约交割月首日，该国债剩余的期限应该在2年左右。上述条件中，剩余期限是核心条件，要求时间长度为2年左右，所以这一期货合约也被称为两年期国债合约。

（2）五债合约。

五债合约的交易标的物为“面值为100万元、票面利率3%的名义中期国债”，通俗地说，就是五年期国债合约。

根据交易所要求，最终交割的国债应该符合以下标准，即发行期限不高于7年，合约到期月首日剩余期限为4 ~ 5.25年。也就是说，满足交割条件的国债为7年期以内的国债产品（即中期国债产品），且在期货合约交割月首日，该国债剩余的期限在5年左右。在上述条件中，剩余期限是核心条件，要求时间长度为5年左右，所以这一期货合约也被称为五年期国债合约。

（3）十债合约。

十债合约的交易标的物为“面值为100万元、票面利率3%的名义长期国债”，通俗地说，就是十年期国债合约。

根据交易所的要求，最终交割的国债应该符合以下标准，即发行期限不高于10年，合约到期月首日剩余期限不低于6.5年。也就是说，满足交割条件的国债为10年期以内的国债产品（即长期国债产品），且在期货合约交割月首日，该国债剩余的期限应该大于6.5年。在上述条件中，剩余期限是核心条件，要求时间长度为6.5 ~ 10年，所以这一期货合约也被称为十年期国债合约。

2. 国债期货交易的特性

国债期货与其他商品期货有着明显的不同，具体来说包括以下几个方面。

（1）交易价格。

国债期货交易价格是一种指数化价格，并非真实的净值。国债期货的报价按 100 万元收益率计算得出。由于期货合约规定票面利率为 3%，因而一般国债期货上市初始价格都会在 97 元左右，更多的会低于 97 元。比如，五年期国债期货报价为 96.5 元，买入一手该期货需要支付的金额为：96.5 × 10000 × 1%（最低保证金）=9650 元（不考虑手续费）。

（2）国债期货的套期保值。

推出国债期货，本质上是为了给持有国债的投资者一个套期保值的选择。市场利率总是处于变动之中，而国债利率是不变的，当市场利率走高时，相当于国债收益下降；反之，当市场利率降低时，相当于国债收益提高。持有国债的投资者可以从套期保值的角度出发，在购买国债产品后，从期货市场卖出相应数量的国债期货。这样，当市场利率走高时，即使持有的国债收益下降，也可以通过平仓国债期货弥补损失。

3. 影响国债期货价格走势的因素

影响国债期货价格走势的因素主要包括市场利率、市场资金状况以及宏观经济形势等三个方面。

（1）市场利率。

市场利率是国债期货价格走势的决定因素。当市场利率上升时，越来越多的投资者不愿意投资固定收益的国债产品，导致国债期货价格走低；当市场利率下降时，国债的收益相对较高，资金就会追捧国债期货，从而导致国债期货价格走高。

（2）市场资金状况。

市场资金供给充裕，自然会有大量闲置资金购入国债产品，从而推升国债期货价格；反之，当市场资金面偏紧，资金肯定去追逐获利更高的项目，使得国债价格下挫，引发国债期货价格走低。

（3）宏观经济形势。

几乎所有的期货产品都与宏观经济形势有关。当宏观经济形势向好时，市场加息的可能性就高，国债期货价格走低的概率就大；反之，当宏观经济不佳时，降息的概率更大，国债期货走强的可能性较大。

如图 10-16 所示，2018 年 10 月 15 日降息之后，经济形势依然不容乐观，市场普遍预期央行很可能在 2019 年再度降息，五年期国债期货价格在这种预期的推升下不断走高。2019 年春节后，预期中的降息并没有到来，宏观经济出现企稳反弹迹象，降息的可能性变小，于是五年期国债期货的价格开始弱势整理。

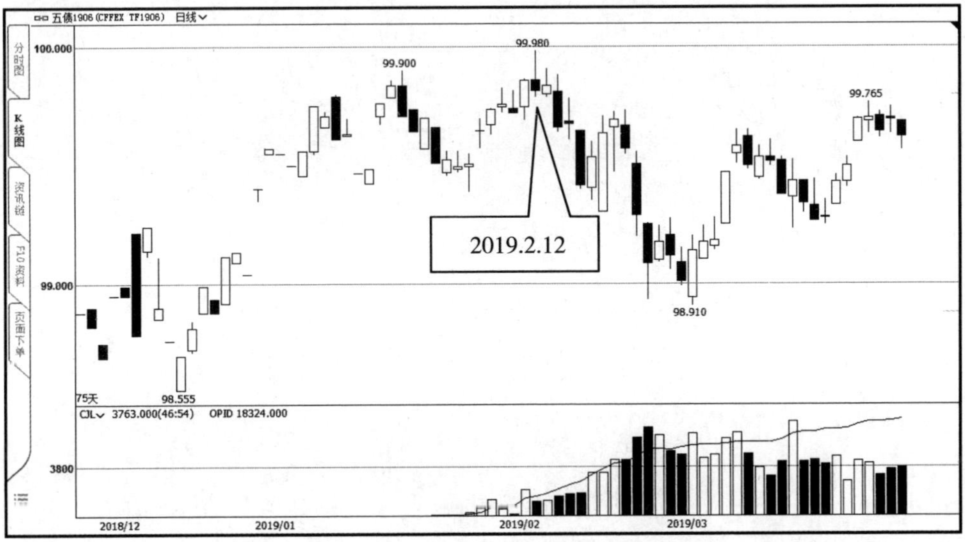

图 10–16　五债 1906 合约日 K 线走势图

第十一章

期货基本交易技巧

期货交易实战过程中，有些投资者喜欢通过分析基本面来研判期货合约价格高低，更多的投资者则喜欢借助技术分析来寻找价格运行方向的变动节点。其实，即使是侧重基本面分析的投资者，在具体交易时，也需要考虑价格运行趋势。本章将为投资者提供一些基本的实战交易技法。

第一节 基本实战交易技法

K线图中的持仓量与成交量，是期货价格走势分析最基础的要素和指标，这些指标的异动往往意味着市场走势可能发生变化。

一、持仓量与开仓、平仓

在期货市场上，持仓量是一个非常关键的指标。前面介绍过，当持仓量持续增加时，价格同步上升，说明多头行情已经启动，投资者可以考虑跟进做多。

豆油指数在2015年年底到2016年年初出现了一波震荡行情。2016年1月15日，豆油指数创下阶段低点后震荡上行，观察此时的持仓量指标，可以发现持仓量开始持续增加。也就是说，随着指数点位的上升，持仓量也在逐渐增加，这属于典型的看多信号，投资者可择机入场做多，如图11-1所示。

做多入场的投资者，可耐心持仓，等待市场的进一步变化。待价格出现滞涨或回落时，若成交量居高不下，而持仓量大幅走低，则可考虑平仓撤出。

如图11-2所示，豆油指数在2016年4月21日创下阶段高点后出现调整走势，与此同时，持仓量指数迅速走低。此后，尽管豆油指数在高位震荡反弹，但持仓量并未随之走高，说明先前做多的获利资金已经兑现出局，投资者宜进行平仓止盈操作。

图 11–1 豆油指数日 K 线走势（一）

图 11–2 豆油指数日 K 线走势（二）

图 11-3 所示为白糖 1909 合约的 1 小时 K 线走势图。白糖 1909 合约在 2019 年 4 月 9 日晚盘前出现了横向震荡走势，持仓量一直横向运行。23:00，白糖 1909 合约大幅拉升，持仓量同步出现拐头向上运行态势，说明

大量资金开始入场做多，投资者可立即跟进做多。

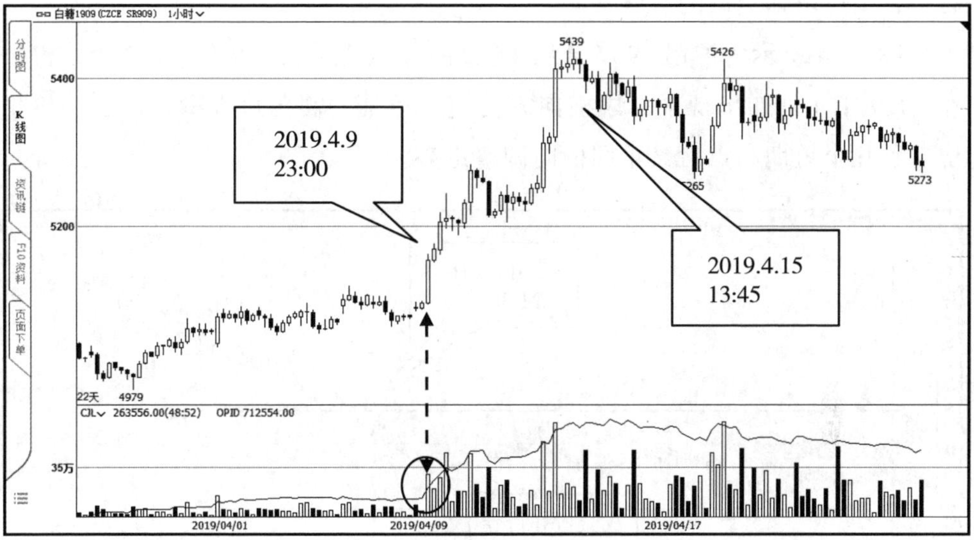

图 11–3　白糖 1909 合约 1 小时 K 线走势图

此后，该合约价格一路上攻，持仓量随之上行。4 月 15 日，该合约价格出现滞涨走势，且持仓量开始下行，出于安全考虑，投资者可部分或全部平仓。

二、突破：成交量、持仓量增加

突破，即期货合约价格向上或向下突破原有的阻力位和支撑位。在实战交易中，价格出现突破形态时，投资者需要对突破的真实性和有效性进行确认，确认的方法大致包括以下几种。

第一，持仓量与成交量的变化。

持仓量与成交量放大，是衡量突破有效性的重要指标。价格向上或向下突破某一重要支撑位或阻力位（如前期高点和低点、趋势线、整数点位等）时，若成交量与持仓量同步放大，则可增强突破的有效性。

第二，技术指标辅助分析。

通常情况下，当价格突破支撑位或阻力位前，技术指标往往会提前发出做多或做空信号，投资者需要验证技术指标做多或做空信号是否能够延续。

若此时技术指标再次出现做多或做空信号（如两度金叉或死叉、多次背离形态），则可增强突破的有效性。

图 11-4 所示为沪铝 1907 合约 15 分钟 K 线走势图。沪铝 1907 合约价格在 2019 年 4 月初出现了一段横向震荡整理行情。震荡过程中，该合约价格出现了几个短期高点后又重回横向调整走势。

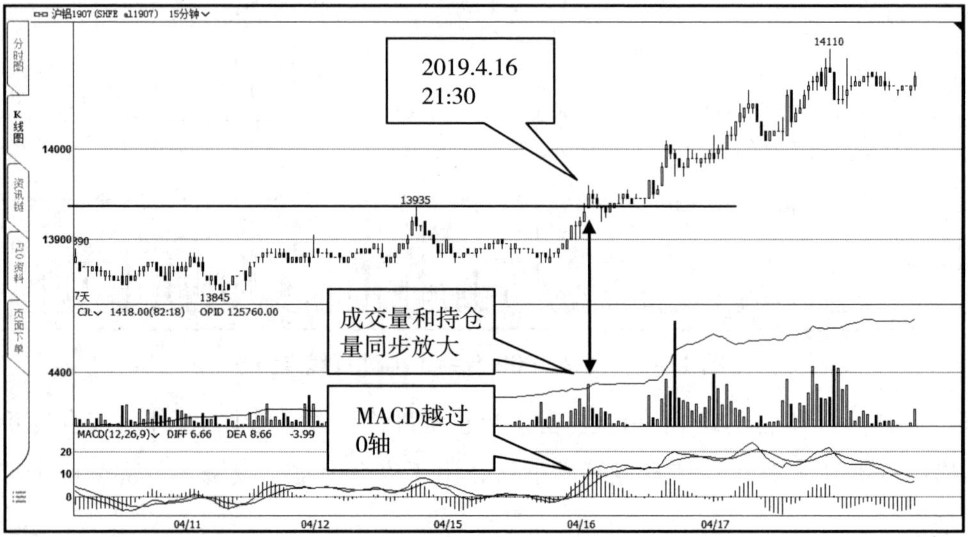

图 11–4　沪铝 1907 合约 15 分钟 K 线走势图

2019 年 4 月 16 日 21:30，沪铝 1907 合约价格向上突破了前期高点，显示价格存在突破盘整区域的可能。与此同时，该时段的成交量相比之前放大了若干倍，持仓量也显著上升。观察此时的 MACD 指标可知，0 轴附近形成黄金交叉后，向上突破 0 轴，这属于典型的看多形态。基于以上分析，可以认定此次向上突破是一次有效突破，投资者可积极入场做多。

价格向下突破支撑位时，分析思路与上述情况类似。

图 11-5 所示为玻璃 1909 合约 1 小时 K 线走势图。玻璃 1909 合约价格在 2019 年 2 月初经历了一波下跌后，开始了震荡上升行情，给人一种价格即将企稳向上的感觉。该合约价格在震荡过程中形成了上升楔形形态，对此投资者必须警惕，合约价格可能会向下突破形态。

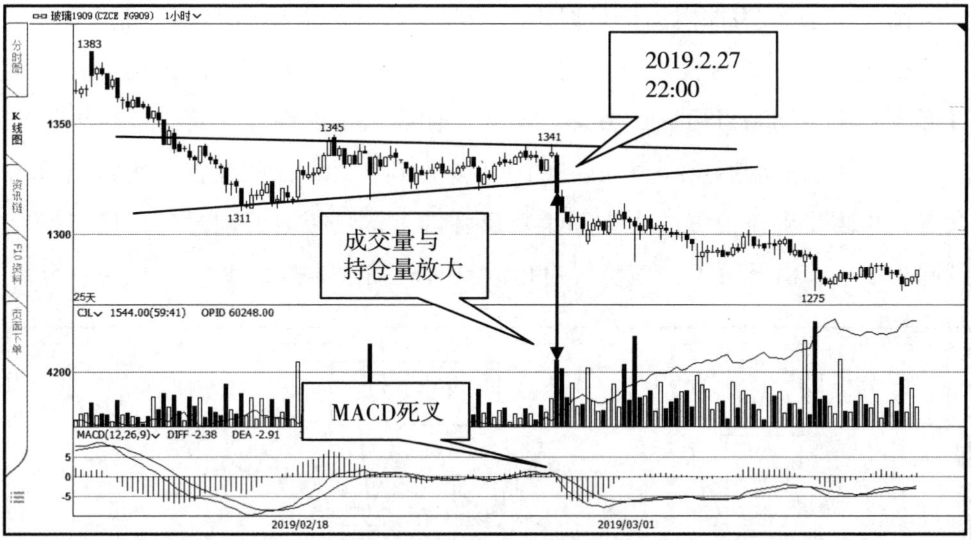

图 11-5 玻璃 1909 合约 1 小时 K 线走势图

2019 年 2 月 27 日 22:00，玻璃 1909 合约价格向下跌破了上升楔形的下边线，显示价格存在突破盘整区域的可能。与此同时，该时段的成交量相比之前放大了若干倍，持仓量也显著上升。观察此时的 MACD 指标可知，0 轴附近形成死亡交叉后直接向下跳水，这属于典型的看空形态。基于以上分析可以认定，此次向下突破是一次有效突破，投资者可积极入场做空。

三、支撑：成交量、持仓量萎缩

支撑，指当价格自上而下出现调整走势，回调至某一重要点位，包括前期高点或低点、趋势线位置时，因受到该位置的支撑作用而重新上升的情况。并不是所有的支撑位都能对价格起到支撑作用。通常情况下，价格下行能够获得支撑且支撑有效，应具备以下几个特点。

第一，价格自上而下运行过程中，成交量与持仓量会显著萎缩，且在价格遇到支撑位反向上行时，成交量和持仓量应该增加，这说明有新的资金入场开仓，此支撑位为有效支撑位。

第二，价格遇支撑上行时，技术指标同步发出经典的看多信号，则也可印证此位置为有效支撑位。

图 11-6 所示为棕榈油指日线走势情况。棕榈油指在 2015 年年底到 2016 年年初走出了一波震荡上升走势。在震荡过程中，该指数于 2016 年 1 月 4 日形成一个短期高点后回调整理，不久后便突破了该高点。其后，该指数经过一段时间的上涨后重新下跌。2016 年 6 月到 7 月，该指数曾几次回到前期高点，均因受到该位置的支撑而重新反弹向上，且指数回调时成交量与持仓量同步萎缩，由此可见，该位置对指数具有较强的支撑力。

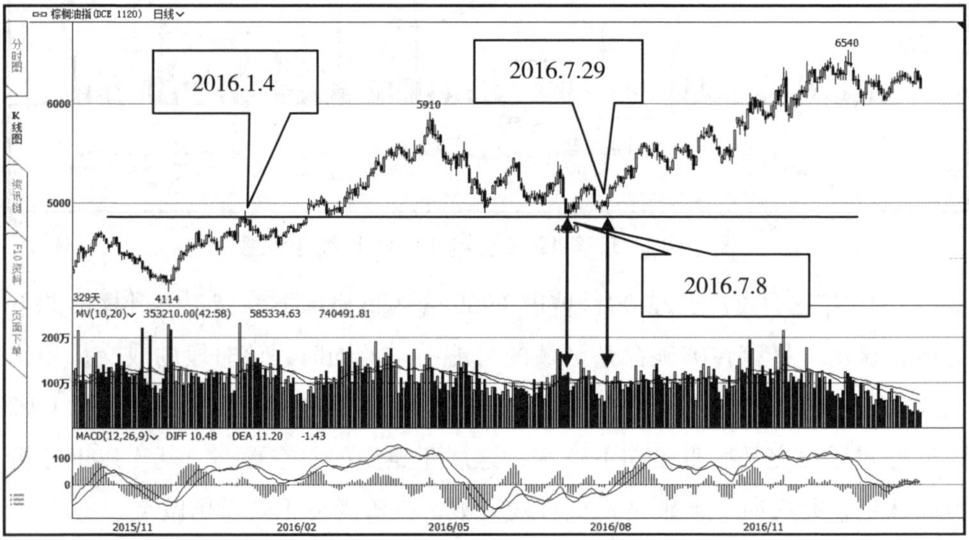

图 11–6 棕榈油指日 K 线走势图

2016 年 7 月 29 日，该指数放量向上，同时 MACD 指标同步发出做多信号，成交量同步上升，此时投资者宜入场做多。

四、阻力：成交量、持仓量萎缩

阻力，指当价格自下而上出现反弹走势，反弹至某一重要点位，包括前期高点或低点、趋势线位置时，因受到该位置的阻力作用而重新下跌的情况。阻力作用与支撑作用相反，但阻力位与支撑位又可以互相转化，即当价格向上突破阻力位后，该阻力位将转化为支撑位；反之，当价格跌破支撑位后，该支撑位又将转化为阻力位。

通常情况下，价格上行遇到阻力且确认阻力有效，应具备以下几个特点。

第一，价格自下而上运行过程中，成交量与持仓量可能会放大，但当价格上升至阻力位附近时，持仓量会出现萎缩，成交量却有可能放大，说明有资金平仓离场，此阻力位为有效阻力位的可能性极大。

第二，价格遇阻力下行时，技术指标同步发出经典的看空信号，也可印证此位置为有效阻力位。

图 11-7 所示为豆一指数的日 K 线走势图。豆一指数在 2016 年年底出现了一波快速上升走势。在震荡过程中，该指数于 2016 年 12 月 19 日形成一个短期高点后开始下跌走势，此后该指数经过一段时间的整理后重新上攻，但当指数重新上升至前期高点附近时，因受前期高点的阻力作用转而重新下行。

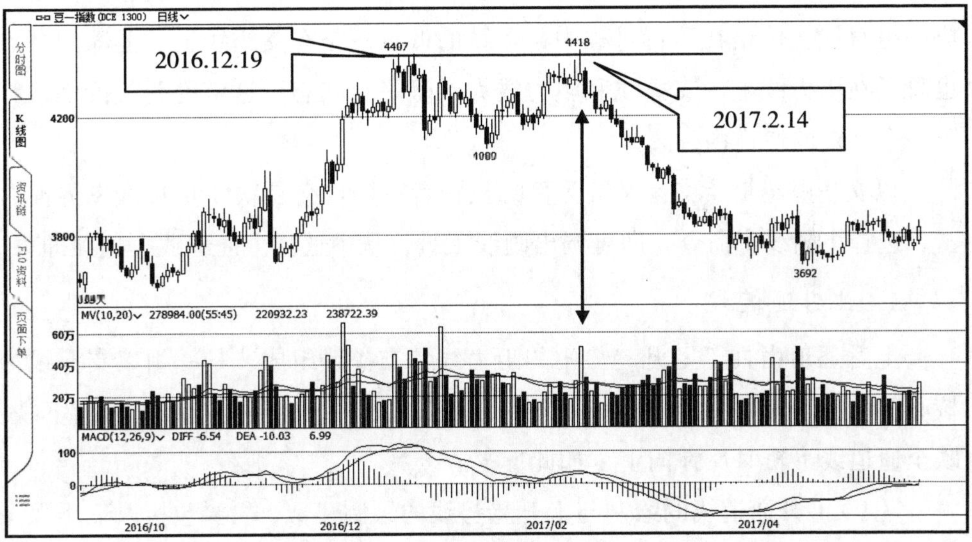

图 11–7　豆一指数日 K 线走势图

观察此时的成交量可以看出，当日成交量异常放大，持仓量却反向走低，说明有大量资金平仓离场，此时 MACD 指标出现了高位死叉，投资者可考虑反向做空或平掉多头仓位离场。

第二节 画线技术及实战交易技法

画线技术在寻找和判断价格走势以及支撑位和阻力位方面具有显著的优势，正因为使用画线技术的投资者很多，才使得画线技术发挥的作用越来越大。投资者可借助期货交易系统中的【画线】工具完成相应的画线操作。

一、通道线

通道线又称平行线或平行通道线，在达韦斯·尼古拉创立的股票箱理论基础上演变而来。通道线以趋势线为核心，由相互平行的阻力线和支撑线组成一组直线。价格在运行过程中，下跌的低点总是在支撑线上，上涨的高点也总是在阻力线上，支撑线和阻力线大致呈平行状态，这就说明，价格运行于一个特定的通道内。

以文华财经期货交易系统为例，投资者在期货交易软件的K线图界面右击，选择【画线】命令，即可调出画线工具，从中选择【通道线】选项即可。

1. 上升通道线

上升通道由处于上升趋势中的阻力线和支撑线组成，是一组以支撑线为核心的向右上方倾斜的平行线。价格在上涨过程中，遇到通道线上轨后下跌，跌至通道线下轨时反弹向上，如此反复。

（1）上升通道线的绘制与上升趋势线的绘制相似，主要包括以下步骤。

第一，点击【通道线】工具后，在K线图中选择上升趋势中的两个关键低点，画一条直线，这条直线是上升通道线的下轨，也就是价格的上升趋势线。

第二，移动鼠标至价格上升的高点，系统将自动生成一条与之前所画直线平行的直线。

第三，如有必要，可通过点击通道线上的修改标示，适当调整趋势线的角度、宽度和位置，形成更完美的上升通道，如图 11-8 所示。

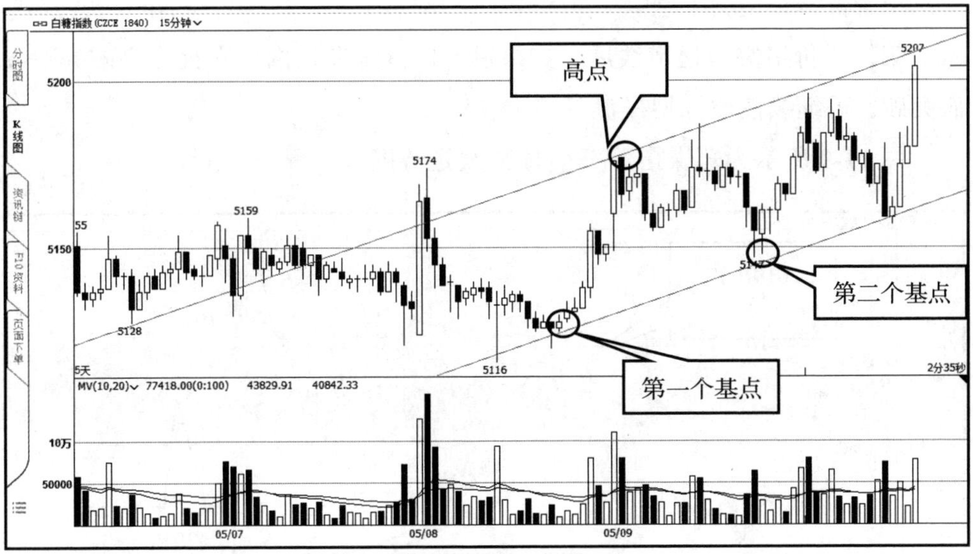

图 11-8　上升通道线

绘制上升通道线时应注意以下问题。

第一，上升通道线的下轨必须严格按照上升趋势线的画法绘制。

第二，上升通道线的上轨，需要选择已经出现的比较具有代表性的高点，选择此高点所画的与下轨平行的直线能够恰好通过已经形成的其他高点。

第三，调整通道线上轨线上的高点位置，可修正通道的宽度；调整通道线下轨线上的两个基点，可修正通道线的倾斜角度。

第四，价格在通道线内运行时，可能偶尔会跌破或突破通道线，但只要其后很快回归通道线内部，仍可认定该通道线的支撑或者阻力作用有效。

（2）利用上升通道线进行期货交易时，应注意观察以下几点。

第一，价格 K 线是否能够与通道线契合。也就是说，只有价格上涨时遇到通道线上轨后出现回落，价格下跌时遇到下轨线支撑转而上涨，才能认定该通道线具有显著的支撑与阻力作用。

第二，价格向上突破通道线，说明价格有加速上涨的可能，投资者可以考虑加仓做多。

第三，如果价格向下跌破通道线，说明价格有偏离上升通道的可能，并不意味着价格一定会下跌。

第四，价格突破通道线后，如果迅速回落至通道内，则视为突破失败或假突破，可继续按原计划操盘。

图 11-9 所示为郑煤指数 1 小时 K 线走势图。

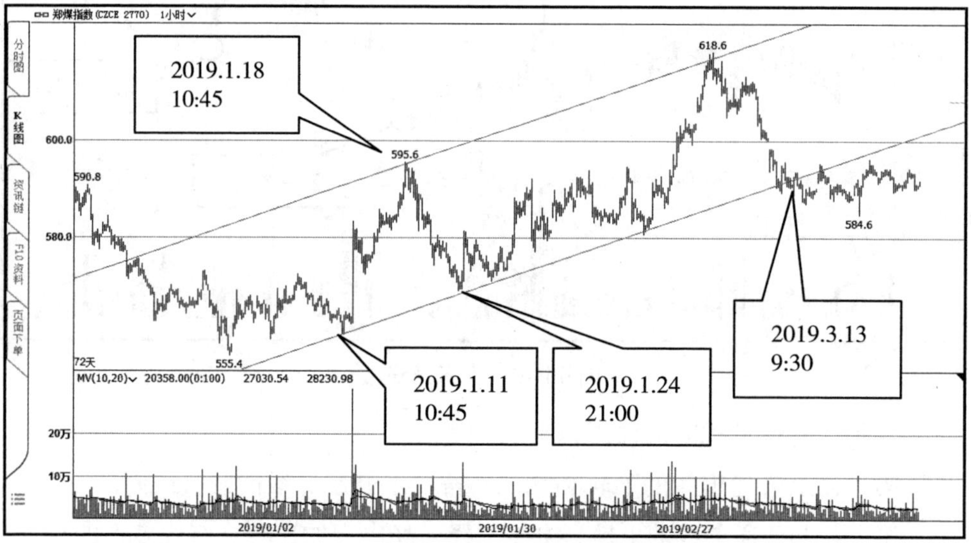

图 11–9 郑煤指数 1 小时 K 线走势图

郑煤指数在 2019 年 1 月初启动了一波震荡上升行情。在上涨过程中，该指数呈现波浪式震荡。波段交易者可将该指数上升的起点与回调的低点（2019 年 1 月 11 日 10:45）作为基准线，并结合波段高点（2019 年 1 月 18 日 10:45）绘制一组上升通道线。此后，该指数一段时间内都在该通道内震荡，投资者可在指数回调至通道下轨线时做多开仓，并在价格上升至通道上轨线时卖出平仓，同时也可以开空头仓位，直至 3 月 13 日该指数跌破通道。

2. 下降通道线

下降通道由处于下降趋势中的支撑线和阻力线组成，是一组以阻力线为核心的向右下方倾斜的平行线。在下跌过程中，价格遇到通道线下轨后反弹，反弹至通道线上轨时回落，如此反复。

（1）下降通道线的绘制与下降趋势线的绘制方法相似，主要包括以下步骤。

第一，点击【通道线】工具后，在K线图中选择下降趋势中的两个关键高点画一条直线，这条直线是下降通道线的上轨，也就是价格的下降趋势线。

第二，移动鼠标至价格回落的低点，系统将自动生成一条与之前所画直线平行的直线。

第三，如有必要，可通过点击通道线上的修改标示，适当调整趋势线的角度、宽度和位置，形成更完美的下降通道，如图11-10所示。

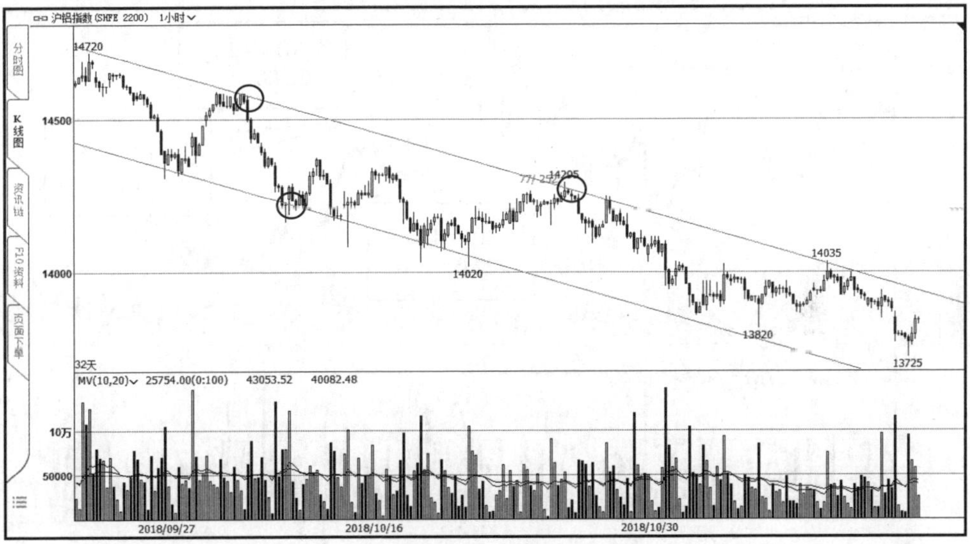

图11-10 下降通道线

绘制下降通道线时应注意以下问题。

第一，下降通道线的上轨必须严格按照下降趋势线的画法绘制。

第二，下降通道线的下轨，需要选择已经出现的比较具有代表性的低点，选择此低点所画的与上轨平行的直线能够恰好通过已经形成的其他低点。

第三，调整通道上轨线上的两个基点，可修正通道线的倾斜角度；调整通道下轨线上的低点，可修正通道的宽度。

（2）利用下降通道线进行期货交易时，应注意观察以下几点。

第一，理论上，当价格处于下降行情中，应尽量做空开仓，避免看多开仓。

第二，价格向上突破通道线，说明价格有结束下降趋势的可能，投资者可适当减少空头仓位或适当建立多头仓位。

第三，如果价格向下跌破通道线，说明有加速下跌的可能。

第四，价格突破通道线后，如果迅速回落至通道内，则视为突破失败或假突破，可继续保持观望。

图 11-11 所示为沪镍指数的 1 小时 K 线走势图。

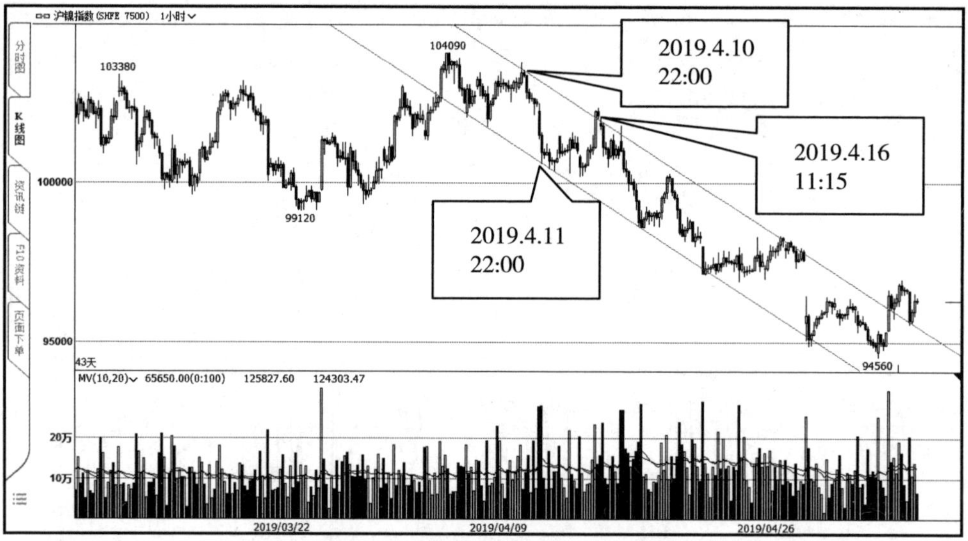

图 11–11　沪镍指数 1 小时 K 线走势图

处于震荡趋势中的沪镍指数在 2019 年 4 月中旬开启了一段下跌行情。该指数自 2019 年 4 月 10 日 22:00 起开始进入下降通道，每次价格反弹到通道上轨线就会回落，跌至下轨线又会遇到支撑再度上升。

运行于下降通道的个股，投资者可积极开空头仓位，并在价格回调至下降通道下轨线时执行平仓操作。由于价格处于下行通道，即使价格遇下轨线反弹，做多也存在很大的风险，因此不建议此时入场做多。

只有当价格向上突破下降通道上轨线后，方可考虑入场做多。当然，价格突破下降通道下轨线，也并不意味着价格一定会出现上升走势，也可能小幅反弹后重新下跌。

二、支撑线与阻力线

前面介绍过，一些比较重要的阶段高点或低点，对未来的价格走势有重要的支撑或阻力作用。同样，若将这些重要的支撑位和阻力位用直线连接起来，将获得一条比较重要的支撑线或阻力线。

由于支撑线与阻力线可以相互转化，因此投资者在绘制支撑线或阻力线时，可以不限定其具体的作用。当价格处于该线上方时，该线起支撑作用；反之，若价格处于该线下方，该线起阻力作用。当价格完成对该线的有效突破后，支撑线与阻力线的作用就会互换。

支撑线与阻力线的绘制方法如下。

第一，选择之前价格走势中比较重要的阶段低点或高点，可以是一个低点和一个高点。

第二，将选择的阶段低点或高点连线，要确保该直线位于价格附近，若价格距离直线太远，则短期内不会有支撑或阻力效果。投资者可以根据当前价格适当调整选取的阶段低点或高点。

第三，若选择的阶段低点和高点分别位于价格 K 线的两侧，则该线就是价格 X 线，该线所起的支撑或阻力作用更强。

第四，在绘制支撑线或阻力线时选点，应尽量以 K 线实体为基点。

图 11-12 所示为白糖指数的日 K 线走势图。

白糖指数在 2019 年年初启动了一波震荡上升走势。该指数上行过程中，多次创下短期高点后回调，投资者可将该指数在 2019 年 1 月 22 日和 2 月 13 日的短期高点连接绘制一条阻力线。此后当指数上行至该线位置时，就会受到相当程度的阻力。

2019 年 2 月 25 日和 4 月 19 日，该指数两次来到阻力线附近，均因阻力线的阻力作用转而重新下跌，由此可见，该线对价格走势具有较强的阻力作用。

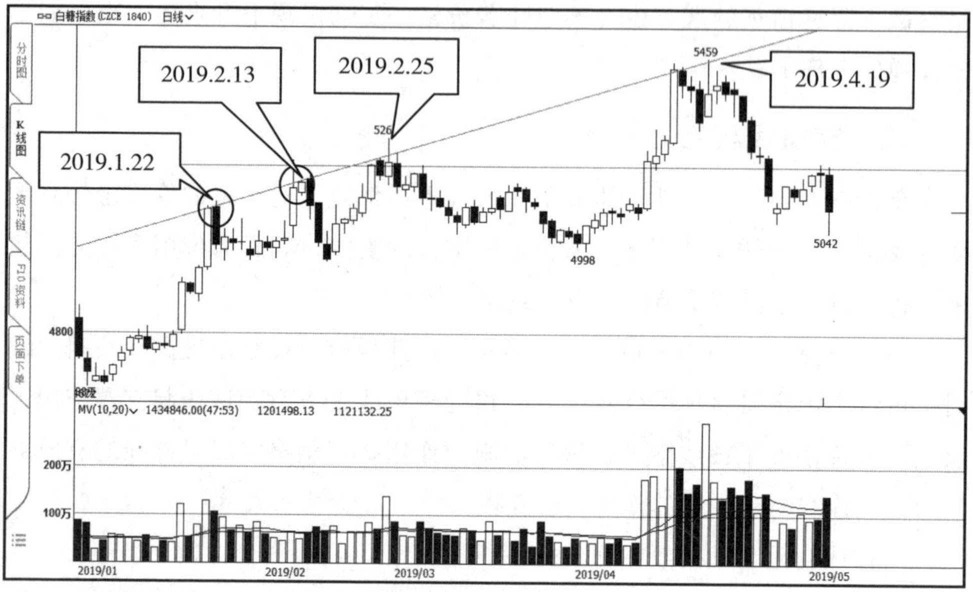

图 11–12　白糖指数日 K 线走势图

图 11-13 所示为郑醇指数 15 分钟 K 线走势图。

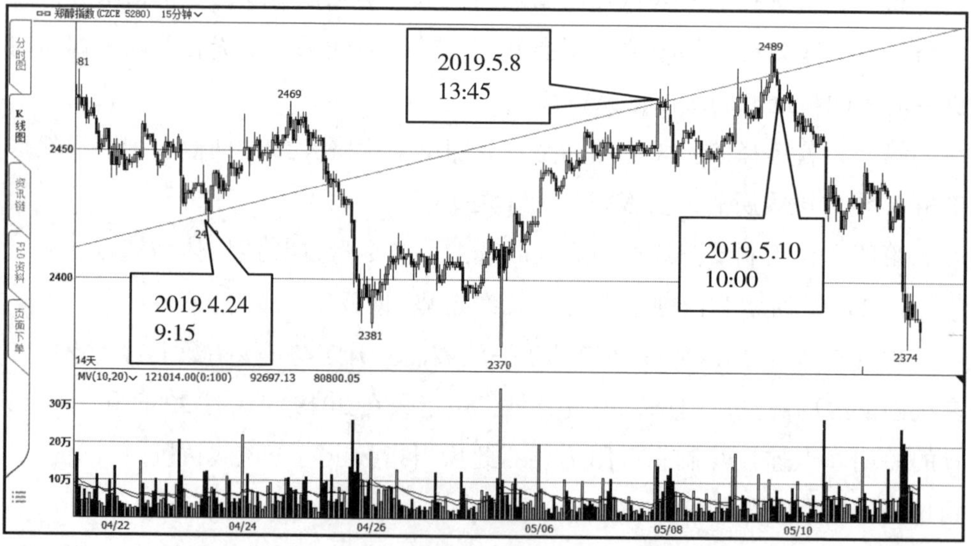

图 11–13　郑醇指数 15 分钟 K 线走势图

郑醇指数在 2019 年 4 月到 5 月出现了一波震荡调整走势，该指数在震荡过程中多次创下短期低点和高点。投资者可将该指数在 2019 年 4 月 24 日 9:15 创下的低点和 5 月 8 日 13:45 创下的短期高点连接绘制一条阻力线，此后当指数上行至该线位置时，会受到相当程度的阻力。当然，若此时指数位于该线上方，则该线起支撑作用。其实，这条线就是典型的价格 X 线。

2019 年 5 月 10 日 10:00，该指数两次来到阻力线附近都重新下跌，由此可见，该线对价格走势具有较强的阻力作用。

三、黄金分割线

黄金分割线是投资市场中常见的很受欢迎的切线分析工具之一。在实际操作中，可运用黄金分割线来揭示上涨行情中的调整支撑位或下跌行情中的反弹压力位。

黄金分割线指将价格的一段走势按照黄金分割比率划分成若干分位，用以观察这些黄金分位对价格支撑和阻力作用的技术分析方法。

1. 黄金分割线的画法

在期货交易软件的 K 线图界面右击，选择【画线】命令，即可调出画线工具，从中选择【黄金率】选项即可。

点击【黄金率】后，先选择起点，一般选择一段行情的高点或低点，然后点击并按住鼠标左键不放，拖动鼠标至另一个低点或高点位置放开，即可得到相应的黄金分割线，如图 11-14 所示。

通常情况下，这些黄金分割位会对价格起到一定的支撑或阻力作用。

2. 黄金分割线分析方法

一波行情结束后，以明显的高点和低点为基准所划分的各个黄金分割位，会对价格产生一定的支撑或阻力作用。特别是 0.382 点位和 0.618 点位，往往具有较强的支撑或阻力作用。当价格运行至这些位置时，投资者要特别小心。

图 11-15 所示为豆一指数日 K 线走势图。

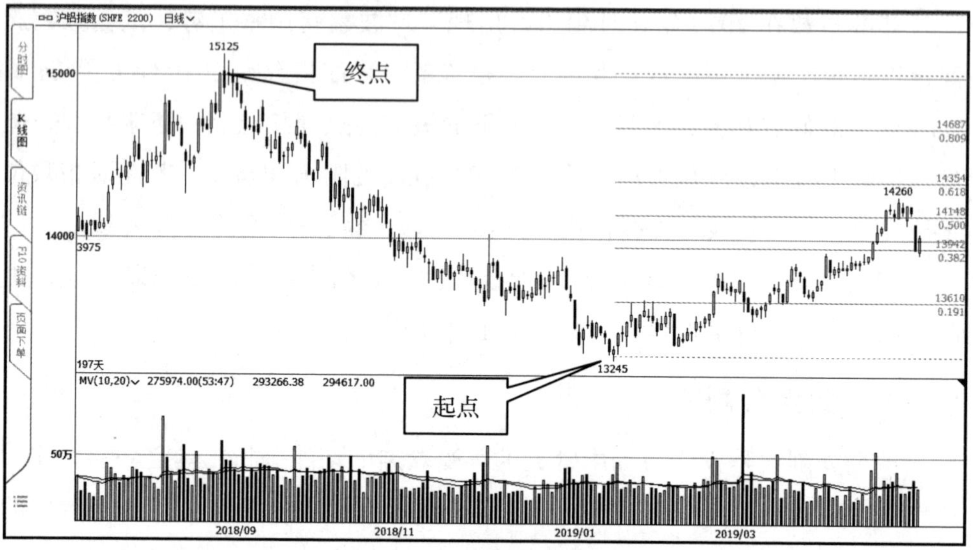

图 11-14 黄金分割位示意图

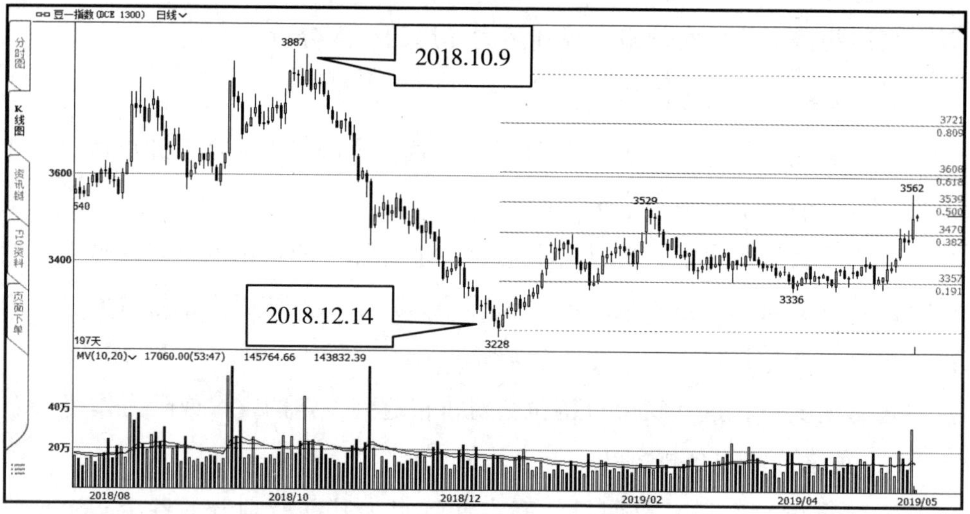

图 11-15 豆一指数日 K 线走势图

随着大豆价格走低，豆一指数自 2018 年 10 月初启动了一波下跌走势，并于 2018 年 12 月 14 日下探至阶段低点，随后出现了反弹走势。

为了判断随后价格走势的阻力位与支撑位，可以尝试以 10 月 9 日高点和 12 月 14 日低点为基点绘制一组黄金分割线。此后，要特别注意 0.382 点位的阻力情况。观察该指数随后的走势可以看出，该指数大部分时间运行于 0.382 点位和 0.191 点位之间，偶尔反弹至 0.5 点位后就会回落，投资者可据此设置开仓位和平仓位。

图 11-16 所示为豆粕指数日 K 线走势图。

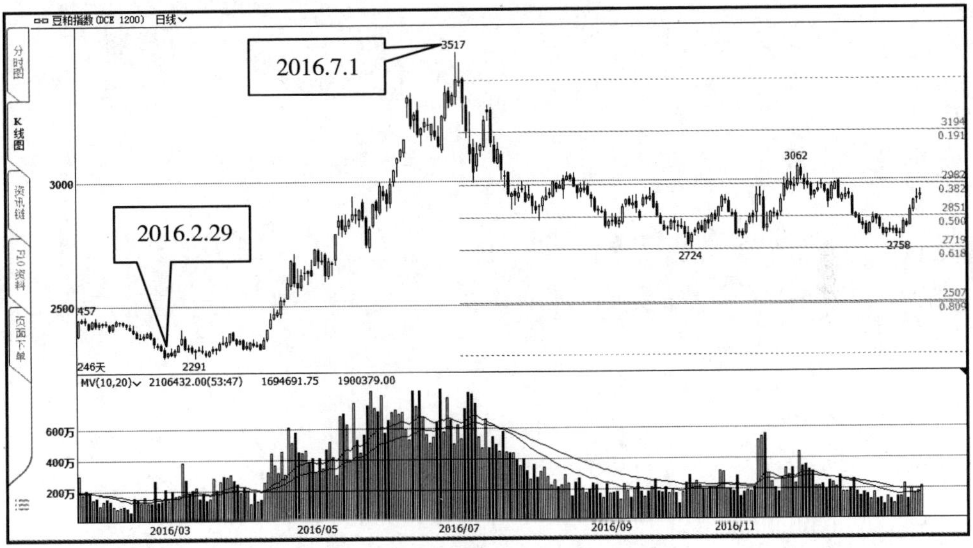

图 11–16　豆粕指数日 K 线走势图

豆粕指数自 2016 年 2 月底启动了一波上涨走势，2016 年 7 月 1 日上攻至阶段高点后出现了回调走势。

为了判断随后价格走势的阻力位与支撑位，可以尝试以 2016 年 7 月 1 日高点和 2016 年 2 月 29 日低点为基点绘制一组黄金分割线。此后，投资者要特别注意 0.382 点位和 0.618 点位的支撑情况。从该指数随后的走势可以看出，该指数大部分时间运行于 0.382 点位和 0.618 点位之间，投资者可据此设置开仓位和平仓位。

第十二章

期货交易原则与交易系统

期货交易是一种高风险的投机活动，交易纪律、交易原则以及盘感都是十分重要的。投资者在实战中一方面需要遵循基本的交易原则，保护好自己的本金，另一方面还要不断培养盘感，以便及时做出交易决策。

第一节　基本交易原则

期货交易总是与风险相伴，投资者要想从中全身而退并获得理想的收益，需要坚守一定的交易原则与交易纪律。

一、交易品种的选择

除了套期保值的投资者外，绝大多数投资者投入期货市场都是一种投机行为，投机标的的选择则是首先应该考虑的事项。

在选择交易品种时，需要注意图 12 1 所示的几个方面。

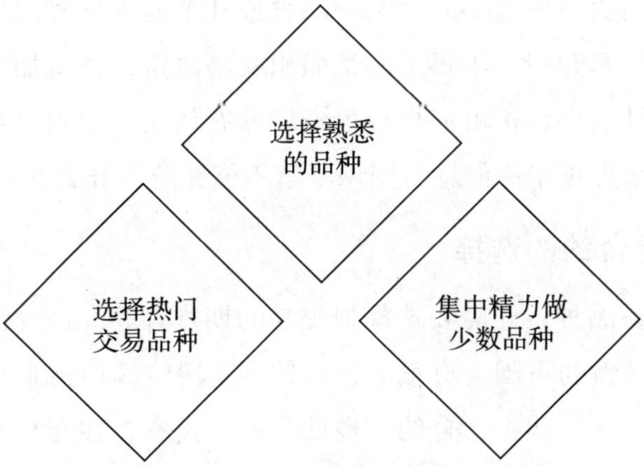

图 12-1　选择期货交易品种

第一，选择熟悉的品种。

普通投资者可能很难对期货品种有太深入的了解，但还是应该对期货品种的基本情况有所了解，并尽可能多地掌握投资标的信息。以下几方面信息是不可或缺的，如影响期货品种价格的因素、主要供求关系、期货品种价格波动情况（有些品种波动比较大，有些品种波动比较小）、期货品种的价格涨跌周期。

在期货市场上，铜、铝等有色金属期货的价格波动相对较小，而橡胶、白糖等产品的价格波动则比较剧烈。至于选择何种期货品种，要看投资者个人的心理承受能力。

第二，选择热门交易品种。

我国期货市场建立比较晚，目前投资者数量相对较少，很多期货品种的交易量和交易活跃度也较低。基于投机目的而进行的交易，若选择交易清淡的品种，很难及时平仓撤出，有时为了平仓不得不牺牲价格。投资者在选择交易品种时，应尽量选择交易量大的、成交活跃的品种。

第三，集中精力做少数品种。

如果交易品种过多，不得不将有限的资金和精力分散到各个期货品种。当然，有时出于资金安全的角度选择多种期货合约，然而事实总是与愿望相违。当手中的期货品种过多时，某一品种或几个品种同时出现异动，投资者可能根本无暇认真分析，不得不匆忙做出交易决策，这就加大了交易风险。同时，交易品种过多，很可能导致投资者没有那么多精力对各个品种进行详细分析，最后因为对相关信息与知识了解不够充分，导致交易失败。

二、交易合约的选择

选定了交易品种，还需要选择拟交易的期货合约。通常情况下，一个期货品种因交割月份的不同会有很多份合约，一段时间内通常只有一个月份合约的交易最为活跃，即主力合约。也就是说，投资者在交易时，应选择主力合约而非其他月份合约进行交易。选择主力合约，就是选择了交易最为活跃的合约。

主力合约也不是一成不变的，当该合约临近交割月份时，市场上的投机资金就会转战其他月份合约，其他月份合约就会升级为主力合约，之前的主力合约就会成为一般合约，交易也会转为清淡。也就是说，投资者在交易过程中，需要根据主力合约的变化及时调整交易合约。

三、仓位控制原则

“不开重仓”是期货市场保护本金安全的首要法则。没有人能准确地预知市场的动向，任何时候都不能将全部仓位或较大仓位压到同一合约上。期货交易的损失会被放大若干倍，为了资金安全，投资者不能将仓位开得太重。通常情况下，投资者应建一个小仓位，随着价格的波动逐渐增加仓位。

具体加仓策略有以下几种。

第一，平均加仓法。

平均加仓法是指建仓后，无论价格向上运行还是向下运行，均增加与建仓时相当的仓位。例如，白糖合约为 5000 元 / 吨时，建立 100 手仓位；随后，价格上升至 5050 元 / 吨时，加仓 100 手；价格上升至 5100 元 / 吨时，再加仓 100 手。这段时间里，该投资者共建立了 300 手仓位，平均持仓价格为 5050 元 / 吨（不计手续费等相关费用）。其后，若白糖价格回调至 5050 元 / 吨，则投资者盈亏平衡。

当然，若白糖价格向下运行，在 5000 元 / 吨位置建立 100 手仓位后，价格下跌至 4950 元 / 吨，则加仓 100 手；价格下跌至 4900 元 / 吨时，再加仓 100 手。这段时间里，该投资者共建立了 300 手仓位，平均持仓价格为 4950 元 / 吨（不计手续费等相关费用）。其后，若白糖价格反弹，价格回调至 4950 元 / 吨，则投资者盈亏平衡。

第二，金字塔式加仓法。

金字塔式加仓法是指建立仓位后，随着价格的上升而逐级减少加仓仓位，形成类似金字塔式的结构。比如，投资者在 5000 元 / 吨位置建立白糖合约 100 手，若价格上涨至 5050 元 / 吨，则可考虑加仓 50 手；若价格再上升至 5100 元 / 吨，则再加仓 25 手。至此，投资者共有 175 手白糖合约，合约平均持仓成本为 5028.57 元 / 吨。若白糖价格上升至 5200 元 / 吨，则每吨可盈利 171.43 元，总盈利金额为：

171.43 元 / 吨 ×175 手 ×10 吨 / 手 =300002.5 元

若白糖合约价格回调至 5050 元 / 吨，每吨仍可盈利 21.43 元，总盈利金额为：

21.43 元 / 吨 ×175 手 ×10 吨 / 手 =37502.5 元

第三，倒金字塔式加仓法。

倒金字塔式加仓法指建立仓位后，随着价格的上升而逐级增加加仓仓位，形成类似倒金字塔式的结构。比如，投资者在 5000 元 / 吨位置建立白糖合约 25 手仓位后，若价格上涨至 5050 元 / 吨，则加仓 50 手；若价格上升至 5100 元 / 吨，则再度加仓 100 手。至此，该投资者共有 175 手白糖合约，合约平均持仓成本为 5071.43 元 / 吨。若白糖价格上升至 5200 元 / 吨，则每吨可盈利 128.57 元，总盈利金额为：

128.57 元 / 吨 ×175 手 ×10 吨 / 手 =224997.5 元

若白糖价格回调至 5050 元 / 吨，则每吨亏损 21.43 元。具体亏损金额为：

21.43 元 / 吨 ×175 手 ×10 吨 / 手 =37502.5 元

对比上述加仓方法，可以很容易地比较出各种方法的优劣。通常情况下，维持正金字塔式结构可以有效地保护盈利，避免本金损失。

四、止损基本原则

学会止损，才能在期货市场中生存。没有人能实现百分之百地交易获利。一个人从期货市场上获利多少，并不是由其判断正确时的获利决定的，而是由其判断错误时的损失决定的。一次成功的交易可能让你获利 50%，而一次失败的交易可以让你把所有的利润加本金归零。毕竟期货交易是一种带杠杆的保证金交易，当你判断错误时，这些杠杆会把你的错误放大若干倍甚至导致爆仓。

具体来说，当投资者发现市场运行方向与自己的判断相反时，必须做好以下几方面的工作。

第一，坚守止损位。

不能一出现亏损就立即平仓，但也不能在市场价格触及止损位时还幻想市场会向相反的方向拐头。总之，既然设定了止损位，当市场触及止损位时，就必须立即止损。

第二，不要迷信支撑位与阻力位。

前面介绍过价格的支撑位与阻力位，这些位置通常会对价格起到一定的支撑或阻力作用，但这种作用要让步于市场走势。只有市场知道明天会走向哪里，不能因为止损位下方有一个或两个重要的支撑位而放弃止损。

第三，止损后不要立即重返市场。

这在所有的投资活动中都适用。当一个人刚刚完成一次止损操作后，心理期望和判断能力都会与平时不同，这时投资者很难对市场走势做出科学、理性的判断，因此最好的选择是先休息一下，不要立即重返市场。

第二节　开发适合自己的交易系统

期货交易是一种高风险的投机活动，没有稳定的交易系统，单靠一次或两次成功的交易经验，根本不足以在市场中存活下来。

期货交易系统一般包括图 12-2 所示的几部分。

图 12–2　开发适合个人的期货交易系统

一、确定基本交易策略

基本交易策略是投资者正式建仓前需要明确的策略，包括交易过程中使用的投资策略、品种选择策略、持仓策略、交易策略等。

第一，投资策略。

期货投资策略主要包括两类，即投机和套期保值。目前大多数投资者的交易都属于投机行为，只有少数企业有套期保值的需求。投资需求不同，具体的交易方法也不相同。

第二，品种选择策略。

出于套期保值需求的投资者只能交易限定的期货品种，普通的投机交易者则不受限制，只要品种有获利空间，都可以介入。当然，投机交易会有交易合约数量的限制。

第三，持仓策略。

持仓周期不同，选择的交易方法也有所不同。有一些交易者根本不想长期持仓，只是追求价格波动带来的收益，因而只做短线或超短线操作，更多的是日内交易。一些长期看好某一品种走势的投资者可能会长期持仓。

第四，交易策略。

有些投资者喜欢依据基本面分析进行交易，当认为某一期货合约的价格被低估，就会入场做多，反之则入场做空。另外一些投资者更喜欢根据技术分析来研判期货价格走势，从技术分析的角度来看，若某一期货合约价格还会继续走高，则会坚决做多开仓，反之则会做空开仓。

二、选择交易品种

确定交易策略之后，就需要寻找自己的“猎物”了，即交易备选品种以及合约。虽然投机交易者不可能熟悉所有期货品种，但还是应该尽可能熟悉自己交易的品种。除了前面介绍过的选择交易品种的三项原则外，投资者在具体实战中还应注意以下几个问题。

第一，交易品种的波动性。

对于大多数投机交易者而言，有波动才会有盈利。事实上，期货品种的自身特点往往决定了它的波动性。通常情况下，如果没有特别大的利好或利空因素，有色金属特别是贵金属期货的波动幅度都相对较低，一些农产品期货的价格在某些时段则会呈现出比较剧烈的波动。对超短线或日内交易者而言，那些波动较小的品种往往不是最佳选择。

第二，交易方法与交易品种的适用性。

每种期货交易品种都有各自的属性，交易技术与方法也有其适用性。有些技术分析方法可能适用于某些波动较大的品种，另外一些技术分析方法则更适应波动较小的品种。投资者擅长使用哪种技术分析方法，就要有针对性地选择适合的交易品种。

第三，多元化交易品种。

前面介绍过，投资者不应同时交易过多品种，但考虑到投资安全，也不能只交易一个品种。在选择交易品种时，还应避免选择同类期货品种，要选择不具有相关性的期货品种。例如，投资者选择交易黄金期货时，最好不要同时交易白银期货，因为若判断错误，两个期货品种可能会同时亏损。

三、明确风险控制计划

风险控制计划是期货交易活动的核心。期货交易中的风险控制计划包括但不限于以下几方面。

第一，仓位控制。

避免单一持仓合约占比过大，这样可以有效防控风险。单一合约持仓的保证金占比一般不能超过资金总额的30%。

第二，止损位设置。

合理的止损位可以在控制亏损放大的同时，避免因价格波动而出现被动平仓。假如止损位设置得过近，很可能在价格出现波动时被平仓；反之，若止损位设置得过远，可能造成的亏损比较大。止损位的设置要综合考虑投资者的交易策略、资金情况以及个人心理承受能力等因素。

第三，整体开仓数量控制。

投资者不能将所有资金都用于开仓，要保留相当一部分资金应对突发情况。同时，若交易出现亏损，资金总量减少，也要同步减少开仓量。总之，要将持仓市值占资金总额的比例控制在一定范围内。

四、安排例行计划时间

作为期货投资者，每天都应该在正常的交易时间外安排一定的例行时间，用以分析交易策略，寻找新的交易机会。

这段例行计划时间可以完成以下工作。

第一，检讨交易系统是否有效，是否能够应对外界环境的变化。

市场环境处于变化之中，有些交易系统可能是有效的，有些则不然，投资者必须确保自己的交易系统能够适应环境的变化。

第二，判断有无必要更改交易标的。

当前持仓合约的价格走势与预期是否一致，未来该合约能否朝预期方向发展。若需要执行平仓操作，则需要判断合理的平仓价格。同时，根据市场资金流向，判断是否新建某一品种的期货合约，确定合理的建仓价格等。

第三，判断有无调整仓位的必要。

判断仓位是偏重还是偏轻，未来应该加仓还是减仓，加仓与减仓的条件等。

不仅做期货交易需要例行时间来规划交易活动，就是其他交易活动同样需要预留足够的时间进行分析。

五、做交易记录并分析交易

投资者当天若进行了开仓或平仓交易，则需要记录完整的交易活动，并对整个交易进行分析，具体包括如下几项。

第一，做该项交易基于何种原因。

例如，因国际形势紧张，预期未来还将持续，所以建立了原油期货合约多头仓位，或者因国际形势缓和，平掉了自己的多头仓位等。总之，投资者必须清楚地知道自己选择交易的原因，不能为了交易而交易。同时，基于某种原因建立的仓位，待该原因消失时就可进行平仓操作。若原因没有消失，仅凭个人感觉平仓是不可取的。

第二，交易盈亏分析。

对本次交易的盈利有何期望，或本次交易给自己带来了多少实际的收益或损失，同时分析产生盈利或亏损的原因。

第三，为以后的交易提供可借鉴的经验与教训。

通过本次交易，有哪些成功的经验可以总结，有哪些失败的教训以后需要注意。